KB162598

24개 실무 템플릿으로 배우면 디자인이 더 쉬워진다!

일러스트레이터
실무 강의

장보경 지음

HB 한빛미디어
Hanbit Media, Inc.

지은이 장보경

패키지, 편집, 팬시, 브랜드 디자인 및 일러스트 등 그래픽 디자인의 다양한 분야에서 활동하면서 디자인 스튜디오 앤하우스를 운영하고 있습니다. 《로고를 활용한 디자인 실무 강의》(한빛미디어, 2018), 《10년차 디자이너에게 1:1로 배우는 일러스트레이터 디자인 강의》(한빛미디어, 2014) 등을 집필하였습니다.

- 고려대학교 일러스트레이터 특강
- 건국대학교 일러스트레이터 특강
- 디노마드학교 일러스트레이터 강사
- 경기도 온라인 학습 GSEEK 프로그램 콘텐츠 제작
- 이러닝 플랫폼 라오니스 일러스트레이터/포토샵 콘텐츠 제작

E-Mail	uuutu@naver.com
Blog	http://blog.naver.com/uuutu
Website	www.annhouse.cc
Youtube	알짜일러스트
Kakao	annhouse7

24개 실무 템플릿으로 배우면 디자인이 더 쉬워진다!

일러스트레이터 실무 강의

초판 1쇄 발행 2020년 12월 31일

지은이 장보경 / **펴낸이** 김태헌
펴낸곳 한빛미디어(주) / **주소** 서울시 서대문구 연희로2길 62 한빛미디어(주) IT출판부
전화 02-325-5544 / **팩스** 02-336-7124
등록 1999년 6월 24일 제25100-2017-000058호 / **ISBN** 979-11-6224-378-7 13000

총괄 전정아 / **책임편집** 배윤미 / **기획** 유희현 / **편집** 장용희, 박은경
디자인 박정화 / **전산편집** 김보경
영업 김형진, 김진불, 조유미 / **마케팅** 박상용, 송경석, 조수현, 이행은, 고광일 / **제작** 박성우, 김정우

이 책에 대한 의견이나 오탈자 및 잘못된 내용에 대한 수정 정보는 한빛미디어(주)의 홈페이지나 아래 이메일로 알려주십시오.
잘못된 책은 구입하신 서점에서 교환해 드립니다. 책값은 뒤표지에 표시되어 있습니다.
한빛미디어 홈페이지 www.hanbit.co.kr / 이메일 ask@hanbit.co.kr / 자료실 www.hanbit.co.kr/src/10378

지금 하지 않으면 할 수 없는 일이 있습니다.
책으로 펴내고 싶은 아이디어나 원고를 이메일(writer@hanbit.co.kr)로 보내주세요.
한빛미디어(주)는 여러분의 소중한 경험과 지식을 기다리고 있습니다.

이 책을 준비하면서 '어떻게 해야 일러스트레이터를 재미있게 배우고 더 다양한 곳에 쉽게 활용할 수 있을지' 많은 고민이 있었습니다. 일러스트레이터는 책을 붙들고 짧은 기간이라도 열심히 공부하면 프로그램의 전반적인 기능을 모두 익힐 수 있습니다. 문제는 그 다음이지요. 일러스트레이터의 모든 기능을 다 알고 있다 해도 그 기능을 작업에 활용할 수 없다면 그동안 기능 학습을 위해 노력한 시간만큼 활용 방법을 익히는 시간이 몇 배로 필요할 것입니다.

이 책은 일러스트레이터의 기본 기능과 실무에 바로 활용할 수 있는 예제 실습으로 구성되어 있습니다. 독자들이 더 만들어보고 싶고 궁금해하는 예제들이 있으면 좋겠다는 생각에 긴 시간 동안 고민하며 디자인 노하우를 아낌없이 담은 책입니다.

학생일 때는 일러스트레이터 하나로 맨땅에 헤딩하며 힘들기도 했지만 부족했던 만큼 남들보다 더 많이 노력했습니다. 지금 생각해도 가장 잘한 일이라 생각됩니다. 힘든 시기를 겪었기에 일러스트레이터를 배워서 새로 시작하려는 분들의 마음을 누구보다 더 잘 알고 있습니다. 강의를 듣는 수강생들, 제 책을 읽고 메일로 진로 상담을 하는 독자들이 있습니다. 그들의 마음은 제가 사회에 첫 발을 내딛었을 때와 똑같았습니다. 앞날을 알 수 없는 상황이 막막하고 힘들겠지만 목표를 잡고 진심을 다해 열심히 한다면 2~3년 후에는 분명 원하는 길을 걸을 수 있을 거예요.

이 책으로 인해 독자분들이 큰 꿈을 품고 세상을 향해 날개를 펼칠 수 있길 진심을 다해 응원합니다. 공부하면서 궁금한 점이 있다면 언제든 메일 보내주세요. 저와 함께 이야기 나눠요!

쓰임받을 수 있는 삶을 허락해주신 하나님 감사합니다.

준섭아, 종종 엄마의 빈자리를 느끼게 해서 미안해. 언젠간 엄마를 자랑스러워할 수 있도록 엄마의 자리에서 언제나 최선을 다할게! 사랑해, 우리 준섭아. 사랑하는 승이와 응원해주신 부모님, 내 반쪽 초코송이, 늘 각자의 자리에서 최선을 다하는 자랑스러운 디걸즈 모두 사랑하고 고마워요!

좋은 책을 낼 수 있게 응원해주시고 문을 활짝 열어주신 한빛미디어 배윤미 팀장님, 정말 감사합니다. 긴 시간 동안 함께 의논해주시고 정성스레 편집해주신 든든한 희현씨, 감사해요! 희현씨 덕분에 책에 멋진 날개가 달린 것 같아요! 마지막까지 함께 열심히 애써주신 장용희 과장님, 박은경 대리님께도 감사드립니다!

2020년 12월
장보경(앤하우스)

이 책의 구성

LESSON

실무 프로젝트로 구성했습니다. 디자인 결과물을 함께 만들면서 실무에서 활용하는 일러스트레이터 테크닉을 쉽게 익힐 수 있습니다.

PREVIEW

핵심 기능과 함께 어떤 형태의 디자인 결과물을 만들 수 있는지 미리 확인합니다.

핵심 기능

해당 실습에서 사용되는 핵심 기능을 소개합니다.

LESSON 04

편안한 느낌의
자연스러운 일러스트 그리기

노트에 낙서한 듯 자연스러운 느낌의 일러스트는 편안한 느낌을 주어 이에게 큰 사랑을 받고 있습니다. 또한 팬시 디자인이나 로고 디자인, 인쇄 제작물 등에서도 하나의 트렌드로 자리잡았습니다. 이런 일러스트는 연필 도구나 물방울 브러시 도구로 드래그하는 것만으로도 누구나 쉽게 작업할 수 있으며 크기를 키우거나 줄여도 해상도가 손상되지 않는 벡터 방식이라 여러 매체에 활용하기 좋습니다. 자연스러움과 편안한 느낌은 살리고 일러스트의 품질은 높일 수 있는 방법을 배워보겠습니다.

138

PREVIEW

연필 도구와 물방울 브러시 도구로 일러스트 그리고 수정하기
`Pencil Tool` `Blob Brush Tool`

도형 구성 도구를 활용해 효과적으로 일러스트 모양 정리하기
`Pencil Tool` `Shape Builder Tool`

디자인 실무 실습

좌우 대칭 캐릭터 그리기
실습 파일 CHAPTER02\LESSON01\좌우대칭캐릭터.ai

핵심 기능 | Reflect Tool

정확히 좌우 대칭된 캐릭터를 그릴 때는 보통 한쪽 눈을 먼저 그린 후 복사하고 붙여 넣어 직접 정렬합니다. 동일한 모양의 좌우 대칭 오브젝트라면 직접 정렬하는 방법도 좋습니다. 그러나 각도가 다르거나 기울어진 팔, 리본이 있는 캐릭터처럼 모양이 다른데 좌우 대칭이 필요한 경우에는 반전 도구를 이용하면 간단히 작업 속도를 높일 수 있습니다.

반전 도구로 좌우 대칭 한번에 그리기

01 ①예제 파일을 불러옵니다. ②선택 도구▼▶를 선택한 후 ③④눈과 리본을 모두 선택합니다. ⑤반전 도구 를 선택한 후 ⑥ 를 누른 채 얼굴 아래쪽의 중심점을 클릭합니다. ⑦[Reflect] 대화상자가 나타나면 [Vertical]을 선택한 후 ⑧[Copy]를 클릭합니다.

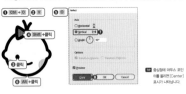

02 을 누른 채 빈 바탕을 클릭하여 오브젝트 선택을 해제하면 완성된 일러스트를 확인할 수 있습니다.

077

디자인 실무 실습

디자인 결과물을 완성하기 위해 실무 실습 예제를 단계별로 차근차근 따라 합니다.

TIP

실습 중 놓치기 쉬운 부분, 헷갈릴 수 있는 부분, 유용한 참고 사항 등을 함께 알려줍니다.

디자이너의 비밀 노트

실무에서 습득한 디자이너의 알짜 노하우와 꼭 알아두어야 하는 정보를 추가로 알려줍니다.

디자인 실력 향상

효율적인 디자인 작업을 위해 실무에서 꼭 필요한 노하우와 알아두면 좋은 일러스트레이터 활용 지식을 담았습니다. 전문가의 일러스트레이터 활용 노하우를 배울 수 있습니다.

디자이너의 비밀 노트

매력적으로 연출하는
목업(Mockup)

목업(Mockup)은 제작된 로고를 다양한 곳에 적용된 것처럼 합성해 실제로는 어떤 느낌일지 미리 확인하기 위해 제작합니다. 또한 포트폴리오를 만들 때 로고 제작 사례로도 많이 사용되고 있습니다. 로고를 이미지 상태로만 보여주기보다 사실적인 목업 이미지를 제작해 보여주면 실제 결과물을 예측해보기 좋습니다.

다음은 유료 또는 무료로 다운로드할 수 있는 높은 품질의 목업 자료를 제공합니다. 자료마다 라이선스가 모두 다를 수 있으므로 잘 확인하고 사용합니다.

실무 활용 갤러리

패턴 브러시만으로도 다양한 로고를 디자인할 수 있습니다.

실무 활용 갤러리

학습한 기능으로 만들 수 있는 다양한 응용 디자인을 보여줍니다. 배운 기능을 활용해 추가로 실습해보세요.

예제 파일 다운로드

실습 예제 다운로드하기

이 책의 모든 예제 파일은 한빛출판네트워크 홈페이지에서 다운로드할 수 있습니다. 검색 사이트에서 한빛출판네트워크로 검색하거나 www.hanbit.co.kr로 접속합니다.

01 한빛출판네트워크 홈페이지에 접속한 후 오른쪽 아래의 [자료실]을 클릭합니다.

02 ① 검색란에 **일러스트레이터 실무 강의**를 입력한 후 ②[검색]을 클릭합니다. ③ 도서가 나타나면 [예제소스]를 클릭합니다.

03 다운로드 페이지에서 예제 소스의 [다운로드]를 클릭합니다. 다운로드가 완료되면 예제 파일의 압축을 해제해 사용합니다.

다운로드한 예제 파일은 일반적으로 [다운로드] 폴더에 저장되며, 사용하는 웹 브라우저 설정에 따라 다를 수 있습니다.

디자인 미리 보기

이 책의 실습을 통해 만들 수 있는 디자인을 소개합니다. 디자인 저작권은 장보경 저자와 한빛미디어에 있으므로 무단 복사와 전재를 금지합니다.

캐릭터 디자인

갤러리

로고 디자인

M + [bread] = [bread]

시그니처 로고 [2TYPE]

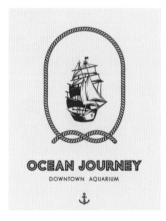

oran.9
Baby Studio

ARTIUM
DESIGN MUSIUM

ardium

REDPOP

SHAKE MAKE

vivii eight

갤러리

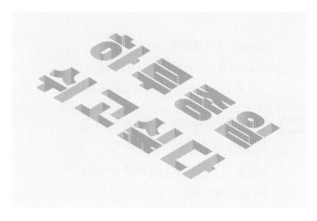

목차

CHAPTER 01

디자인이 더 쉬워지는 실무 노하우 익히기

CHAPTER
02

마음을 사로잡는 일러스트 아트워크

목차

CHAPTER 03

아이덴티티를 제대로 표현하는 로고 디자인

목차

CHAPTER 04 ▶ 자유자재로 지면을 활용하는 편집 디자인

디자인이 더 쉬워지는
실무 노하우 익히기

CHAPTER

실무 디자이너는 어떻게 작업할까요?
그래픽 작업을 좀 더 쉽게 할 수 있도록 도와주는
디자이너의 초특급 실무 노하우를 알아보겠습니다.

LESSON 01

나에게 맞는
기본 인터페이스 설정하기

일하는 환경만큼 실제 작업에 이용하는 프로그램의 작업 환경도 중요합니다. 자신의 스타일에 맞는 작업 환경으로
설정해두면 효율적으로 작업할 수 있어 좋습니다. 작업 속도를 높일 수 있고 불필요한 움직임도 줄일 수 있는
효율적인 기본 인터페이스로 설정해보겠습니다.

인터페이스 색상 설정하기

일러스트레이터를 처음 실행하면 인터페이스의 기본 색상이 진회색으로 설정되어 있습니
다. 인터페이스 색상은 자신의 취향에 따라 변경할 수 있고, 4개 옵션 중 하나를 선택할 수 있습
니다.

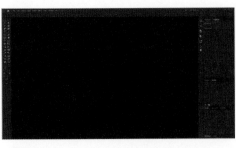

▲ Dark

▲ Medium Dark

▲ Medium Light

▲ Light

인터페이스 색상은 메뉴바에서 [Edit]-[Preferences]-[User Interface] 메뉴를 클릭하면 나타나는 대화상자에서 설정할 수 있습니다. [Brightness]에 지정된 색상 중 원하는 색상 옵션을 클릭한 후 [OK]를 클릭합니다.

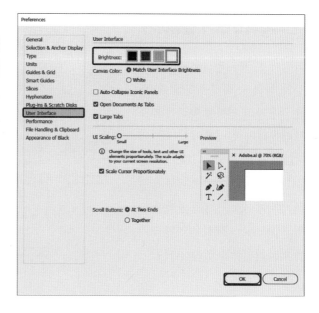

TIP 단축키 Ctrl + K 를 누르면 쉽고 빠르게 [Preferences] 대화상자를 불러올 수 있습니다.

캔버스의 배경색도 설정할 수 있습니다. 만약 배경색을 흰색으로 변경하고 싶다면 [Canvas Color]의 옵션을 이용합니다. [Match User Interface Brightness]는 배경색을 인터페이스와 동일한 색상으로 설정할 때, [White]는 인터페이스와 별개로 배경색을 흰색으로 설정할 때 사용합니다.

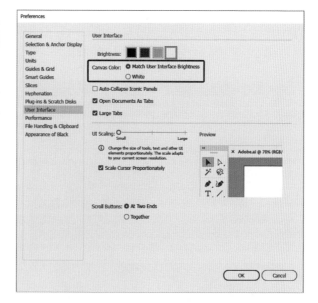

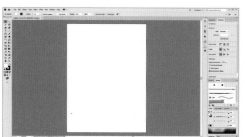

▲ Match User Interface Brightness

▲ White

인터페이스 크기 설정하기

화면이 큰 모니터를 사용하거나 강의, 녹화 등 특정 상황일 때, 또는 사용자의 연령에 따라 일러스트레이터의 인터페이스 크기가 작다고 느낄 수 있습니다. 이때는 [UI Scaling]의 슬라이더를 조절해 인터페이스 크기를 선택할 수 있고 [Preview]에서 설정된 크기를 미리 확인할 수 있습니다.

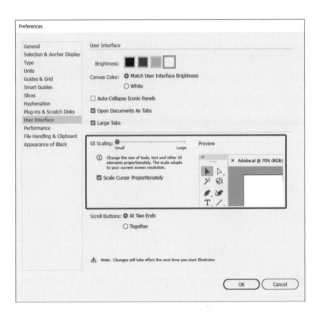

인터페이스 크기를 선택해 자신에게 잘 맞는 작업 환경으로 설정합니다. 일러스트레이터를 다시 시작해야 변경된 설정을 적용할 수 있습니다.

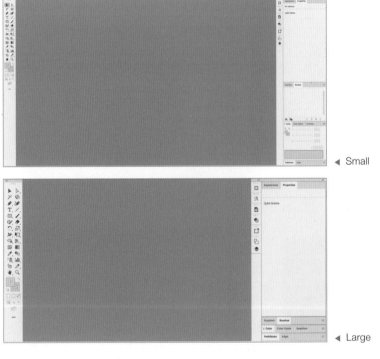

◀ Small

◀ Large

TIP 일러스트레이터 CS 버전에서는 [For High-PPI Displays, Scale the User Interface](지원되는 PPI가 높은 디스플레이일 때, 사용자 인터페이스 비율 조절)에서 [Scale to Lower Supported Scale Factor](지원되는 더 낮은 비율 계수로 비율 지정) 또는 [Scale to Higher Supported Scale Factor](지원되는 더 높은 비율 계수로 비율 지정)를 선택해 크기를 조절할 수 있습니다.

홈 화면 편리하게 설정하기

일러스트레이터를 처음 실행하면 다양한 콘텐츠로 구성된 홈 화면이 나타납니다. 홈 화면은
일러스트레이터 튜토리얼을 확인할 수 있는 [Learn], 클라우드 문서 목록을 표시하는 [Cloud
documents], 클라우드에서 삭제된 작업인 [Deleted], 분야별 작업 특성에 따라 사전 설정된
[Templates]와 [Presets], 최근 파일이 표시되는 [Recent] 등으로 구성되어 있습니다.

홈 화면 왼쪽의 [Learn]을 클릭하면 일러스트레이터의 기본 기능, 아트워크 작업 과정, 작업에
유용한 팁 등을 학습할 수 있습니다.

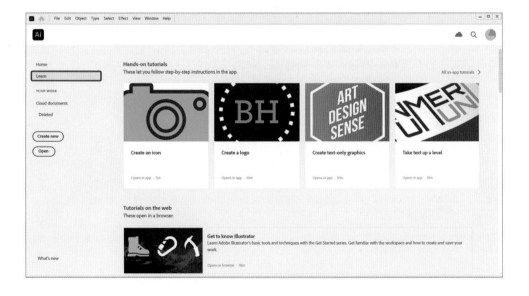

홈 화면은 아트보드가 열려 있는 상태에서는 비활성화됩니다. 아트보드를 닫으면 다시 홈 화면이 활성화되는데, 작업 중 홈 화면을 불러오려면 일러스트레이터 인터페이스 왼쪽 상단의 🏠을 클릭합니다. 반대로 홈 화면에서 아트보드를 생성하지 않고 바로 작업 화면으로 이동하려면 상단의 Ai를 클릭합니다.

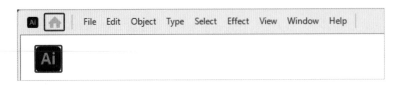

홈 화면은 일시적으로 비활성화할 수 있습니다. [Preferences] 대화상자의 [General] 탭에서 [Show The Home Screen When No Documents Are Open]의 체크를 해제하면 일러스트레이터를 실행했을 때 작업 화면이 바로 나타납니다.

Preferences

General	General
Selection & Anchor Display	
Type	Keyboard Increment: 1 px
Units	Constrain Angle: 0°
Guides & Grid	Corner Radius: 12 px
Smart Guides	
Slices	
Hyphenation	
Plug-ins & Scratch Disks	
User Interface	
Performance	
File Handling & Clipboard	
Appearance of Black	
Devices	

☐ Disable Auto Add/Delete
☐ Use Precise Cursors
☑ Show Tool Tips
☐ Show/Hide Rulers
☑ Anti-aliased Artwork
☐ Select Same Tint %
☑ Show The Home Screen When No Documents Are Open
☐ Use legacy "File New" interface
☐ Use Preview Bounds
☑ Display Print Size at 100% Zoom
☑ Append [Converted] Upon Opening Legacy Files
☐ Force Enable Pinch-to-Zoom on Touchpad ⓘ

☑ Double Click To Isolate
☐ Use Japanese Crop Marks
☐ Transform Pattern Tiles
☐ Scale Corners
☐ Scale Strokes & Effects
☑ Enable Content Aware Defaults
☐ Honor Scale on PDF Import

Reset All Warning Dialogs   Reset Preferences

OK   Cancel

LESSON 02

———

작업 스타일에 맞는
맞춤 공간 설정하기

일러스트레이터는 사용자 편의에 따라 인터페이스를 맞춤 설정할 수 있습니다. 도구바는 사용 빈도에 따라 도구의 순서를 편집하거나 원하는 도구만 표시할 수 있으며 패널 역시 원하는 대로 배치할 수 있습니다. 사용자의 작업 스타일에 맞춰 불필요한 도구나 패널은 숨기고 자주 사용하는 도구나 패널만 꺼내 작업하는 것이 좋습니다. 효율적인 작업 환경을 구성하기 위해 작업별 특성을 고려한 작업 공간을 만들고 저장하는 방법을 알아보겠습니다.

도구바 설정하기

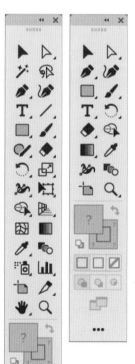

◀ Basic

◀ Advanced

일러스트레이터 인터페이스 왼쪽에 위치한 도구바는 [Advanced]와 [Basic] 중에 선택하여 사용할 수 있습니다. 처음 일러스트레이터를 실행하면 기본 설정인 [Basic] 도구바가 표시됩니다. [Advanced] 도구바는 모든 도구를 표시합니다.

[Basic] 도구바는 사용자 편의에 따라 도구의 위치를 재배치할 수 있으며 자주 사용하는 도구만 표시하고 그렇지 않은 도구는 삭제할 수 있습니다. 도구바 아래의 [⋯]를 클릭하면 나타나는 [All Tools] 패널에서 전체 도구를 편집할 수 있습니다.

패널에서 옅은 회색으로 표시된 도구는 도구바에 이미 추가된 도구입니다. 진한 회색으로 표시된 도구를 도구바로 드래그하여 추가할 수 있습니다. 추가된 도구는 다시 패널로 드래그하여 도구바에서 삭제할 수도 있습니다.

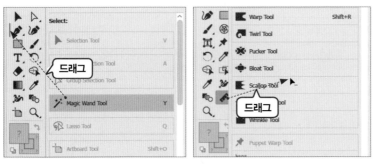

▲ 도구바에 추가하기   ▲ 도구바에서 삭제하기

패널 설정하기

메뉴바에서 [Window]를 클릭하면 패널 메뉴가 표시됩니다. 체크되어 있는 패널 메뉴는 해당 패널이 표시되고 있다는 의미입니다. 불필요한 패널은 체크를 해제해 비활성화하고, 자주 사용하는 패널은 바로 사용할 수 있도록 꺼내두는 것이 작업 효율을 높이는 데 도움이 됩니다.

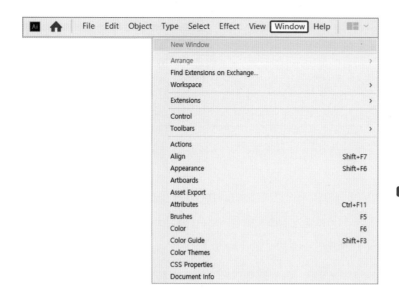

TIP 자주 사용하는 패널은 메뉴명 오른쪽에 표시되는 단축키를 외워두세요. 작업 중간에 메뉴를 일일이 열어 클릭해야 하는 번거로움을 줄이면 작업 속도가 빨라집니다.

원하는 패널을 불러왔는데 함께 구성된 패널 중 숨기고 싶은 패널이 있다면 패널 이름 탭을 드래그해 따로 빼낸 후 오른쪽의 ⊠를 클릭합니다.

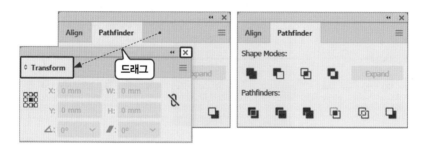

패널 공간 설정하기

원하는 패널의 상단 빈 공간을 클릭한 채 다른 패널 위로 드래그하면 패널이 합쳐지면서 나만의 패널을 구성할 수 있습니다. 나만의 패널을 구성할 때는 비슷한 성격의 패널끼리 구성하는 것이 작업에 좀 더 도움이 됩니다.

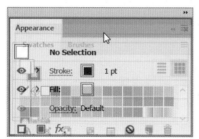
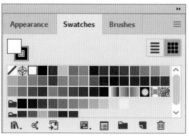

같은 공간에 패널을 구성하지 않고 새로운 패널 공간을
구성하려면 패널을 다른 패널의 위 또는 아래로 드래그
해서 위치를 옮겨줍니다.

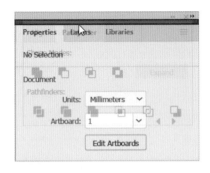

① 사용하려는 패널이 많을 때 패널을 왼쪽으로 드래그하면 패널 공간이 한 줄 더 생성됩니다.
② 패널 상단의 ⟫ 을 클릭하면 ③ 패널이 축소되며 ④ 축소된 패널 또는 ⑤ 펼쳐진 패널을 드래
그해 아이콘과 패널 이름이 함께 보이도록 설정할 수도 있습니다.

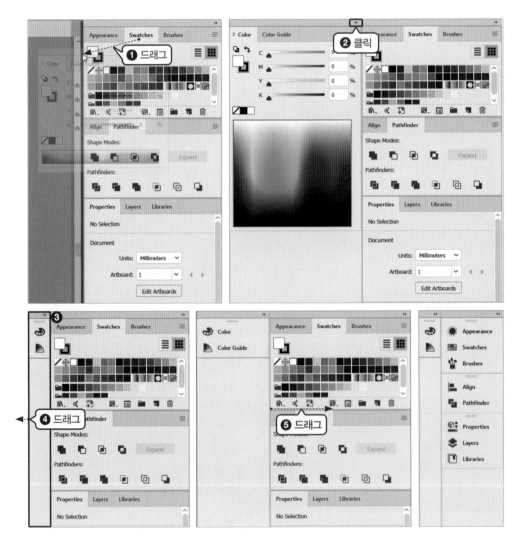

나만의 작업 공간 설정하기

자신의 작업 스타일에 맞춰 패널을 구성했다면 언제든 간편하게 사용할 수 있도록 작업 공간을 저장해보겠습니다. 메뉴바에서 [Window]-[Workspace]-[New Workspace] 메뉴를 클릭합니다. [New Workspace] 대화상자에서 [Name]에 새로운 이름을 입력한 후 [OK]를 클릭하여 저장합니다.

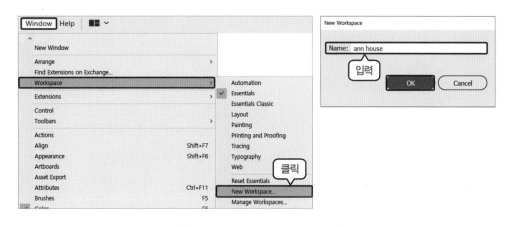

[Window]-[Workspace] 메뉴의 목록을 살펴보면 앞에서 저장한 새로운 작업 공간을 확인할 수 있습니다. 저장된 작업 공간은 필요에 따라 언제든지 다시 불러올 수 있습니다.

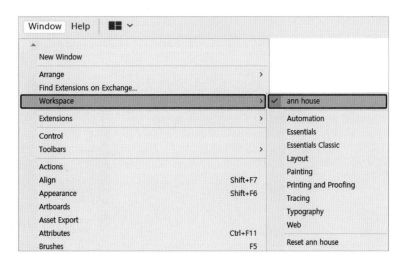

도구를 선택하거나 오브젝트, 텍스트, 선 등을 선택했을 때 일일이 패널을 불러오지 않아도 선택한 오브젝트에 맞는 옵션이 상단 컨트롤 패널에 자동으로 표시됩니다. 상단 컨트롤 패널과 오른쪽 패널을 적절히 사용하면 편리한 작업 환경을 만들 수 있습니다. 상단 컨트롤 패널은 메뉴바에서 [Window]−[Control] 메뉴에 체크해 활성화할 수 있습니다.

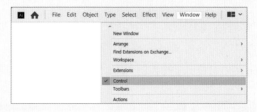

① 아무것도 선택하지 않았을 때

② 오브젝트를 선택했을 때

③ 2개 이상의 오브젝트를 선택했을 때

④ 텍스트 오브젝트를 선택했을 때 또는 텍스트 입력 상태일 때

⑤ 아트보드를 선택했을 때

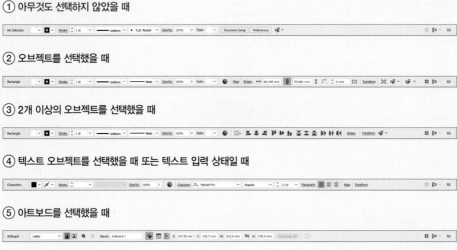

모든 상단 컨트롤 패널의 오른쪽에는 드롭다운 메뉴를 나타내는 토이 표시됩니다. 클릭하면 메뉴가 나타나는데, 여기서 원하는 패널만 꺼내거나 숨길 수 있습니다. 이 메뉴에서 체크를 해제한 패널은 선택한 오브젝트와 관련된 패널이라도 상단 컨트롤 패널에 표시되지 않습니다.

LESSON 03

작업 효율을 높이는
아트보드 제대로 다루기

아트보드는 일러스트레이터에서 실제 작업이 진행되는 영역으로, 화가의 캔버스라고 생각하면 이해가 쉽습니다. 한 문서에서 하나의 아트보드로만 작업할 수도 있고 필요에 따라 여러 개의 아트보드를 생성해 작업할 수도 있습니다. 여러 개의 아트보드를 사용하면 각각의 아트보드를 페이지로 구성하여 PDF 파일로 저장할 수 있고 개별 이미지로도 저장할 수 있다는 장점이 있습니다. 아트보드 활용에 따라 작업 효율이 달라지므로 자주 사용하여 익숙해지는 것이 중요합니다.

용도에 맞는 아트보드 생성하기

아트보드는 작업 성격과 용도에 맞게 설정하여 생성합니다. 인쇄용 컬러 모드 [CMYK]와 웹용 컬러 모드 [RGB], 단위인 [px], [mm], [cm], 아트보드 크기 등 상황에 맞게 사전 설정되어 있는 템플릿을 선택하여 간편하게 아트보드를 생성할 수 있습니다.

먼저 홈 화면에서 [Create new]를 클릭하거나 단축키 Ctrl + N 을 누릅니다.

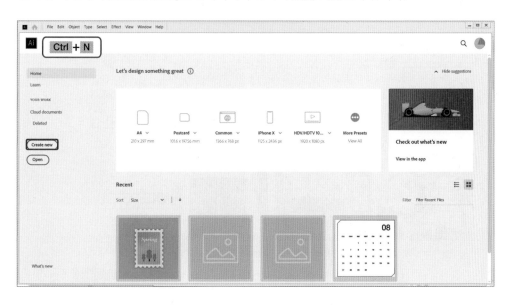

[New Document] 대화상자가 나타나면 용도별로 사전 설정된 ①[Mobile], [Web], [Print], [Film & Video], [Art & Illustration] 탭을 선택할 수 있습니다. 각 탭을 클릭하면 ②해당 범주 안에서 자주 사용되는 크기별로 분류되어 있습니다. 원하는 크기를 선택하고 ③세부 옵션에서 파일명과 크기, 단위 등을 설정한 후 ④[Create]를 클릭해 새로운 아트보드를 생성합니다.

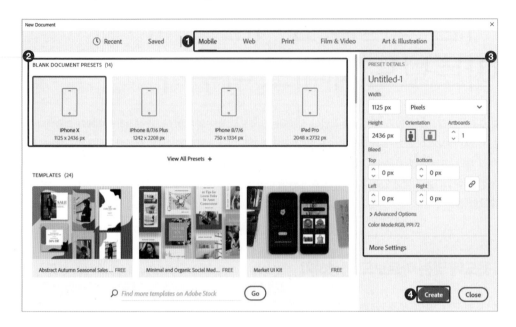

일러스트레이터 실무 강의

Design
실력 향상   [New Document] 대화상자 더 알아보기

① **Category**

- **Mobile, Web** | 모바일, 앱, 웹사이트와 관련된 작업에 적합합니다(단위 : px, 컬러 모드 : RGB, 해상도 : 72ppi).
- **Print** | 인쇄 작업에 적합합니다(단위 : mm, 컬러 모드 : CMYK, 해상도 : 300ppi).
- **Film & Video** | 영상물 작업에 적합합니다(단위 : px, 컬러 모드 : RGB, 해상도 : 72ppi).
- **Art & Illustration** | 일러스트레이션, 디자인 아트워크 작업에 적합합니다(단위 : mm, 컬러 모드 : RGB, 해상도 : 72ppi).

② **BLANK DOCUMENT PRESETS** | 해당 범주 내 대표적으로 사용되는 크기를 선택합니다.

③ **TEMPLATES** | 해당 범주와 관련된 디자인 템플릿을 선택해 다운로드한 후 사용할 수 있습니다.

④ **PRESET DETAILS** | 가로, 세로, 아트보드의 단위, 아트보드의 방향, 아트보드의 개수를 지정할 수 있는 옵션입니다.

⑤ **Bleed** | 문서 도련을 사용 설정합니다. 즉, 인쇄물의 재단선 바깥 부분의 여백을 설정합니다.

⑥ **Advanced Options** | 컬러 모드와 해상도, 미리 보기 모드를 설정합니다.

⑦ **More Settings** | [More Settings] 대화상자에서 세부 설정을 할 수 있습니다.

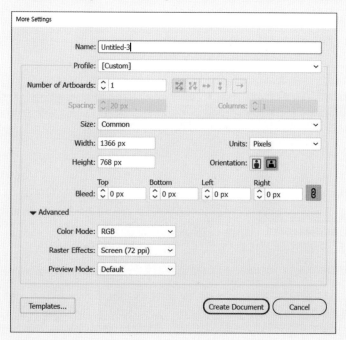

⑧ **Create** | 설정이 끝난 후 클릭하여 아트보드를 생성할 수 있습니다.

아트보드 복사하기

작업 중 아트보드를 복사하는 방법을 알아보겠습니다. 아트보드 도구 Shift + O ⬚ 를 선택하거나 [Properties] 패널의 [Edit Artboards]를 클릭하면 아트보드를 설정할 수 있는 모드로 전환됩니다. 이 모드에서는 아트보드 주변에 점선이 생기고 아트보드를 수정할 수 있습니다.

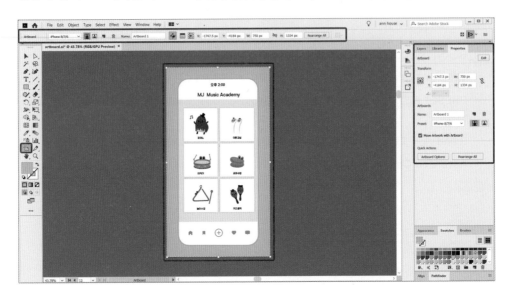

상단 컨트롤 패널에서 [Move/Copy Artwork with Artboard ⬚]가 활성화된 상태라면 Alt + Shift 를 누른 채 아트보드를 드래그하여 완전히 동일한 아트보드를 복사할 수 있습니다. [Move/Copy Artwork with Artboard ⬚]는 아트보드를 이동/복사할 때 해당 아트보드에 구성된 모든 오브젝트를 함께 이동/복사하는 기능입니다.

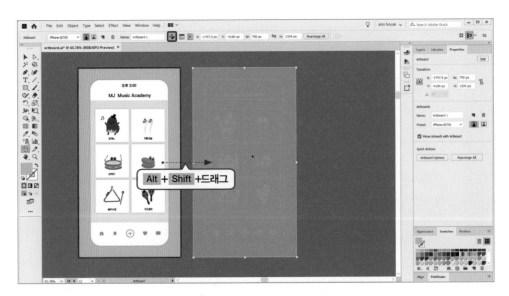

반대로 [Move/Copy Artwork with Artboard🖐]를 비활성화한 채 드래그하면 아트보드에 있는 오브젝트는 제외하고 아트보드만 복사하거나 이동합니다.

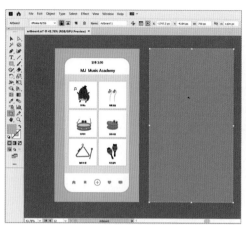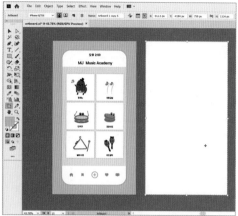

TIP 아트보드를 복사하거나 이동하는 방법은 오브젝트를 이동하는 방법과 동일합니다. Alt 를 누른 채 드래그하면 복사되고, Shift 를 누른 채 드래그하면 수직, 수평, 사선으로 이동할 수 있습니다. Alt + Shift 를 누른 채 드래그하면 수직, 수평, 사선으로 복사됩니다.

Design
실력 향상 **동일한 레이아웃으로 편하게 작업하는 방법**

동일한 레이아웃으로 작업하는 웹디자인이나 모바일 앱, 교재 등을 만드는 편집 디자인 실무에서는 [Move/Copy Artwork with Artboard🖐]를 활성화한 후 아트보드를 복사하면 편리합니다.

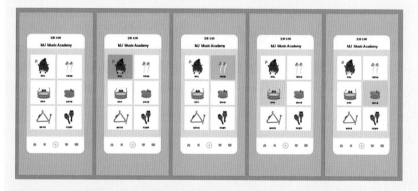

반면 동일한 크기의 여러 페이지를 작업하는 PPT 디자인 실무에서는 [Move/Copy Artwork with Artboard🖐]를 비활성화하는 것이 편리합니다. 여러 페이지를 작업한 후 PDF 파일로 저장하거나 여러 장의 이미지로 저장할 수 있습니다.

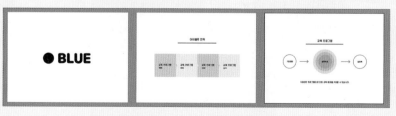

아트보드 이름 설정하기

복사한 아트보드가 선택된 상태에서 상단 컨트롤 패널의 [Name]에 아트보드의 이름을 지정할 수 있습니다. 이름을 지정하면 아트보드를 관리하거나 저장할 때 구분하기 편합니다.

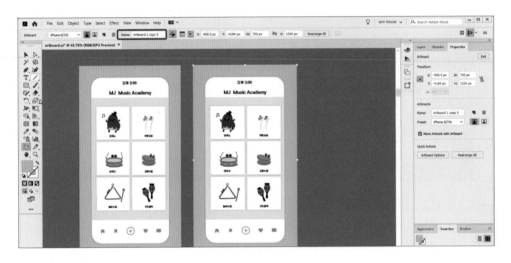

아트보드 정렬하기

아트보드는 오브젝트 정렬 방법과 동일하게 [Align] 패널을 이용하여 원하는 대로 정렬할 수 있고, 상단 컨트롤 패널이나 [Properties] 패널, [Artboards] 패널의 [Rearrange All Artboards ⊞], [Rearrange All]을 클릭하여 일괄 정렬할 수도 있습니다.

상단 컨트롤 패널 또는 [Align] 패널로 아트보드를 정렬할 때는 작업 중간에 손쉽게 아트보드의 위치를 변경하고 정렬할 수 있습니다. ①아트보드 도구 Shift + O ⊞를 선택합니다. ②정렬을 원하는 아트보드를 모두 선택하고 ③상단 컨트롤 패널에서 정렬 옵션을 클릭하면 ④상황에 맞게 정렬됩니다.

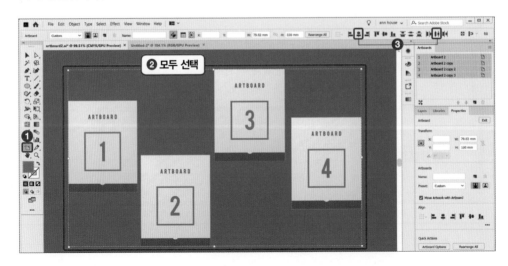

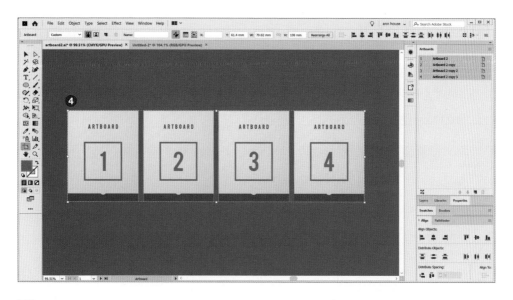

TIP 아트보드를 정렬할 때는 아트보드에 포함된 오브젝트도 함께 정렬되어야 하므로 [Move/Copy Artwork with Artboard 🔁]가 활성화되어 있는지 확인합니다.

아트보드를 한번에 정렬할 때 사용되는 [Rearrange All Artboards 🔁]와 [Rearrange All]은 [Artboards] 패널과 [Properties] 패널, 상단 컨트롤 패널에서 확인할 수 있습니다. [Rearrange All]을 클릭하면 나타나는 [Rearrange All Artboards] 대화상자를 활용하여 아트보드를 정렬할 수 있습니다.

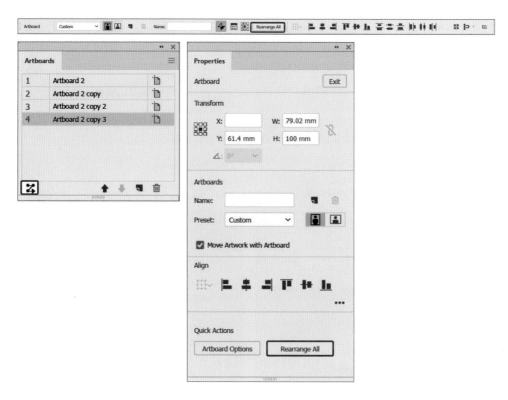

아트보드 순서 바꾸기

아트보드 관련 명령은 모두 [Artboards] 패널의 레이어 순서대로 처리됩니다. 아트보드 순서를 변경하려면 해당 아트보드가 선택된 상태에서 [Artboards] 패널 하단의 [Move Up▲] 또는 [Move Down▼]을 클릭합니다.

Design
실력 향상   **아트보드를 정렬하는 다양한 방법**

① **Artboards** | 아트보드의 개수를 나타냅니다.

② **Columns** | 한 줄(열)에 배치할 아트보드의 개수를 설정합니다.

③ **Spacing** | 아트보드와 아트보드 사이의 간격을 설정합니다.

④ **Move Artwork with Artboard** | 체크하고 아트보드를 옮기면 아트보드에 포함된 오브젝트도 함께 이동됩니다.

⑤ **Layout order** | 아트보드의 정렬 방향을 선택합니다.

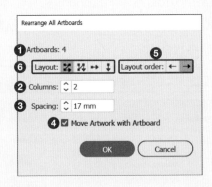

⑥ **Layout** | 아트보드의 정렬 모양을 선택합니다.

· Grid by Row

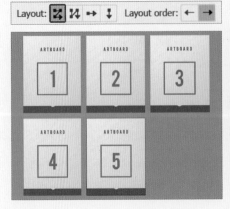

· Grid by Column

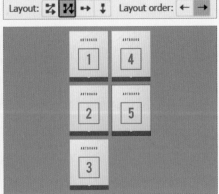

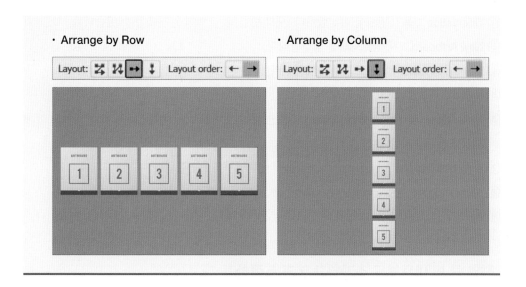

아트보드를 설정하는 3개의 패널 다루기

아트보드는 [Artboards] 패널을 꺼내지 않아도 상단 컨트롤 패널에 나열되는 관련 옵션들을 이용하여 다양한 작업을 할 수 있습니다. 상단 컨트롤 패널에서는 아트보드의 순서 변경만 제외하고 [Artboards] 패널과 동일한 기능을 사용할 수 있습니다. 상단 컨트롤 패널과 [Properties] 패널, [Artboards] 패널을 활용하는 방법을 함께 알아보겠습니다.

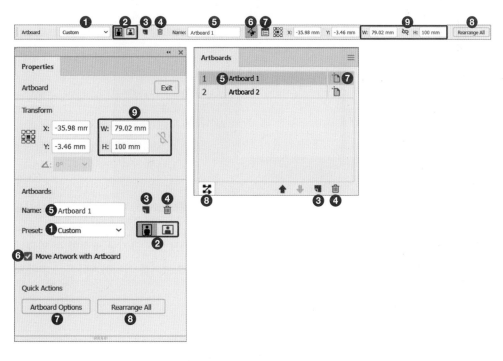

① **Preset** | 아트보드 크기를 설정합니다. 용도별 크기를 선택할 수 있습니다.

② **Orientation** ┃ 용지 방향을 설정합니다. 세로 방향, 가로 방향을 선택할 수 있습니다.

③ **New Artboard** ┃ 새 아트보드를 생성합니다.

④ **Delete Artboard** ┃ 아트보드를 삭제합니다.

⑤ **Name** ┃ 아트보드 이름을 지정합니다.

⑥ **Move/Copy Artwork with Artboard** ┃ 옵션 선택 시 아트보드 내에 구성된 오브젝트도 함께 이동하거나 복사합니다.

⑦ **Artboard Options** ┃ [Artboard Options] 대화상자를 불러옵니다.

⑧ **Rearrange All** ┃ [Rearrange All Artboards] 대화상자를 불러옵니다.

⑨ **W/H** ┃ 아트보드의 가로, 세로 크기를 수정합니다. 비율을 유지한 채 수정할 수도 있습니다.

작업 중 빈 아트보드 추가하고 크기 조절하기

3개의 아트보드 설정 패널에서 작업 중 빈 아트보드를 추가할 수 있습니다. ①아트보드 도구 `Shift` + `O` ⬚를 선택한 후 ②상단 컨트롤 패널의 [New Artboard]를 클릭하거나 ③ [Properties] 패널 또는 ④[Artboards] 패널에서 [New Artboard]를 클릭합니다. 기존 아트보드의 오른쪽에 새로운 빈 아트보드가 생성됩니다.

상단 컨트롤 패널을 활용하면 아트보드가 선택된 상태에서 아트보드 크기를 조절할 수 있습니다. ①상단 컨트롤 패널의 [Preset]을 이용해 사전 설정된 규격 크기를 선택하거나 ②오른쪽의 [Width], [Height]에 크기를 입력합니다.

또는 ③아트보드의 바운딩 박스를 직접 드래그해 아트보드 크기를 조절할 수도 있습니다.

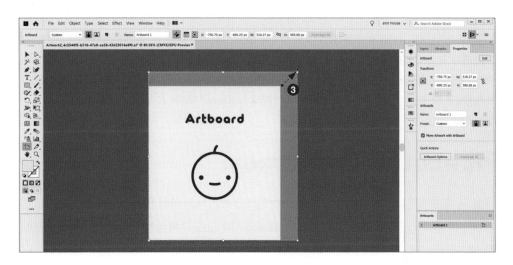

Design
실력 향상
오브젝트와 동일한 크기의 아트보드 쉽게 생성하기

아트보드 크기를 지정할 때 아트보드 도구가 선택된 상태에서 오브젝트를 클릭하면 클릭한 오브젝트와 동일한 크기의 아트보드를 생성할 수 있습니다. 클릭한 오브젝트와 크기가 딱 맞는 아트보드가 새로 생성되므로 불필요해진 기존 아트보드는 Delete 를 눌러 삭제합니다.

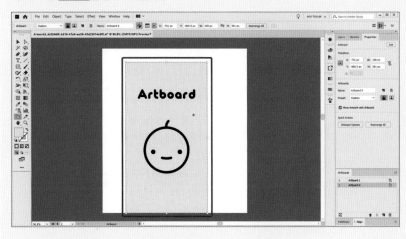

LESSON 04

CC Libraries에 애셋 등록하고
디자인 동기화해 사용하기

CC Libraries(Creative Cloud Libraries)는 시간과 장소에 구애받지 않고 언제 어디서든 동기화된 디자인 애셋을 이용하여 아트워크를 작업할 수 있는 유용한 기능입니다. 개인적으로 즐겨 사용하는 레이어 스타일이나 오브젝트의 모양, 문자 및 단락 스타일, 색상, 아이콘, 그래픽, 브러시, 디자인 템플릿 등 다양한 애셋을 동기화한 후 필요할 때마다 손쉽게 다운로드해 작업에 사용할 수 있습니다. 또한 CC Libraries를 사용하면 여러 대의 컴퓨터에서 번갈아 가며 작업할 때 파일을 저장 매체에 따로 저장하지 않아도 [Libraries] 패널에 동기화한 파일을 불러와 작업할 수 있습니다.

작업 중 CC Libraries에 애셋 추가하기

작업 시 개인 스타일에 따라 즐겨 사용하는 콘텐츠를 번거로운 과정 없이 [Libraries] 패널에 손쉽게 추가할 수 있습니다. 메뉴바에서 [Window]-[Libraries] 메뉴를 클릭해 패널을 불러옵니다. [Libraries] 패널에 애셋으로 추가할 오브젝트를 클릭한 후 패널 하단의 [Add elements+] 를 클릭합니다. 콘텐츠 분류 메뉴 [Text stroke color], [Text], [Character style], [Paragraph style], [Graphic] 중 오브젝트 분류에 맞는 메뉴를 클릭하면 해당 분류에 애셋이 추가됩니다.

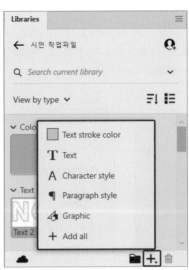

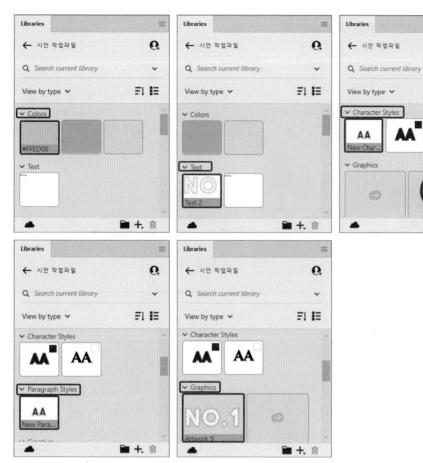

▲ 분류별 애셋 등록/관리

오브젝트를 [Libraries] 패널로 드래그하는 방법으로도 애셋을 등록할 수 있으며, 등록되는 애셋은 [Graphics]로 분류되어 색상, 효과 등 전체 요소가 함께 등록됩니다.

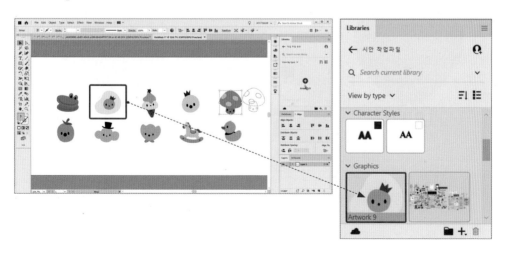

애셋 위에 마우스 포인터를 올리면 해당 애셋의 세부 정보를 확인할 수 있습니다.

 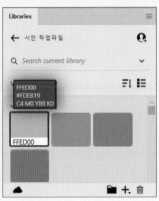

동기화된 애셋 사용하기

[Libraries] 패널에 추가된 디자인 애셋은 동일한 어도비 계정을 사용하는 모든 컴퓨터에 동기화되어 언제 어디서든 쉽게 다운로드해 작업에 사용할 수 있습니다. 동기화된 애셋을 사용하는 방법은 애셋 유형에 따라 약간의 차이가 있습니다.

01 ① 오브젝트의 색상을 변경하려면 오브젝트를 선택한 후 ②[Libraries] 패널-[Colors]에 컬러 애셋을 클릭합니다. 오브젝트에 컬러 애셋 색상이 적용됩니다.

 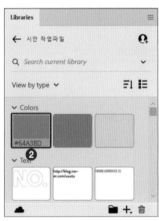 

> **TIP** [Libraries] 패널에 등록된 컬러 애셋은 컬러 애셋을 더블클릭하면 나타나는 [Color Picker] 대화상자에서 색상을 수정할 수 있습니다. 등록된 컬러 애셋의 색상을 수정해도 오브젝트에 적용된 색상은 수정되지 않습니다.

02 ①[Libraries] 패널-[Text]에서 텍스트 애셋을 클릭한 후 ②아트보드로 드래그하면 마우스 포인터에 섬네일이 표시됩니다. 이때 아트보드를 클릭하면 저장된 문구가 담긴 텍스트 애셋을 사용할 수 있습니다. 텍스트 애셋은 글꼴 종류와 크기, 색상, 자간 등을 모두 포함하여 저장됩니다. 반복적으로 사용하는 문구 등을 텍스트 애셋으로 저장하여 손쉽게 사용할 수 있습니다.

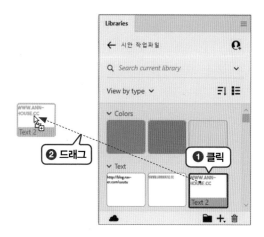

Design
실력 향상   **원본 파일을 [Libraries] 패널에 추가하기**

일러스트레이터 원본 파일을 [Libraries] 패널에 저장해두면 파일을 일일이 찾지 않아도 필요할 때 쉽게 불러와 작업할 수 있습니다. 폴더에 있는 파일을 [Libraries] 패널에 드래그하여 간단히 저장할 수 있습니다.

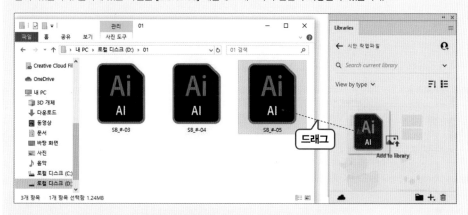

저장된 파일을 사용하려면 [Libraries] 패널에 등록된 파일을 더블클릭해 불러옵니다.

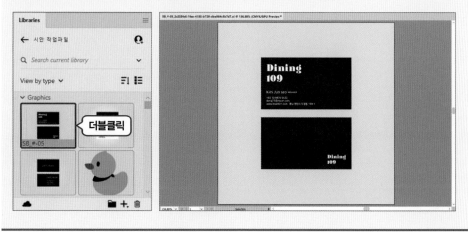

03 ①[Libraries] 패널-[Graphics]에서 그래픽 애셋을 클릭한 후 ②아트보드로 드래그하면 마우스 포인터에 섬네일이 표시됩니다. 아트보드를 클릭하여 원본 크기로 불러오거나 원하는 크기만큼 영역을 지정하여 불러올 수 있습니다. ③아트보드에 드래그하는 방법으로 그래픽 애셋을 불러오면 애셋을 이미지(비트맵)로 사용할 수 있으며 ④그래픽 애셋을 더블클릭하면 원본 파일 이미지(벡터)로 불러올 수 있습니다.

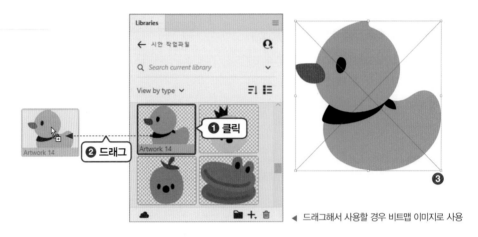

◀ 드래그해서 사용할 경우 비트맵 이미지로 사용

◀ 더블클릭한 경우 원본 벡터 이미지로 사용

Design
실력 향상
공동 작업을 위해 등록된 애셋을 다른 사람과 공유하기

[Libraries] 패널에 등록된 애셋을 다른 사람과 공유해 공동으로 작업하려면 [Libraries] 패널의 드롭다운 메뉴▤에서 [Invite people]을 클릭합니다.

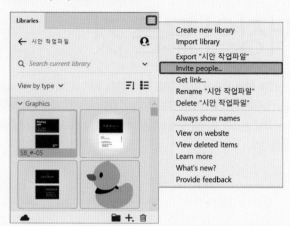

공동 작업자의 이메일 주소를 입력하고 [초대]를 클릭합니다. 공동 작업자가 이메일로 전송된 메시지를 확인한 후 초대를 수락하면 애셋이 공유됩니다.

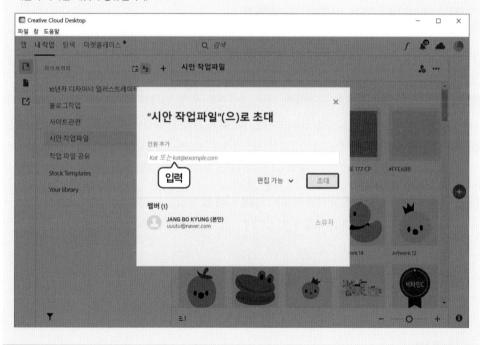

LESSON 05

파일 형식과 저장의 모든 것

일러스트레이터는 AI 기본 확장자로 저장하는 방법 외에 용도에 따라 EPS, PDF, PSD, AIT, JPG, GIF, PNG 등 다양한 확장자로 파일을 저장할 수 있습니다. 실무에서는 작업물의 용도에 따라 파일 형식을 다양하게 바꿔 저장해야 하는 경우가 많습니다. 자주 사용하는 파일 형식의 특징을 이해해두면 어떤 작업을 하게 되더라도 오류 없이 작업물의 목적에 따라 파일을 저장할 수 있습니다.

일러스트레이터 전용 파일로 저장하기

일러스트레이터의 기본 파일 형식인 AI 파일은 색, 선 굵기, 텍스트, 브러시, 레이어 등 작업한 상태의 데이터가 그대로 저장되어 있어서 언제든지 파일을 열어 자유롭게 수정할 수 있습니다. 결과물을 다른 파일 형식으로 저장해야 하는 경우라도 우선 AI 원본 파일을 저장해 보관한 후 다른 형식으로 다시 저장하는 것이 좋습니다. AI 원본 파일은 나중에 파일을 수정하거나 원본을 보관하는 목적으로 사용합니다.

01 ①작업한 파일을 저장하려면 단축키 `Ctrl` + `S` 를 누릅니다. ②[Save As] 대화상자가 나타나면 저장 위치와 파일 이름을 지정한 후 ③[저장]을 클릭합니다.

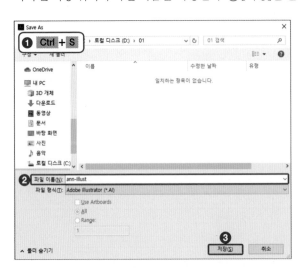

02 ①저장 옵션을 설정할 수 있는 [Illustrator Options] 대화상자가 나타나면 원하는 버전을 선택한 후 ②필요에 따라 옵션을 체크하거나 체크 해제합니다. ③[OK]를 클릭해 저장합니다.

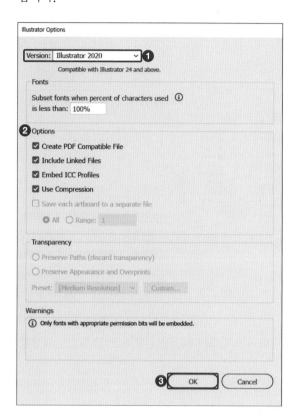

TIP [Create PDF Compatible File]에 체크하면 PDF와 호환되며, [Embed ICC Profiles]에 체크하면 색상 표준을 포함해 저장합니다. [Include Linked Files]는 62쪽, [Use Compression]은 52쪽을 참고합니다.

Design
실력 향상 **일러스트레이터 전용 파일로 저장 시 주의 사항**

□ 현재 작업 중인 파일을 다른 컴퓨터로 옮겨 작업해야 할 경우 해당 컴퓨터에 설치된 프로그램 버전에 맞게 파일을 저장해야 합니다. 프로그램이 늘 최신 버전을 유지하고 있다면 크게 상관없지만, 파일을 옮겨서 작업해야 할 컴퓨터의 일러스트레이터 버전이 파일이 저장된 버전보다 하위 버전이라면 파일이 열리지 않습니다. 파일을 불러올 컴퓨터의 일러스트레이터 버전을 모른다면 CS2 이하 버전으로 저장합니다.

□ AI 파일은 일러스트레이터 전용 파일로 모든 데이터 정보가 남아있습니다. EPS 파일로 저장하려면 AI 원본 파일로 먼저 저장해두고 다시 EPS 파일로 저장하는 것이 좋습니다.

□ 저장 방법에는 [Save], [Save As], [Save a Copy]가 있습니다.

인쇄 전용 파일로 저장하기

EPS 파일은 인쇄나 편집 전용 파일입니다. macOS용 편집 프로그램인 쿽익스프레스에서 많이
사용됩니다. 낮은 버전으로 저장할 경우 파일에 오류가 발생할 위험이 있으므로 원본은 반드시
일러스트레이터 전용 파일로 저장한 후 EPS 파일로 저장합니다.

01 ①작업한 파일을 EPS 파일로 저장
하려면 단축키 `Ctrl` + `Shift` + `S` 를
누릅니다. ②[Save As] 대화상자가
나타나면 [파일 형식]에서 [Illustrator
EPS(*.EPS)]를 선택한 후 ③[저장]
을 클릭합니다.

> **TIP** `Ctrl` + `Shift` + `S` 는 다른 이름으로 저장(Save
> As)의 단축키입니다.

02 ①[EPS Options] 대화상자가 나타나면 원하는 버전을 선택하고 ②옵션을 지정한 후 ③
[OK]를 클릭합니다.

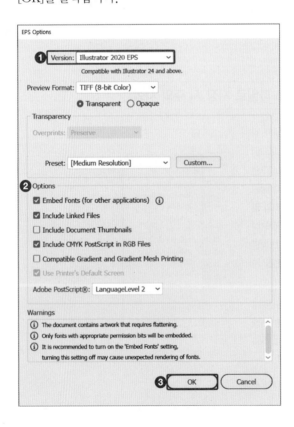

> **TIP** [Embed Fonts]는 글꼴 포함 저장 옵션
> 이며 [Include CMYK PostScript in
> RGB Files]는 RGB 컬러 모드로 작업된
> 파일에 CMYK 컬러값을 포함시켜서 인쇄
> 시 색상 변화를 최소화하는 옵션입니다.

결과물을 그대로 볼 수 있는 PDF 파일로 저장하기

PDF 파일은 모든 시스템에서 같은 결과물을 볼 수 있어 전자책이나 출판, 인쇄물에서 많이 사용됩니다. 또한 여러 장의 디자인을 보여주는 데 편리하므로 출판, 인쇄 디자인의 시안을 전달할 때 많이 사용됩니다.

01 작업한 파일을 PDF 파일로 저장하려면 ① 단축키 `Ctrl` + `Alt` + `S` 를 누릅니다. ② [Save As] 대화상자의 [파일 형식]에서 [Adobe PDF(*.PDF)]를 선택한 후 ③ [저장]을 클릭합니다.

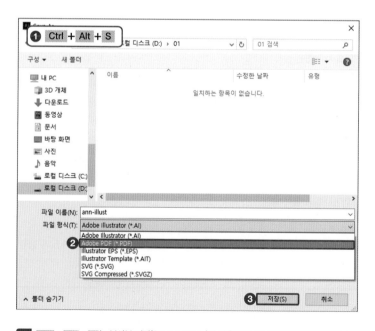

TIP   `Ctrl` + `Alt` + `S` 는 복사본 저장(Save a Copy)의 단축키입니다. 현재 작업 중인 문서는 그대로 두고 복사본을 저장합니다.

02 ①[Save Adobe PDF] 대화상자가 나타나면 [Adobe PDF Preset]에서 품질을 선택한 후 ②필요에 따라 [Compression] 탭에서 압축 방식을 설정합니다. ③만약 인쇄용 파일 일 경우 [Marks and Bleeds] 탭에서 재단선과 색상바, 페이지 정보, 재단 여부 옵션을 지 정하고 ④[Save PDF]를 클릭하여 저장합니다.

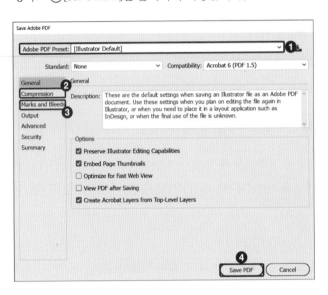

일러스트레이터 실무 강의

Design
실력 향상   **PDF 파일의 저장 옵션 더 알아보기**

▫ 고화질 저장이나 출력, 인쇄 시 적합한 설정

- **PDF/X-1a** | 인쇄/출판용에서 가장 많이 사용되는 파일 형식으로, 모든 데이터의 색상값이 CMYK로 변환됩니다.
- **High Quality Print** | 데스크톱 프린터 및 교정 인쇄 시 고품질 출력 용도로 많이 사용됩니다.
- **Press Quality** | 디지털 인쇄 작업이나 고품질 인쇄 제작을 할 때 사용됩니다.

▫ 시안 전달이나 저장 시 파일의 용량을 줄이는 설정

- **Smallest File Size** | 최소 파일 크기 설정이며 시안용, 웹 게시용으로 사용됩니다.

▫ [Compression] 탭의 이미지 압축 방식 설정

- **Do Not Downsample** | 이미지를 압축하지 않고 화질을 유지하여 저장할 수 있습니다.
- **Bicubic Downsampling To** | 이미지를 압축할 때 가장 효과적인 방법으로 ppi를 용도에 맞게 설정할 수 있습니다.

포토샵에서 불러올 수 있는 PSD 파일로 저장하기

일러스트레이터에서 작업한 후 레이어를 그대로 유지한 채 포토샵에서 불러오려면 PSD 파일 로 저장해야 합니다. 실무에서는 일러스트레이터 작업을 진행한 후 포토샵에서 다시 한번 질감

표현이나, 명암 등 다양한 효과를 적용합니다. 예를 들어 다음의 그림은 일러스트레이터에서 기본적인 작업을 한 후 포토샵에서 브러시나 필터 효과를 준 것입니다. 일러스트레이터에서 작업한 후 포토샵에서 효과를 주면 같은 일러스트라도 표현할 수 있는 스타일의 범위가 좀 더 넓어집니다.

01 ①일러스트 작업을 완료한 후 메뉴바에서 [File]–[Export]–[Export As] 메뉴를 클릭해 [Export] 대화상자를 불러옵니다. ②[파일 형식]에서 [Photoshop(*.PSD)]를 선택하고 ③[Export]를 클릭합니다.

02 ①[Photoshop Export Options] 대화상자가 나타나면 ②[Color Model]에서 컬러 모드를 설정하고 ③[Resolution]에서 해상도를 선택합니다. ④나머지 옵션을 설정하고 [OK]를 클릭하여 저장합니다.

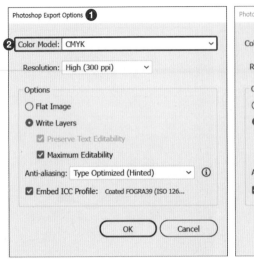 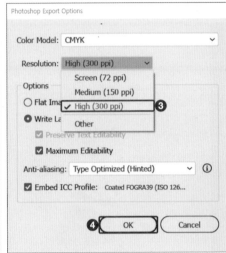

> **TIP** PSD 파일로 저장 시 [Color Model]은 [CMYK], [Options]는 [Write Layers]로 지정해야 레이어를 살려서 저장할 수 있습니다.

> **TIP** [Resolusion]은 해상도를 설정하는 옵션입니다. 웹용으로 사용한다면 72ppi, 인쇄용 또는 고해상도로 사용한다면 300ppi로 설정합니다.

03 포토샵에서 PSD 파일을 불러오면 레이어가 구분되어 있는 것을 확인할 수 있습니다.

[Export] 대화상자에서 [Use Artboards]에 체크하면 설정한 아트보드 크기에 맞춰 저장할 수 있습니다. 만약 [Use Artboards]에 체크하지 않은 채 PDF 파일 등으로 저장하면 아트보드 크기와 관계 없이 오브젝트 위치나 크기에 맞춰 저장됩니다.

▲ 작업 화면   ▲ [Use Artboards] 체크 해제   ▲ [Use Artboards] 체크

웹용 이미지로 저장하기

이미지 파일 형식인 JPEG, GIF, PNG 파일은 보통 웹에서 많이 사용됩니다. 웹에서는 파일을 빠르게 불러오는 것이 중요하므로 저용량으로 저장되는 파일 형식을 선호합니다. 대표적으로 가장 많이 사용되는 이 3개의 파일 형식은 용량이 적어 웹사이트 작업 시 효율적입니다. 특히 JPEG 파일은 간단한 시안을 전달할 때 PDF 파일보다 자주 사용됩니다.

단축키 Ctrl + Shift + Alt + S 를 눌러 [Save for Web] 대화상자를 불러오면 [Preset]에서 원하는 파일 형식을 선택해 저장할 수 있습니다.

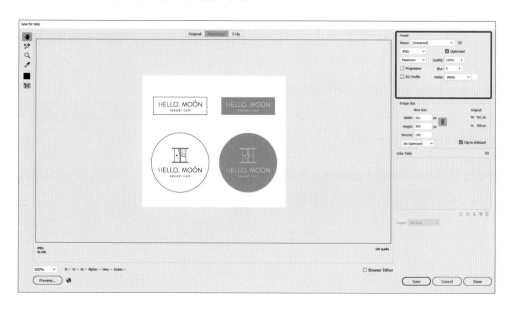

각 파일 형식의 특징을 잘 알고 사용하면 용도에 맞게 이미지 용량을 조절할 수 있습니다. 또한 파일 형식에 따라 색상이나 품질의 손실을 줄일 수 있어 작업물을 다양한 곳에 사용할 때도 도움이 됩니다.

JPEG 저장하기

JPEG는 가장 기본적인 이미지 파일 형식으로 사진이나 작업물을 온라인에 게시할 때, 시안을 전달할 때 등 유용하게 사용되며 RGB와 CMYK 컬러 모드를 지원합니다. 압축률을 높이거나 사진을 여러 번 저장하면 품질이 떨어집니다.

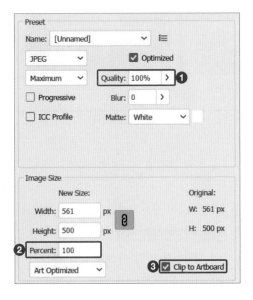

일러스트레이터 실무 강의

① **Quality** | 저장 파일의 품질을 조절하는 해상도 옵션입니다. **100%**에 가까울수록 품질이 좋아집니다.

② **Percent** | 비율을 조절해 이미지의 크기를 조절하는 옵션입니다. 기본 웹용 이미지로 저장하려면 옵션값을 기본 설정인 **100**으로 지정합니다. 옵션값을 **300**으로 지정하면 고품질 출력이 가능합니다.

③ **Clip to Artboard** | 체크 시 아트보드 영역만 이미지로 저장합니다.

GIF 저장하기

GIF는 움직이는 이미지나 웹용 아이콘 등에 주로 사용됩니다. 저장할 수 있는 컬러가 256색으로 제한되어 이미지 용량이 적다는 장점이 있습니다. 배경이 투명한 이미지를 지원합니다.

① **Transparency** | 배경이 투명한 이미지로 저장하려면 체크합니다.

② **Matte** | 오브젝트 가장자리의 픽셀을 설정하는 옵션입니다. 가장자리를 더 자연스럽고 부드럽게 설정하기 위해 각 옵션의 특징을 이해하고 상황에 맞게 선택합니다.

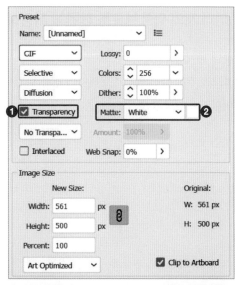

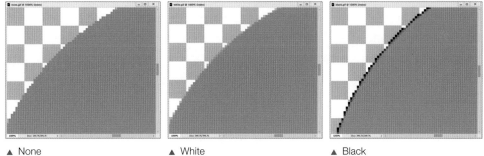

▲ None   ▲ White   ▲ Black

PNG 저장하기

PNG는 JPEG와 GIF의 장점을 합친 파일 형식으로 24비트 컬러를 지원하여 원본을 손상 없이 저장할 수 있습니다. 투명한 배경을 지원하여 웹용 아이콘이나 품질이 중요한 사진을 저장할 때 많이 사용됩니다. JPEG와 GIF보다 용량이 큽니다.

① **Transparency** | 투명도 설정입니다. 체크하면 배경이 투명한 이미지로 저장됩니다.

② **Percent** | 비율을 조절해 이미지의 크기를 조절하는 옵션입니다. 기본 웹용 이미지로 저장하려면 옵션값을 기본 설정인 **100**으로 지정합니다.

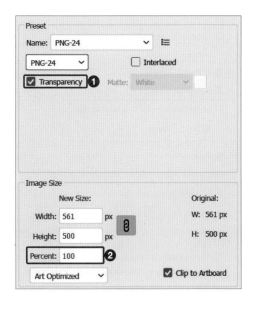

여러 개의 아트보드를 한번에 저장하기

파일 내에 여러 개의 아트보드가 있을 경우 아트
보드를 각각 다른 일러스트레이터 전용 파일이나
이미지로 저장할 수 있습니다.

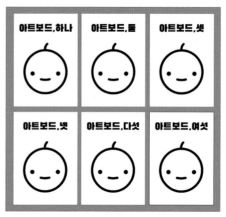

▲ 여러 개의 아트보드가 있는 파일

저장 시 [Options]에서 [Save each artboard to a separate file]에 체크하면 여러 개의 아트
보드를 일러스트레이터 전용 파일로 각각 저장할 수 있습니다. 세부 옵션이 활성화되면 모든 아
트보드를 저장하는 [All]과 지정된 아트보드만 저장하는 [Range]를 선택할 수 있습니다.

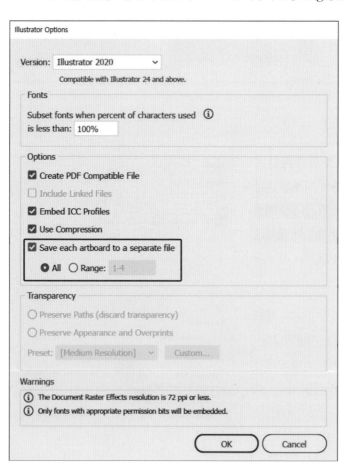

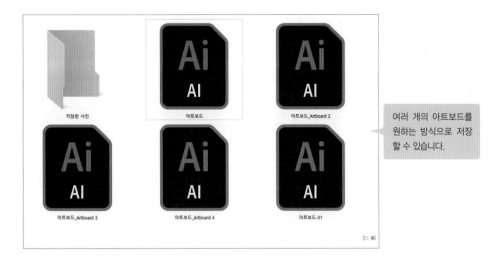

여러 개의 아트보드를
원하는 방식으로 저장
할 수 있습니다.

아트보드를 한번에 고해상도 이미지로 각각 저장하려면 [Export] 메뉴를 사용합니다.
[Export] 하위 메뉴 중 [Export As] 메뉴를 이용하면 다양한 이미지 파일 형식은 물론 다른 프
로그램과 연동되는 PDF, SWF, SVG 등의 파일 형식으로도 저장할 수 있습니다.

메뉴바에서 [File]-[Export]-[Export As] 메뉴를 클릭한 후 [Export] 대화상자의 [파일 형식]
에서 원하는 파일 형식을 선택해 저장합니다.

이때 비트맵 파일인 [BMP(*.BMP)]를 선택하면 컬러 모드와 해상도 등을 먼저 설정해야 하고
아트보드를 사용할 수 없어 하나의 이미지로만 저장됩니다.

  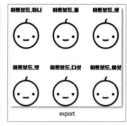

따라서 아트보드를 각각의 이미지로 한번에 저장하려면 CMYK 모드와 아트보드 사용이 지원되는 [JPEG(*.JPG)]를 선택하는 것이 좋습니다.

이때 [Export] 대화상자에서 [Use Artboards]에 체크한 후 [All]을 클릭합니다. 이후 컬러 모드와 품질, 해상도 등을 설정한 후 저장합니다.

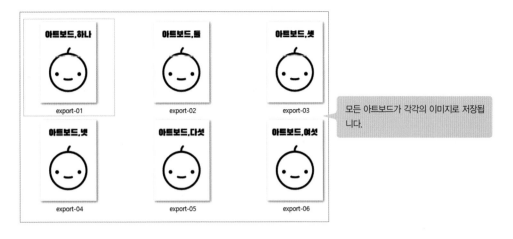

모든 아트보드가 각각의 이미지로 저장됩니다.

[PNG(*.PNG)]를 선택해 PNG 파일로 저장할 경우 해상도와 투명한 배경 또는 흰색 배경 등의 옵션을 지정한 후 저장합니다. PNG 파일은 배경을 투명하게 설정하여 각각 저장할 수도 있습니다.

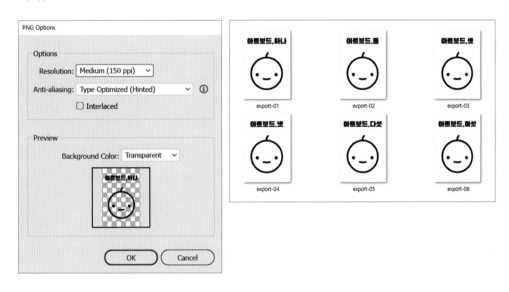

저장 전 확인 사항 알아보기

파일을 저장할 때는 사용 용도를 고려해 확인하는 것이 중요합니다. 파일을 잘못 저장해 발생하는 여러 문제를 방지하려면 저장 전에 옵션 등을 꼼꼼히 확인한 후 저장하는 습관을 길러야 합니다.

이미지를 포함해 저장하기

이미지를 불러와 작업한 후 AI나 EPS 파일로 저장할 때 이미지가 유실되지 않도록 옵션을 설정해야 합니다. 저장 시 [Include Linked Files]의 체크가 해제되어 있다면 꼭 체크한 후 저장합니다.

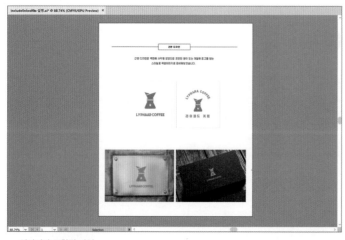

만약 [Include Linked Files]의 체크가 해제된 상태로 저장하면 컴퓨터 내 해당 이미지의 위치가 변경되거나, 다른 컴퓨터에서 작업할 때 이미지가 유실됩니다.

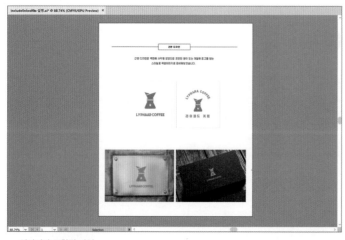

▲ 이미지가 포함된 파일

일러스트레이터 실무 강의

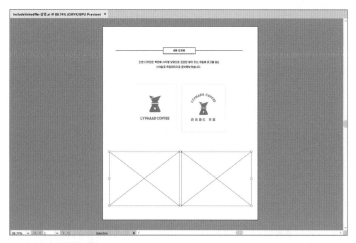

▲ 이미지가 유실된 파일

래스터화(Rasterize)해 저장하기

작업물을 인쇄 업체에 전달해야 할 경우 투명도 등의 효과를 준 개체가 있다면 의도한 형태를 그대로 유지하기 위해 개체를 래스터화해야 합니다. 효과를 적용한 오브젝트는 래스터화해야 만 효과를 적용한 모습 그대로 이미지로 변환되기 때문에 오류 없이 인쇄할 수 있습니다. 불러 온 이미지의 크기가 큰 경우에도 래스터화하면 불필요하게 큰 용량을 줄이고 하나의 개체로 저장됩니다. 인쇄 용도로 저장 시 컬러 모드를 반드시 [CMYK]로 지정하고, [Resolution]을 [High (300 ppi)]로 지정합니다.

인쇄 용도인 EPS 파일로 저장해 래스터화할 때는 여백이 모두 흰색으로 변경되므로 바탕도 함 께 래스터화하는 것이 좋습니다. 바탕 없이 래스터화하면 클리핑 마스크를 적용한 이미지의 경 우 클리핑 마스크로 가려진 원본 이미지 크기대로 흰 여백이 생깁니다. 이를 방지하려면 바탕도 함께 래스터화합니다. 각종 효과를 준 오브젝트나 이미지도 바탕과 함께 래스터화합니다.

▲ 래스터화 전

▲ 바탕 없이 래스터화한 후

▲ 바탕과 함께 래스터화한 후

래스터화 시 적용 여부를 자세히 확인하려면 Ctrl + Y 를 눌러 아웃라인 보기 모드로 작업 이미지를 살펴보는 것이 좋습니다. 일반 모드로 볼 때는 클리핑 마스크가 적용되어 이미지의 원본 크기가 보이지 않지만 아웃라인 보기 모드에서는 클리핑 마스크 모양대로 바깥쪽에 이미지 원본 크기가 표시됩니다. 바탕 없이 그대로 래스터화하면 이미지 크기만큼 래스터화됩니다. 일반 모드로 보면 이미지에 적용된 클리핑 마스크의 바깥 영역이 흰색으로 채워져 있습니다. 그러므로 반드시 바탕과 이미지를 함께 래스터화해야 합니다.

▲ 래스터화 전 아웃라인

▲ 바탕 없이 래스터화한 후 아웃라인

▲ 바탕과 함께 래스터화한 후 아웃라인

TIP [Layers] 패널에서 레이어의 눈◉을 클릭하거나 Ctrl + Y 를 누르면 아웃라인 보기 모드로 전환할 수 있습니다. 68쪽에서 더 자세히 설명합니다.

배경이 투명한 PNG 이미지가 포함되어 있을 때 래스터화하면 다음과 같이 표시됩니다.

▲ 래스터화 전

▲ 바탕 없이 래스터화한 후

▲ 바탕과 함께 래스터화한 후

그림자나 그레이디언트 등 각종 효과를 준 오브젝트가 있을 때 래스터화하면 다음과 같이 표시됩니다.

▲ 래스터화 전

▲ 바탕 없이 래스터화한 후

▲ 바탕과 함께 래스터화한 후

일러스트레이터 실무 강의

투명도를 병합해 저장하기

Flatten Transparency 기능은 오브젝트에 투명도를 주었을 때 이를 보여지는 그대로의 색상으로 병합하기 위해 사용합니다. 메뉴바에서 [Object]-[Flatten Transparency] 메뉴를 클릭한 후 [Flatten Transparency] 대화상자가 나타나면 필요에 따라 옵션을 조정하여 사용합니다.

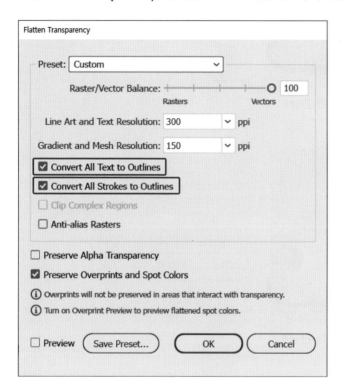

TIP Flatten Transparency 기능을 적용할 시 [Raster/Vector Balance]는 100으로 설정하는 것이 좋습니다. 이 옵션은 래스터 해상도로 옵션값이 낮아질수록 매끄럽지 않고 들쭉날쭉하게 표현될 가능성이 높습니다.

[Flatten Transparency] 대화상자의 [Convert All Text to Outlines]는 모든 텍스트를 윤곽선으로 변환하여 이미지화하는 옵션입니다. 이 옵션을 적용하면 텍스트 내용이나 스타일을 수정할 수 없으므로 다시 수정할 예정이라면 체크를 해제한 후 병합합니다. [Convert All Strokes to Outlines]는 선을 윤곽선으로 변환하는 옵션입니다. 마찬가지로 더 수정할 일이 없을 때 체크한 후 병합합니다.

투명도가 적용된 개체로 [Transparency] 패널을 확인하면 블렌딩 모드와 [Opacity]가 적용된 것을 확인할 수 있습니다.

,달콤아 안녕?

달콤아 안녕?

Flatten Transparency 기능을 적용한 상태에서는 블렌딩 모드와 [Opacity]가 모두 기본값이며 보이는 색상 그대로 병합된 상태인 것을 확인할 수 있습니다.

달콤아 안녕?

달콤아 안녕?

Flatten Transparency 기능이 적용된 오브젝트를 이동해보면 투명도가 있는 오브젝트는 병합되면서 겹쳐진 부분이 분리되는 것을 확인할 수 있습니다.

달콤아 안녕?

겹친 면을 깔끔하게 합쳐서 저장하기

Merge는 겹쳐진 같은 색의 면 오브젝트를 서로 합쳐서 보이는 모양 그대로 면을 나눌 때, 클리핑 마스크가 적용된 면을 보이는 모양 그대로 정리할 때, 패턴을 일반 오브젝트로 정리할 때 등 사용합니다.

특히 클리핑 마스크가 적용된 오브젝트가 있을 때 선을 아웃라인화한 후 Merge를 적용하면 클리핑 마스크가 적용된 모습 그대로 하나의 오브젝트로 처리되어 편리합니다. 또한 겹쳐진 오브젝트를 깔끔하게 정리할 수 있고 파일의 용량을 줄이는 효과도 얻을 수 있습니다.

▲ 클리핑 마스크와 오브젝트가 겹쳐진 일러스트

▲ 겹친 면을 합치고 오브젝트를 이동한 모습

▲ 적용 전 아웃라인

▲ 적용 후 아웃라인

불필요한 요소는 빼고 저장하기

작업을 마무리하면서 오브젝트를 나누거나 합친 후 ①남아 있는 불필요한 포인트나 ②색이 없는 패스 선, 오브젝트, ③ 비어 있는 텍스트 등은 [Clean Up] 메뉴를 이용하여 제거할 수 있습니다. 메뉴바에서 [Object]-[Path]-[Clean Up] 메뉴를 클릭하면 [Clean Up] 대화상자가 나타납니다. 원하는 옵션에 체크하고 [OK]를 클릭하면 불필요한 포인트나 오브젝트를 정리할 수 있습니다. 면을 많이 나누었을 때는 오브젝트 결과물을 깔끔하게 유지하기 위해 한 번씩 점검해 주는 것이 좋습니다.

일반 모드에서는 보이지 않지만 단축키 Ctrl + Y 를 눌러 아웃라인 보기 모드로 보면 불필요한 선이 보이기도 합니다. 이때 [Clean Up]을 이용하면 불필요한 선들을 깔끔하게 제거할 수 있습니다.

일러스트레이터 실무 강의

▲ 일반 모드로 보기　　　　　▲ 아웃라인 보기 모드로 보기　　　　　▲ 불필요한 선을 제거한 모습

별색을 삭제하고 저장하기

팬톤 컬러 등 별색을 따로 인쇄하지 않을 경우 사용한 별색은 삭제하는 것이 좋습니다. 별색을 사용했다면 [Swatches] 패널에서 사용한 컬러칩이 남아 있는 것을 확인할 수 있습니다.

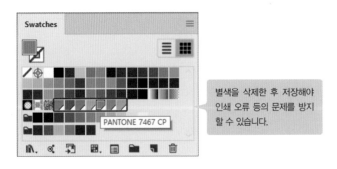

별색을 삭제한 후 저장해야 인쇄 오류 등의 문제를 방지할 수 있습니다.

이때 CMYK 모드로 색상을 변환해주어야 인쇄 시 오류가 발생하지 않습니다. 사용한 컬러칩은 [Swatches] 패널에서 선택하여 휴지통 아이콘🗑으로 드래그하거나 🗑을 클릭하여 삭제합니다. 별색을 삭제한 후에는 사용한 컬러가 CMYK 모드로 변환됩니다.

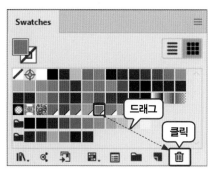

▲ 별색을 선택하여 삭제

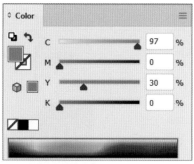

▲ CMYK 모드로 변경된 컬러

TIP 별색이 지정된 오브젝트를 선택한 후 메뉴바에서 [Edit]–[Edit Color]–[Convert to CMYK] 메뉴를 클릭하면 CMYK 모드로 변환할 수 있습니다.

파일 패키지(File Package)로 유실 없이 저장하기

파일을 작업한 후 원본 파일을 보관 또는 전달용으로 따로 저장해야 한다면 작업에 사용된 글꼴 파일과 이미지 파일, 원본 파일을 모두 저장할 수 있는 [File Package] 메뉴를 이용합니다. 단축키는 Ctrl + Shift + Alt + P 이며 일러스트레이터 CS6 이상 버전에서 사용할 수 있습니다. 메뉴바에서 [File]–[Package] 메뉴를 클릭해 [Package] 대화상자가 나타나면 저장 위치나 폴더 이름, 세부 옵션을 설정할 수 있습니다.

▲ 작업한 디자인

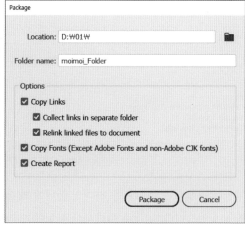

파일 패키지로 저장된 폴더는 글꼴 폴더와 이미지 폴더, 원본 파일, 파일 정보가 담긴 텍스트 파일로 구성되어 있습니다.

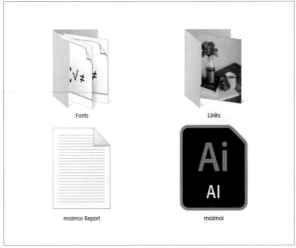

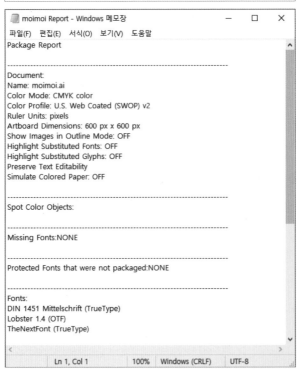

파일에 구성된 모든 요소를 하나의 폴더에 패키지로 저장하면 글꼴과 이미지가 유실되지 않는 장점이 있습니다. 따라서 어디서든 필요할 때 파일을 오류 없이 불러올 수 있습니다. 한글 글꼴의 경우 파일 패키지가 지원되지 않는 글꼴도 있으니 저장 후 꼭 글꼴 폴더를 확인합니다.

컬러 모드 확인하고 저장하기

메뉴바의 [File]-[Document Color Mode] 메뉴에서 용도에 맞춰 컬러 모드를 설정하는 것은 작업을 시작하기 전 챙겨야 할 기본 사항입니다. 인쇄용은 [CMYK Color], 웹용은 [RGB Color]로 설정되어 있는지 확인한 후 저장합니다.

문서 정보로 점검하기

인쇄 시 파일이 깨지거나 오류가 날 가능성이 있는 요소를 확인해야 합니다. 파일 저장 전에 메뉴바에서 [Window]-[Document Info] 메뉴를 클릭하여 [Document Info] 패널을 불러옵니다.

단축기 Ctrl + A 를 눌러 파일 내 오브젝트를 모두 선택한 후 [Document Info] 패널의 드롭다운 메뉴에서 [Objects]를 클릭합니다. 패널에 표시된 정보를 확인하여 각 작업 스타일에 맞게 마무리했는지 점검합니다. 예를 들어 사용한 텍스트와 선을 모두 아웃라인화했는지, 유실 위험이 있는 링크된 이미지가 있는지, 모양 효과나 투명도를 설정한 오브젝트가 있는지, 별색을 사용했는지 등의 정보를 확인합니다.

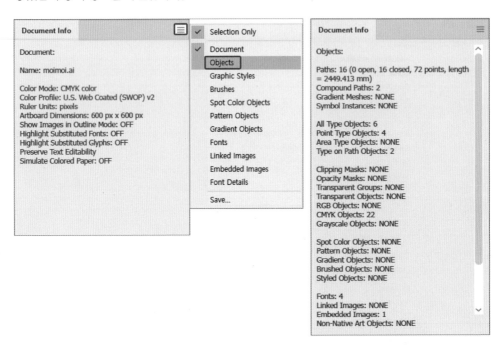

Design
실력 향상 — **돌발적으로 일어나는 문제에 당황하지 말자!**

작업 중에는 단축키를 잘못 눌러서 다른 기능이 실행되거나 어떤 기능인지 모르고 옵션을 설정할 때도 있습니다. 비슷한 단축키의 경우엔 당황스러운 상황이 자주 나타날 수 있습니다. 또 항상 사용하던 컴퓨터 프로그램 설정에 익숙해지다 보면 다른 컴퓨터에서 작업할 때 설정된 환경이 달라 불편한 경우도 있습니다. 실무 초반에는 이러한 문제로 당황하기 쉽지만, 서두르지 말고 천천히 내용을 확인해보면 직면한 문제에 여유롭게 대처할 수 있습니다.

① **크기를 조절해도 선의 굵기가 똑같을 때!**

단축키 Ctrl + K 를 눌러 [Preferences] 대화상자가 나타나면 옵션 중 [Scale Strokes & Effects]에 체크합니다.

② **패턴이 보여지는 영역이 삐뚤 때!**

단축키 Ctrl + K 를 눌러 [Preferences] 대화상자가 나타나면 옵션 중 [Transform Pattern Tiles]의 체크를 해제하고 영역을 수정한 후 다시 체크하여 패턴 영역을 고정합니다.

③ **바운딩 박스의 크기 조절 포인트가 사라졌을 때!**

[View]–[Show Bounding Box] 메뉴의 단축키 Ctrl + Shift + B 를 누릅니다.

④ **갑자기 바탕이 픽셀 모양으로 변경되었을 때!**

[View]–[Hide Transparency Grid] 메뉴의 단축키 Ctrl + Shift + D 를 누릅니다.

⑤ 갑자기 아트보드가 사라졌을 때!

[View]–[Show Artboards] 메뉴의 단축키 `Ctrl` | `Shift` | `H` 를 누릅니다.

⑥ 갑자기 생긴 도큐먼트 속에 큰 입체 격자 모양이 사라지지 않을 때!

[View]–[Perspective Grid]–[Hide Grid] 메뉴의 단축키 `Ctrl` + `Shift` + `I` 를 누릅니다.

⑦ 갑자기 생긴 텍스트 옆 파란색 부호를 없애고 싶을 때!

[Type]–[Show Hidden Characters] 메뉴의 단축키 `Ctrl` + `Alt` + `I` 를 누릅니다.

⑧ 텍스트와 오브젝트가 기울어진 채로 생성될 때!

`Ctrl` + `K` 를 눌러 [Preferences] 대화상자가 나타나면 옵션 중 [Constrain Angle]을 0°로 지정합니다.

⑨ 오브젝트를 이동하면 회색의 굵은 표시선이 나타날 때!

`Ctrl` + `K` 를 눌러 [Preferences] 대화상자가 나타나면 [Smart Guides] 탭을 클릭하고 [Measurement Labels]의 체크를 해제합니다.

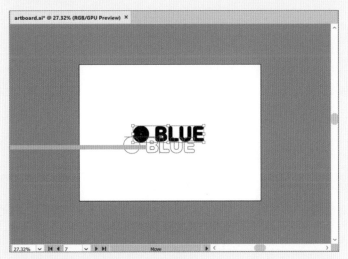

⑩ 텍스트에 그레이디언트가 적용되지 않을 때!

텍스트 오브젝트에는 그레이디언트가 직접적으로 적용되지 않습니다. 아웃라인화하거나, [Appearance] 패널에서 [Add Fill]을 클릭하여 면을 추가한 후 그레이디언트를 적용할 수 있습니다.

마음을 사로잡는
일러스트 아트워크

CHAPTER

실무에서 가장 많이 사용하는
도구와 기능들로 실속 있는 예제를 작업해보며,
일러스트레이터 활용 노하우를 집중 탐구해보겠습니다.

LESSON 01

캐릭터 작업에 꼭 필요한
기본기 제대로 익히기

캐릭터를 만들 때 번거롭게 면을 나누거나 직접 그릴 필요 없이 이펙트와 도구만으로 간단히 작업할 수 있는 방법을
소개하겠습니다. 이번 LESSON에서 소개하는 방법은 작업 시간을 줄이면서 정확한 형태로 캐릭터를 완성하는
방법입니다. 작업 시간을 효율적으로 단축할 수 있는 매우 유용한 방법이므로 반드시 알아두도록 합니다.

PREVIEW

좌우 대칭 캐릭터 그리기

Reflect Tool

볼 꾸미기로 캐릭터 성격에 변화 주기

Draw Inside   Transform Again   Scribble

좌우 대칭 캐릭터 그리기

실습 파일 CHAPTER02\LESSON01\좌우대칭캐릭터.ai

정확히 좌우 대칭된 캐릭터를 그릴 때는 보통 한쪽 눈을 먼저 그린 후 복사하고 붙여 넣어 직접 정렬합니다. 동일한 모양의 좌우 대칭 오브젝트라면 직접 정렬하는 방법도 좋습니다. 그러나 각도가 다르거나 기울어진 팔, 리본이 있는 캐릭터처럼 모양이 다른데 좌우 대칭이 필요한 경우에는 반전 도구를 이용하면 간단히 작업 속도를 높일 수 있습니다.

반전 도구로 좌우 대칭 한번에 그리기

01 ① 예제 파일을 불러옵니다. ② 선택 도구 V ▶ 를 선택한 후 ③④ 눈과 리본을 모두 선택합니다. ⑤ 반전 도구 O ⋈ 를 선택한 후 ⑥ Alt 를 누른 채 얼굴 아래쪽의 중심점을 클릭합니다. ⑦ [Reflect] 대화상자가 나타나면 [Vertical]을 선택한 후 ⑧ [Copy]를 클릭합니다.

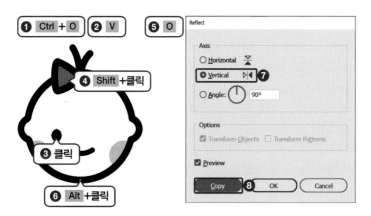

TIP 중심점에 마우스 포인터를 올리면 [Center] 표시가 나타납니다.

02 Ctrl 을 누른 채 빈 바탕을 클릭하여 오브젝트 선택을 해제하면 완성된 일러스트를 확인할 수 있습니다.

Ctrl +클릭

TIP [Reflect] 대화상자에서 각 옵션명의 첫 알파벳은 해당 옵션의 단축키입니다. 예를 들어 단축키 V 를 누르고 단축키 C 를 누르면 간편하게 좌우 대칭으로 복사할 수 있습니다.

캐릭터 성격에 변화를 주자! 양쪽 볼 간단히 꾸미기

실습 파일 CHAPTER02\LESSON01\볼꾸미기.ai
완성 파일 CHAPTER02\LESSON01\볼꾸미기완성.ai

캐릭터의 부끄러움을 표현할 때나 볼이 통통한 어린아이처럼 귀여워 보이는 캐릭터를 표현할
때 등 캐릭터의 성격을 표현하는 가장 쉬운 방법은 양쪽 볼을 꾸며주는 것입니다. 다음과 같은
캐릭터의 볼터치는 일러스트레이터의 다양한 효과를 사용하면 쉽게 만들 수 있습니다.

일러스트레이터 실무 강의

라인 안쪽에 볼터치 그리기

동그란 볼터치로 얼굴에 포인트를 준 캐릭터는 Draw Inside 모드를 활용하면 손쉽게 그릴 수
있습니다. 이 모드로 전환하면 선택한 오브젝트의 모양 안쪽으로만 그림이 그려져서 매우 편리
합니다.

01 ① 선택 도구 V ▶를 선택한 후 ② 볼터치를 그릴 오브젝트를 클릭합니다. ③ 단축키
Shift + D 를 두 번 눌러 Draw Inside 모드로 전환합니다.

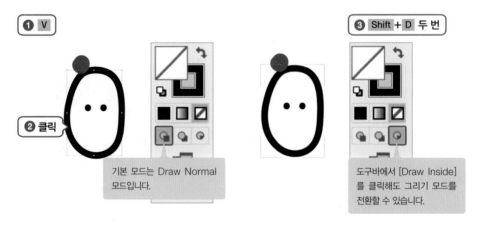

TIP 그리기 모드 옵션에 대한 자세한 설명은 이 책의 94쪽에서 확인할 수 있습니다.

02 ①브러시 도구 B ✎를 선택한 후 ②면 색을 **#F3A0B5**로 지정합니다. ③원하는 부분에 드래그하여 볼터치를 그려줍니다. ④완성 후 선택 도구 V ▶로 ⑤빈 바탕을 더블클릭해 Draw Normal 모드로 전환합니다.

반복 복사 기능으로 빗금 볼터치 만들기

빗금 스타일의 볼터치는 사진을 꾸밀 때나 스티커를 만들 때 많이 사용됩니다. 반복 복사 기능이나 [Scribble] 이펙트를 이용하면 빗금 스타일의 볼터치를 그릴 수 있습니다.

01 ①선 도구 W ✎를 선택합니다. ②볼터치를 그릴 위치에서 비스듬하게 드래그해서 선을 그립니다. ③선의 끝부분을 둥글게 만들려면 [Properties] 패널에서 [Cap]을 [Round Cap ⊂]으로 선택합니다.

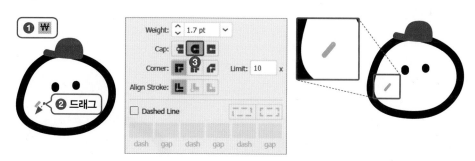

02 ①선택 도구 V ▶로 ② Alt 를 누른 채 오른쪽으로 드래그하면서 Shift 를 눌러 수평 이동 복사합니다. ③ 단축키 Ctrl + D 를 눌러 같은 간격으로 반복 복사합니다. 원하는 개수만큼 단축키를 눌러서 볼터치를 표현합니다.

TIP [Align] 패널에서 [Horizontal Distribute Center]를 클릭해 그린 선을 같은 간격으로 정렬할 수도 있습니다. 선의 길이가 다른 볼터치를 그린 후 정렬할 때 유용합니다.

사인펜으로 그린 느낌의 볼터치 만들기

부끄러워하는 모습을 표현할 때 사용할 수 있는 사인펜으로 그린 느낌의 볼터치입니다. 이 볼터치는 [Scribble] 이펙트를 활용하면 간단히 만들 수 있습니다.

01 ①선 도구 W ⟋를 선택합니다. ②볼터치가 들어갈 자리에 드래그하여 가로로 긴 선을 그립니다. ③메뉴바에서 [Effect]-[Stylize]-[Scribble] 메뉴를 클릭합니다.

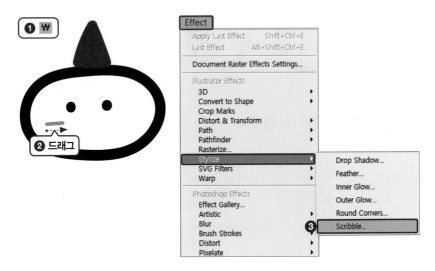

일러스트레이터 실무 강의

02 ①[Scribble Options] 대화상자에서 각 옵션의 슬라이더를 드래그하여 조절한 후 ② [OK]를 클릭합니다.

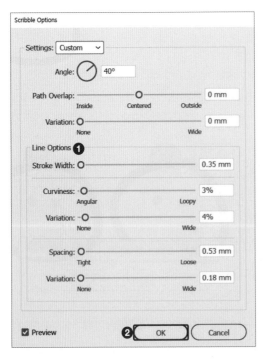

이펙트 대화상자에서 각 옵션의 슬라이더를 조절해 이펙트를 설정할 수 있습니다. [Variation] 옵션에서는 선의 균형을 설정합니다.

① **Settings** | 11가지 스타일로 설정된 옵션 선택 메뉴입니다. 슬라이더를 조절하기 어렵다면 [Settings]에서 원하는 효과를 선택해 적용합니다.

② **Angle** | 선의 각도를 조절합니다.

③ **Path Overlap** | 오브젝트 영역을 기준으로 선이 벗어나는 정도를 설정합니다.

④ **Stroke Width** | 선의 두께를 설정합니다.

⑤ **Curviness** | 구부러지는 선 모양으로 설정합니다.

⑥ **Spacing** | 선과 선 사이 간격을 설정합니다.

Scribble Options

① Settings: Custom

② Angle: 40°

③ Path Overlap: 0 mm
Inside   Centered   Outside

Variation: 0 mm
None   Wide

Line Options

④ Stroke Width: 0.35 mm

⑤ Curviness: 3%
Angular   Loopy

Variation: 4%
None   Wide

⑥ Spacing: 0.53 mm
Tight   Loose

Variation: 0.18 mm
None   Wide

☑ Preview   OK   Cancel

03 이펙트가 적용된 선을 복사합니다. ① 선택 도구 V ▶로 ② Alt 를 누른 채 오른쪽으로 드래그하면서 Shift 를 눌러 수평 이동 복사합니다.

❶ V

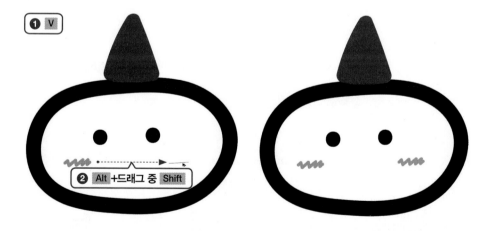

❷ Alt +드래그 중 Shift

이펙트를 적용해 익살스러운 표정 표현하기

익살스러운 표정이나 개구쟁이 같은 표정을 표현할 때, 또는 볼이 통통한 모습을 연출할 때 [Arc] 이펙트를 이용하면 손쉽게 표현할 수 있습니다.

01 ① 선 도구 W ☑를 선택합니다. ② 비스듬하게 긴 직선을 그립니다. ③ 메뉴바에서 [Effect]-[Warp]-[Arc] 메뉴를 클릭합니다.

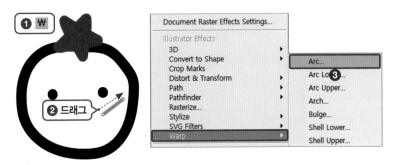

02 [Warp Options] 대화상자가 나타나면 ①[Bend] 옵션의 슬라이더를 드래그하여 조절한 후 ②[OK]를 클릭하여 적용합니다.

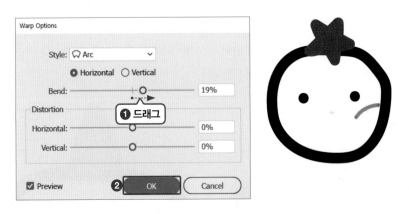

03 ① 메뉴바에서 [Object]-[Expand Appearance] 메뉴를 클릭합니다. ② 반전 도구 O ▷◁를 선택한 후 ③ 대칭 복사하여 마무리합니다.

> **TIP** [Warp] 이펙트를 적용한 오브젝트는 각도를 조절하거나 반전 도구로 대칭 복사하면 모양이 달라집니다. 이를 방지하기 위해 [Expand Appearance]를 적용하는 것이 좋습니다.

Design
실력 향상 | 캐릭터의 입을 만드는 손쉬운 방법

실습과 동일한 방법으로 선 도구 ☑를 선택한 후 Shift 를 누른 채 드래그하여 가로로 직선을 그립니다. 직선에 [Arc] 이펙트를 적용하면 캐릭터의 입을 만들 수 있습니다.

디자인 실무 실습   **핵심 기능** | Puppet Warp Tool

이미 완성된 캐릭터 형태 손쉽게 바꾸기

캐릭터나 일러스트를 작업할 때 부분적으로 형태를 수정해야 할 때가 있습니다. 간단한 수정은 오브젝트를 하나씩 클릭해 수정할 수 있지만 전체적인 오브젝트의 각도나 형태를 수정하려면 다소 번거롭습니다. 이때 퍼펫 뒤틀기 도구(Puppet Warp Tool)를 이용하면 형태를 손쉽게 수정할 수 있습니다.

▲ 일러스트 머리 각도 수정

퍼펫 뒤틀기 도구로 오브젝트 자연스럽게 변형하기

퍼펫 뒤틀기 도구(Puppet Warp Tool)는 오브젝트를 비틀고 왜곡하여 자연스럽게 변형하는 도구입니다. 이 도구를 선택하면 오브젝트에 표시되는 핀을 이용해 오브젝트의 일부분을 회전하거나 이동할 수 있습니다. 오브젝트 형태의 일부분만 수정하거나, 정면을 바라보는 캐릭터를 하늘을 바라보는 캐릭터로 수정하는 등 특정 부분의 각도만 수정할 수도 있습니다.

01 ①수정할 오브젝트가 선택된 상태에서 도구바의 자유 변형 도구 E ⊡를 길게 클릭합니다. ②추가 메뉴가 나타나면 퍼펫 뒤틀기 도구 ⊠를 선택합니다. ③오브젝트에 핀이 표시됩니다. 부리 부분의 불필요한 핀은 클릭한 후 Delete 를 눌러 삭제합니다.

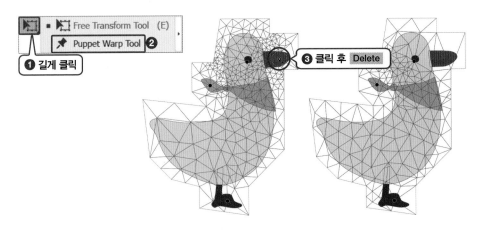

TIP 자유 변형 도구를 찾기 어렵다면 단축키 E 를 눌러서 위치를 확인합니다.

02 ①몸통 위치에 클릭하여 핀을 추가합니다. ②머리 각도를 회전하기 위해 회전할 위치의 핀을 클릭한 후 핀 가까이에 마우스 포인터를 가져가면 화살표 모양이 변경됩니다. ③이때 드래그하여 머리의 각도를 조절합니다.

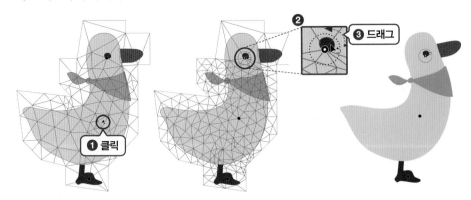

03 오브젝트 수정 중 형태가 비틀어진 부분이 있다면 핀을 추가하고 드래그하여 형태를 수정합니다.

Design
퍼펫 뒤틀기 도구 이해하기

① **Select All Pins** | 클릭하면 모든 핀이 선택됩니다.

② **Expand Mesh** | 오브젝트에 표시된 망점의 크기를 조절합니다.

③ **Show Mesh** | 체크를 해제하면 오브젝트에 표시된 망점을 보이지 않게 합니다.

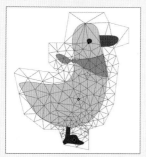

▲ 1px로 설정하여 작아진 망점

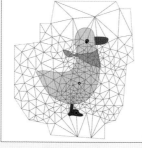

▲ 6px로 설정하여 커진 망점

▲ [Show Mesh]의 체크를 해제한 상태

④ 퍼펫 뒤틀기 도구 세부 조작법

- **핀 회전(오브젝트 각도 수정)** | 핀과 원 모양 점선의 중간 영역을 드래그합니다.
- **핀 이동(형태 수정)** | 핀을 드래그합니다.
- **선택한 핀만 이동할 때(나머지 핀 고정)** | `Alt` 를 누른 채 드래그합니다.
- **핀 중복 선택** | `Shift` 를 누른 채 클릭합니다.
- **핀 삭제** | 핀 선택 후 `Delete` 를 누릅니다.
- **핀 추가** | 원하는 위치에서 클릭합니다.

오브젝트 수정 시 선 두께와 효과를 일정하게 설정하기

캐릭터 스케치를 완벽하게 했더라도 실제 그래픽 작업 중에는 부분적으로 크기를 수정하는 경우가 많습니다. 문제는 일부 오브젝트의 크기를 키우거나 줄이면 수정할 때마다 적용된 효과나 선의 두께가 달라진다는 것입니다. 이때 [Preferences] 대화상자의 [General] 탭에서 [Scale Strokes & Effects] 옵션을 활용하면 선의 두께와 선에 적용된 효과의 값을 크기 수정에 관계 없이 고정하거나 비율에 따라 수정되도록 설정할 수 있습니다.

▲ 스케치한 후 작업한 일러스트

▲ [Scale Strokes & Effects]의 체크 가 해제된 상태에서 크기 수정

▲ [Scale Strokes & Effects]가 체크 된 상태에서 크기 수정

▲ [Drop Shadow] 이펙트 적용

▲ [Scale Strokes & Effects]의 체크 가 해제된 상태에서 크기 수정

▲ [Scale Strokes & Effects]가 체크 된 상태에서 크기 수정

캐릭터 작업 시 [Preferences] 대화상자의 옵션을 자유롭게 활용할 수 있다면 작업의 능률을 높일 수 있습니다. 각 옵션의 특징과 장점을 이해하고 활용하는 습관을 길러두면 좀 더 효율적으로 작업하는 데 도움이 됩니다.

> **TIP** [Scale Strokes & Effects] 옵션은 로고나 폰트를 작업할 때도 유용하게 사용됩니다. 폰트의 형태나 각도, 크기를 수정하면 크기에 따라 비율에 맞게 조절되는 이펙트의 옵션값과 선의 두께 때문에 중간중간 굵어지거나 얇아진 선을 다른 선과 똑같이 조절해야 합니다. 이 옵션을 활용하면 이펙트의 옵션값과 선의 두께가 크기에 관계없이 동일하게 유지되므로 달라진 옵션값을 따로 조절해야 하는 번거로움을 줄일 수 있습니다.

LESSON 02

도형 도구를 활용해 심플 스타일 캐릭터 그리기

캐릭터 작업은 선을 다양하게 표현하여 형태의 아름다움을 강조하거나, 도형 도구를 이용해 심플하고 정리된 느낌으로 표현하는 경우가 많습니다. 이번에는 기본 캐릭터 디자인 스타일이자 많은 사람이 선호하는 심플한 스타일의 캐릭터를 그려보겠습니다.

PREVIEW

원형 도구로 캐릭터 머리 만들기

Ellipse Tool

사각형 도구로 캐릭터 몸 만들어 완성하기

Rectangle Tool

원형 도구로 캐릭터 머리 만들기

완성 파일　CHAPTER02\LESSON02\자몽이머리완성.ai

원형 도구로 캐릭터를 만들어보겠습니다. 선에 두께가 있는 캐릭터를 그릴 때는 작업을 진행하기 전에 미리 [Preferences] 대화상자에서 [Scale Strokes & Effects]의 체크를 해제하고 진행합니다. 이 옵션에 대한 자세한 설명은 86쪽에서 확인할 수 있습니다.

원형 도구로 캐릭터 얼굴 만들기

01 ①빈 아트보드를 생성한 후 ②원형 도구 L ◉ 를 선택합니다. ③ Shift 를 누른 채 드래그하여 정원을 생성합니다. ④직접 선택 도구 A ▷ 를 선택하고 ⑤원의 하단 중앙 포인트를 클릭합니다. ⑥위쪽 방향으로 드래그하면서 Shift 를 눌러 형태를 수정합니다.

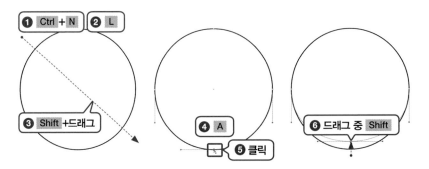

02 ①원의 왼쪽 포인트를 클릭하고 ②오른쪽 포인트를 Shift 를 누른 채 클릭하여 동시에 선택합니다. ③위로 살짝 드래그하면서 Shift 를 눌러 형태를 수정합니다.

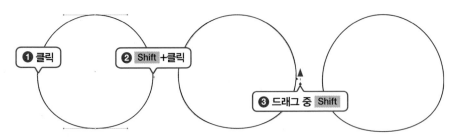

> **TIP** 직접 선택 도구를 선택한 상태가 아니더라도 선택 도구가 선택된 상태에서 Ctrl 을 누르면 직접 선택 도구와 같은 기능을 빠르게 사용할 수 있습니다.

03 ①원형 도구 L ◎를 선택하고 ② Shift 를 누른 채 드래그하여 이미 그려둔 원 안쪽에 작은 원을 생성합니다. ③같은 방법으로 한 번 더 드래그하여 더 작은 원을 생성합니다.

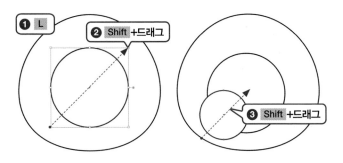

04 ①선택 도구 V ▶를 선택하고 ②제일 작은 원을 클릭한 후 ③ Alt 를 누른 채 오른쪽으로 드래그하면서 Shift 를 눌러 작은 원을 수평 이동 복사합니다.

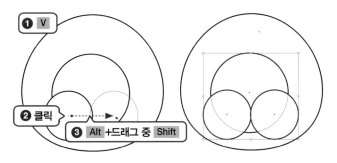

> **TIP** 드래그 중 Shift 를 누르면 수평, 수직, 대각선의 각도에 맞춰서 이동할 수 있습니다. 단, Shift 를 먼저 누르면 드래그 시 선택이 해제될 수 있습니다. 반드시 드래그를 먼저 시작한 후 Shift 를 누릅니다.

05 ①작은 원 3개를 모두 선택합니다. ②[Align] 패널에서 [Horizontal Distribute Center ❙❙❙]를 클릭해 오브젝트를 정렬합니다. ③빈 바탕을 클릭하여 선택을 해제한 후 ④중앙의 원을 클릭하고 드래그하면서 Shift 를 눌러 원의 중앙 포인트가 작은 원 오브젝트에 겹쳐지도록 위치를 조절합니다.

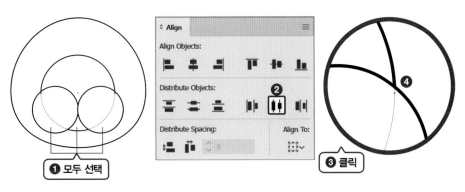

> **TIP** [Align] 패널 옵션에 대한 자세한 설명은 102쪽에서 확인할 수 있습니다.

06 ①작은 원 3개를 모두 선택합니다. ②[Pathfinder] 패널에서 [Unite▣]를 클릭하여 선택한 면을 하나로 합칩니다.

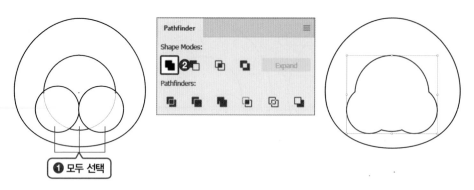

07 ①기준점 삭제 도구 ▬ ✎를 선택한 후 ②③④⑤ 총 4개의 포인트를 각각 클릭해 삭제합니다.

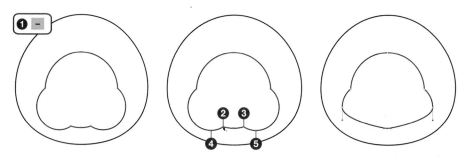

TIP 펜 도구가 선택된 상태에서 단축키 ✚를 누르면 포인트를 추가할 수 있는 기준점 추가 도구로 변경되고, 단축키 ▬를 누르면 포인트를 삭제할 수 있는 기준점 삭제 도구로 변경됩니다.

08 ①직접 선택 도구 A ▷를 선택합니다. ②오브젝트 하단 중앙의 포인트를 클릭한 후 ③ 아래로 드래그하면서 Shift 를 눌러 포인트를 수직 이동하여 형태를 수정합니다.

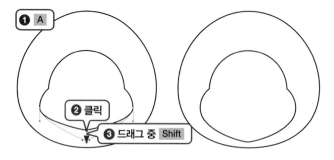

TIP 드래그를 시작한 후 Shift 를 눌러야 합니다.

09 ①기준점 변환 도구 Shift + C ⚲를 선택한 후 ②오른쪽으로 드래그하면서 Shift 를 눌러 모양을 수정합니다.

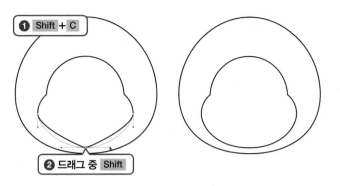

Design
기준점 변환 도구 이해하기

기준점 변환 도구⚲는 패스의 모서리 포인트를 곡선으로 수정하거나, 곡선인 패스를 뾰족한 모서리 포인트로 수정할 때 활용합니다. 포인트를 클릭했을 때 양쪽의 핸들이 고정되어 함께 수정됩니다. 이때 기준점 변환 도구를 이용하면 포인트의 한쪽만 수정할 수 있고 곡선을 정밀하게 조절할 수 있습니다.

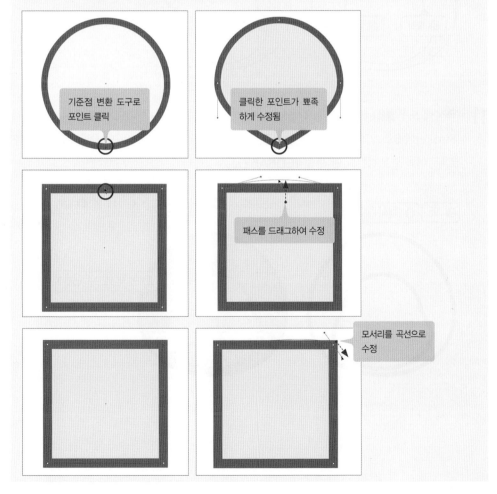

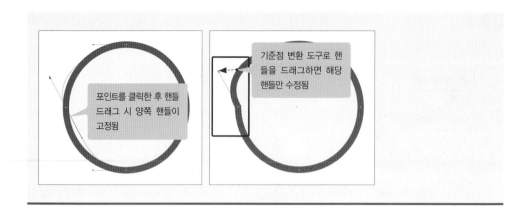

일러스트레이터 실무 강의

10 ①직접 선택 도구 A ▷를 선택한 후 ②③2개의 포인트를 동시에 선택합니다. ④[Live Corners Widget]이 표시되면 드래그하여 얼굴 모양을 수정합니다.

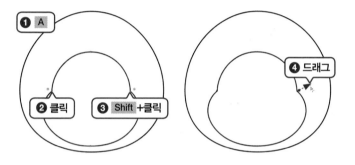

11 ①선택 도구 V ▶를 선택하고 ②모든 오브젝트를 선택합니다. ③상단 컨트롤 패널에서 [Stroke]에 **5**를 입력해 선 두께를 수정합니다. ④얼굴 오브젝트의 면 색을 **#FBD9CF** 로, ⑤머리 오브젝트의 면 색을 **#ED6A5E**로 지정합니다.

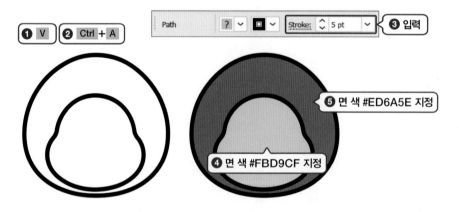

[Live Corners Widget] 활용하기

[Live Corners Widget]은 패스의 모퉁이에서 활성화되는 변형 도구입니다. 드래그하는 정도에 따라 모퉁이를 둥글 거나 각지게 수정할 수 있습니다. 인접한 포인트가 선택한 포인트에서 멀리 있는 경우 곡선값이 커져 더 둥글게 수정할 수 있습니다.

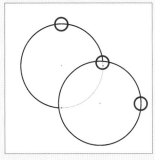

▲ 멀리 있는 인접 포인트

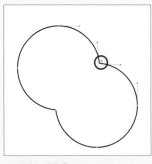

▲ 포인트 선택 후
[Live Corners Widget]이
표시된 모습

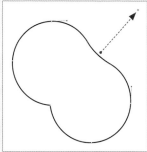

▲ [Live Corners Widget]을
드래그하여 곡선값 적용

인접한 포인트가 선택한 포인트와 가까이 있는 경우 가까이 있는 포인트까지만 곡선값을 적용할 수 있습니다. 선택한 포인트와 인접한 포인트가 가까워질수록 곡선값의 적용 범위가 줄어듭니다.

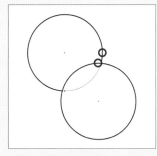

▲ 가까이 있는 인접 포인트

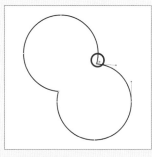

▲ 포인트 선택 후
[Live Corners Widget]이
표시된 모습

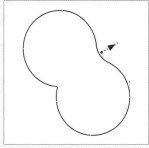

▲ [Live Corners Widget]을
드래그하여 곡선값 적용

12 ① 얼굴 오브젝트를 클릭한 후 ② 도구바 하단에서 [Draw Inside ⊙]를 클릭해 그리기 모드를 전환합니다.

❶ 클릭

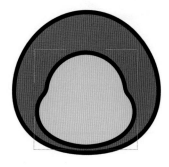

그리기 모드를 전환해 그리는 오브젝트를 상위 레이어로 차곡차곡 쌓으며 그릴지, 반대로 하위 레이어로 그릴지 선택할 수 있습니다. 또는 선택한 오브젝트의 영역 안쪽에만 그려지게 설정할 수도 있습니다. 3개의 그리기 모드는 단축키 Shift + D 를 눌러 순서대로 선택할 수 있습니다. 상황에 맞는 그리기 모드를 활용하면 작업 효율을 높일 수 있습니다.

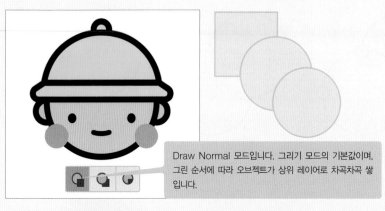

Draw Normal 모드입니다. 그리기 모드의 기본값이며, 그린 순서에 따라 오브젝트가 상위 레이어로 차곡차곡 쌓입니다.

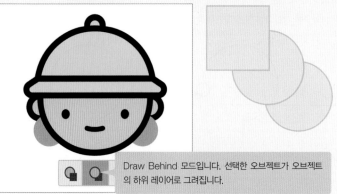

Draw Behind 모드입니다. 선택한 오브젝트가 오브젝트의 하위 레이어로 그려집니다.

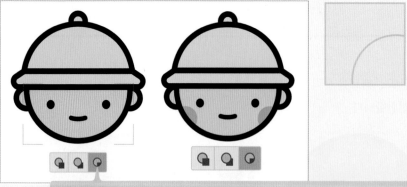

Draw Inside 모드입니다. 오브젝트를 선택한 상태에서 사용할 수 있으며, 선택한 오브젝트의 안쪽에만 그려집니다. Draw Inside 모드로 전환하면 선택한 오브젝트 바깥 영역에 점선이 표시됩니다. 그리기를 완료한 후 빈 바탕을 더블클릭하면 기본 설정인 Draw Normal 모드로 전환할 수 있습니다.

13 ①원형 도구 L ◎를 선택합니다. ②면 색을 **#7D4E24**로 지정한 후 ③얼굴 윗부분에서 드래그하여 머리카락으로 만들 오브젝트를 생성합니다. ④선택 도구 V ▶를 선택하고 ⑤ Alt 를 누른 채 원 오브젝트를 드래그하여 복사합니다. 이동 복사되면서 머리카락이 완성되었습니다.

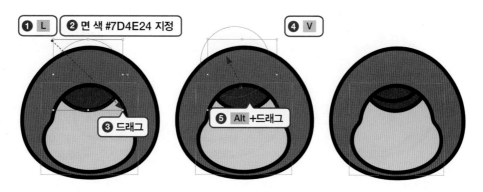

14 ①원형 도구 L ◎를 선택하고 ②볼터치 색을 **#F04B54**로 지정한 후 ③볼 부분에서 드래그하여 볼터치를 표현합니다. ④단축키 Ctrl + U 를 눌러 스마트 가이드를 활성화합니다. ⑤볼터치 오브젝트가 선택된 상태에서 반전 도구 O ▷◁를 선택하고 ⑥ Alt 를 누른 채 얼굴 중앙 하단 포인트를 클릭하여 중심점으로 지정합니다.

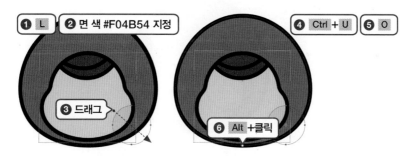

15 ①[Reflect] 대화상자가 나타나면 [Vertical]을 선택하고 ②복사하기 위해 [Copy]를 클릭합니다. 좌우로 볼터치가 표현되었습니다. ③빈 바탕을 Ctrl 을 누른 채 클릭하여 Draw Normal 모드로 전환합니다.

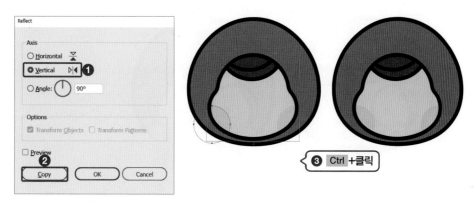

16 ① 원형 도구 L ◉ 를 선택한 후 눈을 그립니다. ② 이어서 Shift 를 누른 채 드래그하여 안경테를 그립니다. ③ 선택 도구 V ▶ 를 선택하고 ④⑤ 눈과 안경테를 선택한 후 ⑥ 반전 도구 O ◙ 로 ⑦ 얼굴 중앙 하단 포인트에서 Alt 를 누른 채 클릭합니다.

눈 : 면 색 **#000000** | 선 색 **없음**, [Stroke] **4pt** / 안경테 : 면 색 **없음**

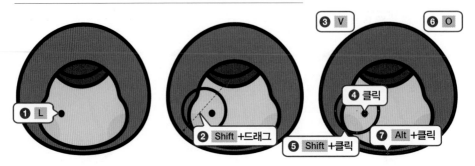

TIP 스마트 가이드가 활성화되어 있지 않다면 Ctrl + U 를 눌러 활성화합니다. 작업 시 불편하다면 다시 단축키를 눌러 비활성화할 수 있습니다. 상황에 따라 활용합니다.

일러스트레이터 실무 가이드

17 ① [Reflect] 대화상자가 나타나면 [Vertical]을 선택하고 ② [Copy]를 클릭합니다. ③ 안경테를 제외한 양쪽 눈만 선택하고 ④ Ctrl + G 를 눌러 따로 떨어지지 않게 그룹화합니다.

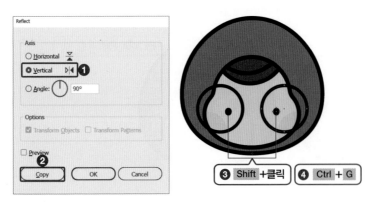

18 ① 안경의 코받침을 만들기 위해 선 도구 ₩ ╱ 를 선택합니다. ② Shift 를 누른 채 드래그하여 직선을 만듭니다.

선 서식은 안경테와 같습니다.

19 둥근 모양의 코받침을 만들기 위해 메뉴
바에서 [Effect]-[Warp]-[Arc] 메뉴를
클릭합니다.

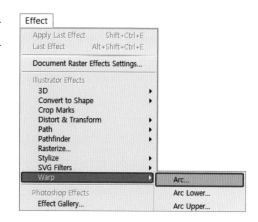

20 ①[Warp Options] 대화상자에서 [Style]-[Arc]를 선택하고 ②[Bend] 옵션의 슬라이더
를 드래그하여 모양을 조절한 후 ③[OK]를 클릭해 적용합니다. ④안경테와 코받침을 모
두 선택하고 ⑤ `Ctrl` + `G` 를 눌러 그룹화합니다.

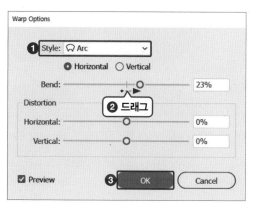

Design
실력 향상 **입 모양으로 알아보는 변형 이펙트 효과**

다음과 같은 얼굴 오브젝트로 [Arc] 이펙트를 자세히 살펴보겠습니다.

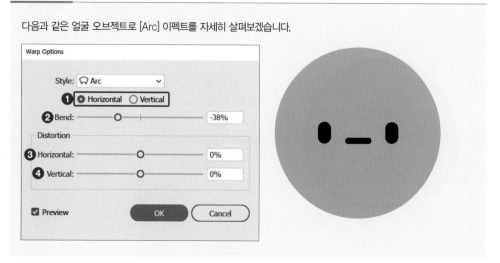

① **Horizontal/Verical** | 가로/세로 방향으로 휘어
집니다.

② **Bend** | 슬라이더를 좌우로 조정하여 휘어지는 정도
와 방향을 선택합니다.

③ **Distortion-Horizontal** | 왜곡축을 가로로 지정
하여 적용합니다.

④ **Distortion-Vertical** | 왜곡축을 세로로 지정하
여 적용합니다.

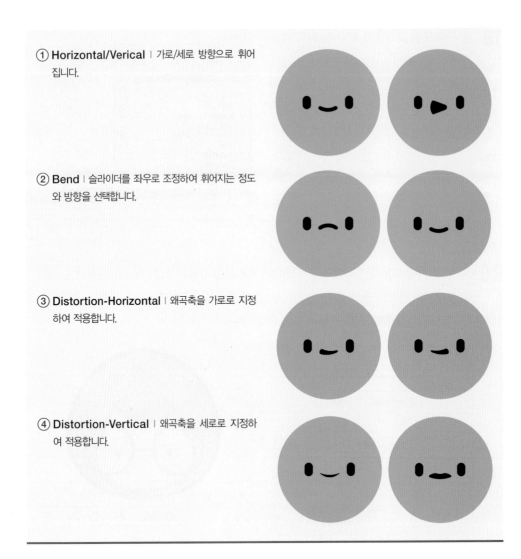

21 ①선 도구 W ✏ 를 선택하고 ② Shift 를 누른 채 드래그하여 입 모양을 만들어줍니다. ③
선 양끝의 단면을 둥글게 하기 위해 [Stroke] 패널에서 [Cap]을 [Round Cap C]으로 선
택하고 ④선의 두께는 **4pt**로 지정합니다.

Design
실력 향상 **선의 두께와 모양을 자유자재로 조절하기**

선이 적용되어 있는 오브젝트 선택 시 상단 컨트롤 패널이나 [Properties] 패널에 [Stroke]가 자동으로 표시됩니다. [Stroke]를 클릭하면 [Stroke] 패널이 나타나며, 선의 두께, 선의 양끝 모양, 코너 선의 정렬, 점선 등의 스타일을 지정할 수 있습니다.

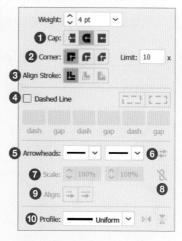

① **Cap** | 선 양끝의 단면 모양을 접한 단면, 둥근 단면, 돌출 단면으로 적용할 수 있습니다.

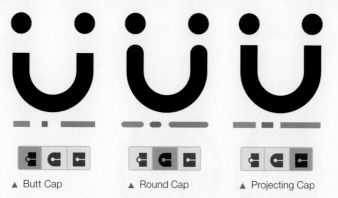

▲ Butt Cap　　　　▲ Round Cap　　　　▲ Projecting Cap

② **Corner** | 모서리 포인트 모양을 각진 모양, 둥근 모양, 접힌 모양으로 적용할 수 있습니다.

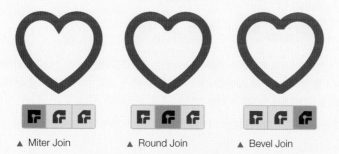

▲ Miter Join　　　　▲ Round Join　　　　▲ Bevel Join

[Miter Join]으로 기본값이 적용된 상태에서는 아이콘이나 캐릭터를 작업할 때 면을 분할하면 모서리 선 모양이 뾰족하게 튀어나옵니다. 이때 [Round Join]을 활용하면 부드럽게 수정할 수 있습니다.

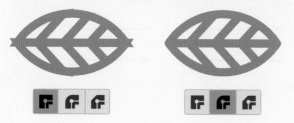

얇은 글꼴을 사용할 경우 인쇄 시 끊김 현상이 발생할 수 있으므로 선 두께를 조절하여 인쇄합니다. 이때 포인트가 많이 몰려 있거나 급격한 각도 변화가 있을 때 선이 바늘처럼 튀어나옵니다. 마찬가지로 [Round Join]을 활용하면 튀어나오는 선을 정리할 수 있습니다.

③ **Align Stroke** | 선의 양끝이 이어진 닫힌 패스 상태에서 선 두께를 중앙부터 안쪽 또는 중앙부터 바깥쪽으로 적용할 수 있습니다. 옵션에 따라 모양이 달라지는 특징을 활용하여 형태에 변화를 줄 수 있습니다.

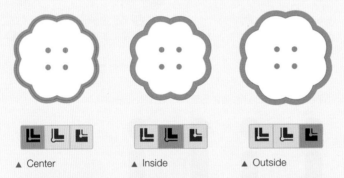

▲ Center   ▲ Inside   ▲ Outside

실무 작업에서 아이콘이나 캐릭터의 형태에 따라 선 두께를 조정할 때 바깥쪽으로 선 두께를 주어 형태를 보존하는 방법으로도 활용합니다.

④ **Dashed Line** | 체크 시 직선을 점선으로 표현할 수 있습니다. [dash]는 점선의 길이를 말하며 [gap]은 점선과 점선 사이의 간격을 말합니다. 첫 번째(dash), 두 번째(gap) 옵션값을 입력하면 두 값이 반복된 점선이 만들어집니다. 6개의 옵션란에 원하는 옵션값을 모두 지정할 수 있습니다.

⑤ **Arrowheads** | 화살표 옵션으로 선의 시작점과 끝점에 화살표나 가위, 도형 등 사전 설정된 모양을 적용할 수 있습니다.

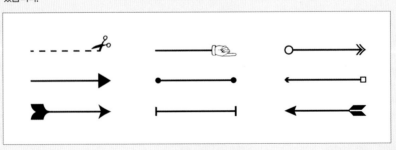

⑥ **Swap start and end arrowheads** | 시작점과 끝점에 적용된 모양을 서로 교체합니다.

⑦ **Scale** | 시작점과 끝점의 크기를 조절합니다. ⬆ , ⬇ 를 눌러 1%씩 조절할 수 있으며, **Shift** 를 누른 채 클릭하면 10%씩 조절할 수 있습니다.

⑧ **Link start and end arrowhead scales** | 활성화 시 시작점과 끝점의 모양을 동일하게 조절할 수 있습니다.

⑨ **Align** | 모양을 선이 끝나는 지점에 맞춰 적용할지, 선이 끝나는 지점을 중앙으로 맞춰 적용할 지 선택합니다.

⑩ **Profile** | 사전 설정된 선의 폭 모양으로 선에 생동감이 느껴지도록 표현할 때 사용됩니다.

22 ①웃는 입 모양을 만들기 위해 메뉴바에서 [Effect]-[Warp]-[Arc] 메뉴를 클릭합니다.
②[Bend] 옵션의 슬라이더를 드래그하여 모양을 조절한 후 ③[OK]를 클릭하여 적용합니다.

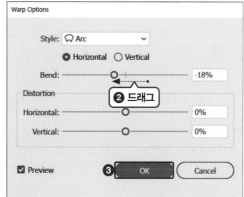

23 ①②입을 얼굴 중앙에 배치하기 위해 입과 머리를 선택한 후 ③머리를 한 번 더 클릭해 정렬 기준인 Key Object로 지정합니다. ④[Align] 패널에서 [Horizontal Align Center⬛]를 클릭합니다.

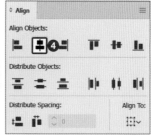

> **TIP** Key Object는 정렬의 기준이 되는 오브젝트입니다. Key Object로 설정한 오브젝트를 중심으로 선택된 오브젝트들이 정렬됩니다.

24 ① 모든 오브젝트를 선택한 후 ② 요소들이 유실되지 않
도록 Ctrl + G 를 눌러 그룹화합니다.

❶ Ctrl + A

❷ Ctrl + G

Design

한눈에 보는 정렬의 모든 것

[Align] 패널에서 오브젝트의 정렬, 오브젝트와 아트보드 사이의 정렬
등을 적용할 수 있습니다. 각각의 정렬 방법을 숙지하면 오브젝트를 균
형감 있게 배치하고 여백을 관리하면서 작업할 수 있습니다.

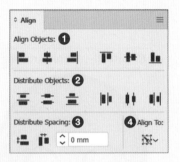

① **Align Objects**

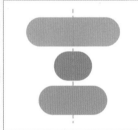
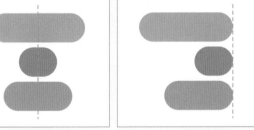

- Horizontal Align Left
- Horizontal Align Center
- Horizontal Align Right

- Vertical Align Top
- Vertical Align Center
- Vertical Align Bottom

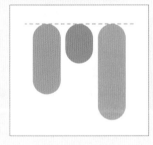
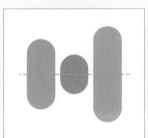
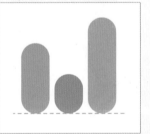

② Distribute Objects

・ Vertical Distribute Top 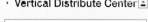 ・ Vertical Distribute Center ・ Vertical Distribute Bottom

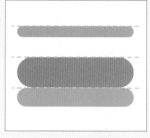 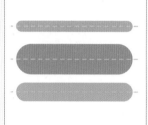 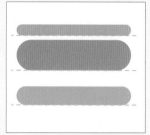

・ Horizontal Distribute Left ・ Horizontal Distribute Center ・ Horizontal Distribute Right

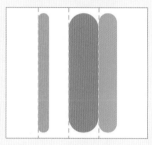 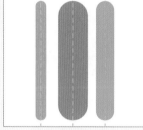 

③ Distribute Spacing

・ Vertical Distribute Space  ・ Horizontal Distribute Space

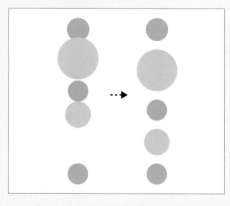 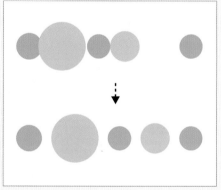

정렬할 오브젝트를 모두 선택한 후 정렬 기준으로 사용할 오브젝트를 한 번 더 클릭하여 Key Object로 지정합니다. Key Object로 지정된 오브젝트는 가장자리에 굵은 테두리가 활성화됩니다.

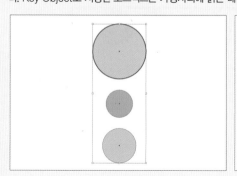 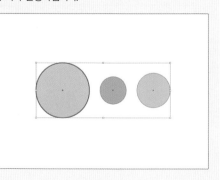

여백 간격을 설정한 후 클릭하면 지정한 값만큼 여백이 설정됩니다.

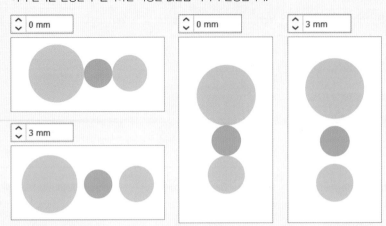

④ Align to

- **Align to Selection** ⊞▾ | 선택한 오브젝트를 기준으로 정렬합니다.

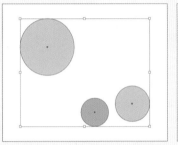
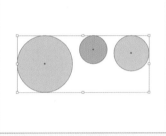

- **Align to Key Object** ▥▾ | 고정된 키 오브젝트를 기준으로 정렬합니다.

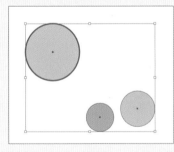
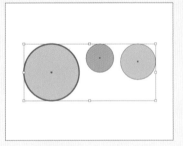

- **Align to Artboard** ▣▾ | 아트보드를 기준으로 정렬합니다.

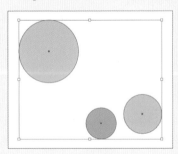
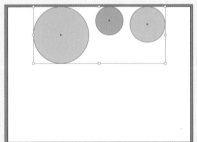

원형 도구로 캐릭터 머리 장식 만들기

01 ① 원형 도구 L ◎ 를 선택하고 ② 정수리 부분에서 Shift 를 누른 채 드래그하여 작은 원을 만듭니다.

면 색 **#E83E4C** | 선 색 **#000000**, [Stroke] 4pt

02 ① 작은 원의 왼쪽에서 Shift 를 누른 채 드래그하여 조금 더 큰 원을 만듭니다. ② 직접 선택 도구 A ▷ 를 선택한 후 ③ 왼쪽 포인트를 오른쪽으로 드래그하면서 Shift 를 눌러 모양을 수정합니다.

03 ① 오른쪽 포인트도 같은 방법으로 드래그하여 리본 모양으로 수정합니다. ② 반전 도구 O ◁▷ 를 선택한 후 ③ 오른쪽 작은 원의 중앙 포인트를 Alt 를 누른 채 클릭합니다.

04 ①[Reflect] 대화상자가 나타나면 [Vertical]을 선택하고 ②[Copy]를 클릭해 대칭 복사
합니다.

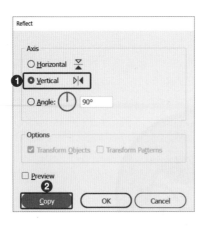

05 ①선택 도구 V ▶를 선택합니다. ②리본의 중앙 원을 클릭한 후 ③마우스 오른쪽 버튼
을 클릭합니다. ④[Arrange]-[Bring to Front]를 클릭해 맨 앞으로 배치합니다.

일러스트레이터 완전 정복

Design
실력 향상   **레이어의 순서 변경**

아트워크 작업 시 오브젝트는 생성 순서에 따라 상위 레이어로 차곡차곡 쌓입니다. 오브젝트의 레이어 순서를 변경하
려면 [Arrange] 메뉴를 이용합니다. 실무 작업 시 자주 쓰이는 기능이므로 포스트잇이나 메모지 등에 단축키를 적어
서 모니터에 붙여두고 익숙해질 때까지 활용하는 것이 좋습니다.

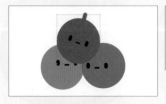

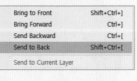

▲ 레이어를 맨 앞으로 배치한 경우   ▲ 레이어를 맨 뒤로 배치한 경우

06 ①리본에 해당하는 3개의 오브젝트를 모두 선택한 후 ②중앙의 원을 한 번 더 클릭해 정렬 기준인 Key Object로 지정합니다. ③[Align] 패널에서 [Vertical Align Center █]를 클릭한 후 ④ Ctrl + G 를 눌러 리본 오브젝트가 따로 떨어지지 않도록 그룹화합니다.

07 ①리본 위치를 정리하기 위해 리본과 머리를 모두 선택한 후 ②머리를 한 번 더 클릭해 Key Object로 지정합니다. ③[Align] 패널에서 [Horizontal Align Center █]를 클릭해 오브젝트를 정렬합니다.

08 리본을 꾸밀 원 오브젝트를 그려보겠습니다. ①원형 도구 L ◎를 선택하고 ② Shift 를 누른 채 드래그하여 원을 만듭니다. ③선택 도구 V ▶를 선택한 후 ④ Alt 를 누른 채 원을 오른쪽으로 드래그하면서 Shift 를 눌러 수평 이동 복사합니다.

면 색 #00ABAA | 선 색 #000000, [Stroke] 4pt

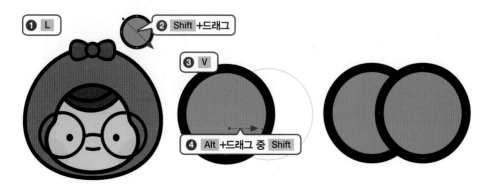

09 ①원을 모두 선택합니다. ②[Pathfinder] 패널에서 [Intersect □]를 클릭하여 겹친 부분만 남겨 잎 모양의 오브젝트를 만듭니다.

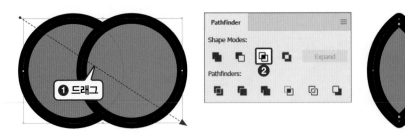

10 ①잎 모양의 오브젝트를 리본 위에 배치합니다. ②바운딩 박스의 모서리 가까이에 마우스 포인터를 가져가면 회전할 수 있는 화살표로 변경됩니다. 드래그해 기울기를 조절합니다.

11 ①마우스 오른쪽 버튼을 클릭한 후 ②[Arrange]-[Send to Back]을 클릭합니다. ③잎 모양의 오브젝트가 맨 뒤로 이동하면 리본과 잘 어울리도록 크기를 조절합니다.

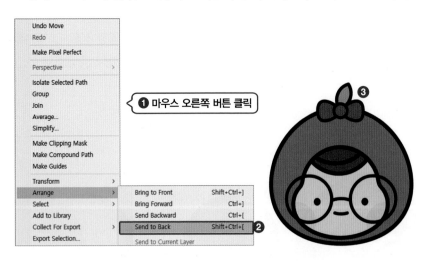

12 캐릭터 머리에 3개의 점을 찍고 마무리하겠습니다. ① 브러시 도구 B ✏ 를 선택한 후 ② 머리 부분을 클릭하여 3개의 점을 찍습니다. ③ Ctrl + A 를 눌러 모든 오브젝트를 선택하고 ④ Ctrl + G 를 눌러 전체를 그룹화합니다. ⑤ 빈 바탕을 Ctrl 을 누른 채 클릭하여 모든 선택을 해제한 후 완성된 얼굴을 확인합니다.

디자인 실무 실습   핵심 기능 | Rectangle Tool

사각형 도구로 캐릭터 몸 만들어 완성하기

완성 파일 CHAPTER02\LESSON02\자몽이완성.ai

모서리가 둥근 사각형 도구(Rounded Rectangle Tool)를 선택하지 않아도 [Live Corners Widget]을 이용해 모서리를 둥글게 수정할 수 있습니다. 원하는 모서리만 둥글게 수정하거나 모서리의 둥근 정도를 원하는 만큼 조절할 수 있어서 다양한 실무 작업에 자주 사용됩니다. [Live Corners Widget]에 대한 설명은 93쪽에서 확인할 수 있습니다.

사각형 도구로 캐릭터 몸통 만들기

01 ①사각형 도구 M ▣를 선택한 후 ②드래그하여 직사각형을 그립니다. ③직접 선택 도
구 A ▷를 선택한 후④⑤사각형의 상단 좌우 포인트를 모두 선택합니다.

면 색 **#FFFFFF** | 선 색 **#000000**

02 ①스케일 도구 S ▣를 선택한 후 ②안쪽으로 드래그하여 윗변의 크기를 줄입니다.

03 ①직접 선택 도구 A ▷를 선택한 후 ②사각형 아래쪽 좌우 포인트를 모두 선택합니다. ③[Live Corners Widget]이 표시되면 드래그하여 뾰족한 모서리를 둥글게 수정합니다.

04 ①스포이트 도구 I ✎를 선택한 후 ②머리 안쪽을 클릭해 동일한 색으로 수정합니다.

05 ①마우스 오른쪽 버튼을 클릭한 후 ②[Arrange]-[Send to Back]을 클릭해 오브젝트를 맨 뒤로 배치합니다.

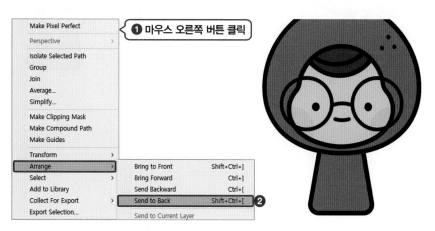

06 ①원형 도구 L ◎ 를 선택한 후 ② Shift 를 누른 채 드래그하여 얼굴 아래에 작은 원을 그립니다. ③선택 도구 V ▶ 를 선택한 후 ④ Alt 를 누른 채 작은 원을 드래그하면서 Shift 를 눌러 수평 이동 복사합니다. ⑤ Ctrl + D 를 눌러 수평 이동 복사를 반복해서 총 3개의 원을 준비합니다.

07 ①3개의 원을 모두 선택한 후 ②[Pathfinder] 패널에서 [Unite ■]를 클릭해 하나의 오브젝트로 합칩니다. ③면이 합쳐지면서 뾰족하게 들어간 모양을 부드럽게 수정하기 위해 [Stroke] 패널에서 [Corner]의 [Round Join ■]을 클릭합니다.

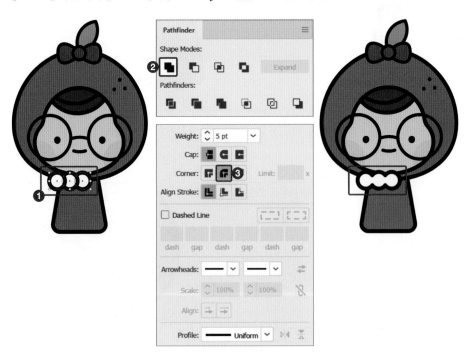

08 ① 머리와 몸, 목 장식을 모두 선택한 후 ② 머리를 한 번 더 클릭해 Key Object로 지정합니다. ③ [Align] 패널에서 [Horizontal Align Center 🔳]를 클릭해 오브젝트를 정렬합니다.

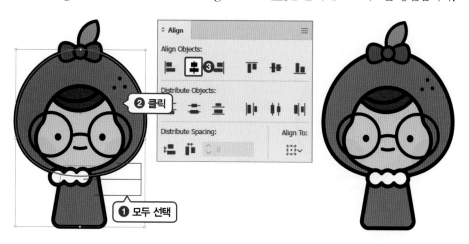

09 목 장식을 얼굴 아래에 배치해보겠습니다. ① 목 장식을 클릭합니다. ② 레이어가 원하는 순서로 배치될 때까지 레이어를 뒤로 보내는 단축키 Ctrl + [를 반복해서 누릅니다.

10 ① 목 장식을 조금 둥근 형태로 수정하기 위해 메뉴바에서 [Effect]-[Warp]-[Arc] 메뉴를 클릭합니다. ② [Warp Options] 대화상자가 나타나면 [Bend] 옵션의 슬라이더를 드래그해 둥근 모양으로 수정합니다. ③ 수정이 끝나면 [OK]를 클릭하여 적용합니다.

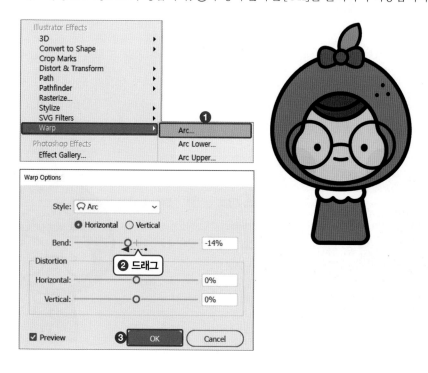

11 ① 원형 도구 L ⬭를 선택하고 ② 몸 중앙에 작은 원을 그립니다. ③ 메뉴바에서 [Effect]-[Distort & Transform]-[Pucker & Bloat] 메뉴를 클릭합니다.

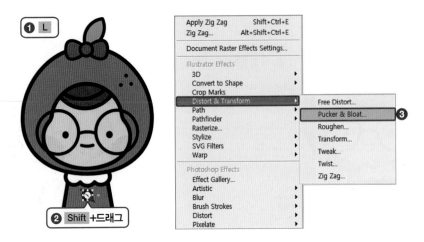

12 ①[Pucker & Bloat] 대화상자가 나타나면 변경 사항을 미리 볼 수 있도록 [Preview]에 체크합니다. ②슬라이더를 드래그해 동그란 단추를 꽃 모양으로 수정합니다. ③[OK]를 클릭해 적용합니다.

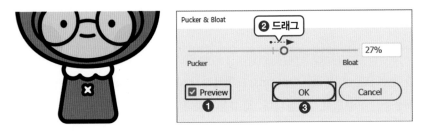

13 ①선택 도구 V ▶를 선택한 후 ②꽃 모양 단추를 클릭합니다. ③ Alt 를 누른 채 아래로 드래그해 이동 복사합니다. ④꽃 모양 단추 2개와 몸을 모두 선택한 후 ⑤한 번 더 몸을 클릭해 정렬 기준인 Key Object로 지정합니다. ⑥[Align] 패널에서 [Horizontal Align Center ⬓]를 클릭해 오브젝트를 정렬합니다.

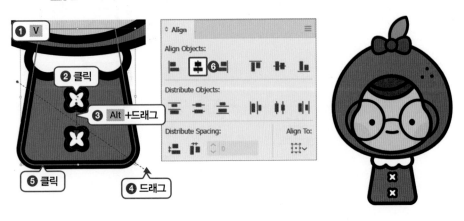

사각형 도구로 캐릭터 팔다리 만들기

01 ①사각형 도구 **M** ▣를 선택한 후 ②드래그하여 세로가 긴 직사각형을 만듭니다. ③선택 도구 **V** ▶를 선택합니다. ④직사각형이 선택된 상태에서 4개의 꼭짓점 부분에 활성화된 [Live Corners Widget]을 드래그하여 모서리를 둥근 모양으로 변경합니다.

02 ①칼 도구 ✎를 선택합니다. ②아래쪽에 손이 될 영역을 만들기 위해 **Alt** + **Shift** 를 누른 채 드래그하여 면을 자릅니다. ③바로 위쪽에 소매 부분이 될 영역을 만들기 위해 한 번 더 **Alt** + **Shift** 를 누른 채 드래그하여 면을 자릅니다.

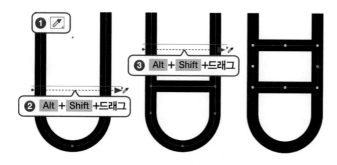

TIP 드래그 중 **Shift** 를 누르면 수직으로 자를 수 있습니다.

Design
실력 향상   **칼 도구 더 알아보기**

칼 도구 ✎는 도구바에서 지우개 도구 ◆를 길게 클릭하여 나타나는 추가 메뉴에서 선택할 수 있습니다. 위치를 찾기 어렵다면 가위 도구 ✂의 단축키 **C** 또는 지우개 도구 ◆의 단축키 **Shift** + **E** 를 눌러 위치를 확인할 수 있습니다. 필통 속에 칼이 지우개, 가위와 함께 세트로 있다는 것만 기억하면 쉽습니다.

칼 도구는 드래그하는 대로 면이 잘립니다. 그냥 자르면 곡선으로 잘리기 때문에 직선으로 자르려면 단축키 **Alt** 를 활용하고 수직, 수평, 사선으로 자를 때는 단축키 **Shift** 를 사용합니다. 주의할 점은 **Alt** 를 눌러 직선으로 자를 때는 단축키를 먼저 눌러야 직선이 적용된다는 점입니다.

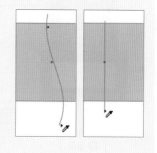

03 ①선택 도구 $\boxed{V}$ $\boxed{▶}$ 를 선택한 후 ②중앙의 면을 클릭합니다. ③ $\boxed{Alt}$ 를 누른 채 바운딩 박스의 오른쪽 포인트를 드래그하여 가로가 길어지게 수정합니다. ④잘린 면의 위치를 수정하기 위해 직접 선택 도구 $\boxed{A}$ $\boxed{▷}$ 를 선택하고 ⑤중앙면의 바깥 부분을 드래그하여 포인트를 모두 선택합니다. ⑥드래그하면서 $\boxed{Shift}$ 를 눌러 수직 이동합니다.

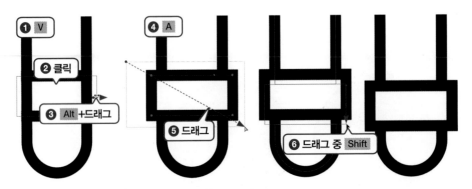

04 팔 오브젝트의 색을 지정하겠습니다. ①선택 도구 $\boxed{V}$ $\boxed{▶}$ 를 선택한 후 ②위쪽의 팔 오브젝트를 클릭합니다. ③면 색을 **#ED6A5E**로 지정합니다.

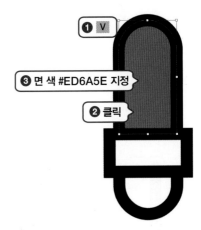

05 ①맨 아래에 있는 손 오브젝트를 클릭하고 ②면 색을 **#FEF2E9**로 지정합니다. ③3개의 오브젝트를 모두 선택한 후 ④ $\boxed{Ctrl}$ + $\boxed{G}$ 를 눌러 그룹화합니다. ⑤몸 옆에 배치합니다.

06 ①오브젝트의 각도를 조절한 후 ②레이어를 맨 뒤로 배치하기 위해 Ctrl + Shift + [를 누릅니다. 필요에 따라 어울리는 각도로 팔의 모양을 수정합니다.

07 ①한쪽에만 위치한 팔을 양쪽으로 대칭 복사하기 위해 팔 오브젝트가 선택된 상태로 반전 도구 O ◁▷ 를 선택합니다. ②얼굴의 중앙 부분을 Alt 를 누른 채 클릭하여 중심점으로 지정합니다. ③[Reflect] 대화상자가 나타나면 [Vertical]을 선택하고 ④[Copy]를 클릭해 대칭 복사합니다.

08 ①다리를 만들기 위해 사각형 도구 M □ 를 선택합니다. ②몸 아래쪽을 드래그하여 다리를 만듭니다. ③부츠를 만들기 위해 세로로 조금 길게 드래그하여 부츠의 발목 부분을 만들고 ④이어서 부츠 아랫부분도 만듭니다.

다리 : 면 색 **#FEF2E9** / 부츠 : 면 색 **#00ABAA**

일러스트레이터 실무 강의

09 ①직접 선택 도구 A ▷ 를 선택하고 ②③부츠 아랫부분 사각형의 위쪽 좌우 포인트를 모두 선택합니다. ④[Live Corners Widget]이 표시되면 안쪽으로 드래그하여 둥근 발등 모양을 표현합니다.

10 부츠의 발목 부분에 장식을 표현하겠습니다. ①선 도구 ₩ ☑를 선택하고 ② Shift 를 누른 채 드래그하여 직선을 그립니다. ③메뉴바에서 [Effect]-[Distort & Transform]-[Zig Zag] 메뉴를 클릭해 [Zig Zag] 대화상자를 불러옵니다. ④[Size]로 크기를 조절하고 ⑤[Ridges per segment]로 꺾인 부분의 개수를 조절합니다. ⑥[OK]를 클릭해 [Zig Zag] 이펙트를 적용합니다.

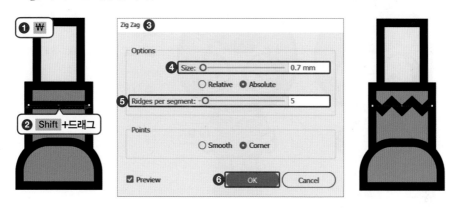

11 ①다리의 모든 오브젝트를 선택한 후 ②[Align] 패널에서 [Horizontal Align Center ☰]를 클릭합니다. ③ Ctrl + G 를 눌러서 오브젝트가 유실되지 않도록 그룹화합니다.

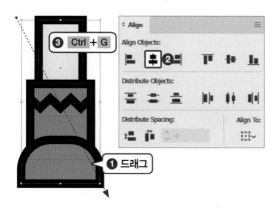

12 ① Alt 를 누른 채 드래그하면서 Shift 를 눌러 다리를 수평 이동 복사합니다. ②두 개의 다리를 모두 선택하고 ③ Ctrl + G 를 눌러 그룹화합니다. ④ Ctrl + Shift + [를 눌러 맨 뒤에 배치되게 합니다.

13 ①오브젝트를 정렬하기 위해 그룹화된 다리와 몸을 모두 선택합니다. ②한 번 더 몸을 클릭해 Key Object로 지정합니다. ③[Align] 패널에서 [Horizontal Align Center ⬚]를 클릭합니다.

14 ①캐릭터의 모든 오브젝트를 선택하고 ② Ctrl + G 를 눌러 그룹화합니다. 캐릭터 디자인이 완성되었습니다. 완성된 캐릭터를 활용해 배너 이미지를 만들거나 이모티콘처럼 활용할 수도 있습니다. 팔의 각도, 다리의 각도를 변경하고 캐릭터의 표정을 수정하면서 다양한 느낌으로 응용해봅니다.

LESSON 03

생동감 넘치는 선으로
애니메이션 스타일 캐릭터 그리기

캐릭터를 그릴 때는 일반적으로 좌우 대칭 형태에 통일감이 느껴지도록 동일한 선 두께로만 작업합니다. 하지만 펜 도구와 폭 도구 등을 이용해 선 굵기에 변화를 주어 작업하는 경우도 있습니다. 주로 만화 캐릭터나 드라마 속 등장인물을 캐릭터화할 때 생동감 있는 선으로 표현해 작업합니다. 이번에는 펜 도구와 폭 도구를 이용해 다양한 선 두께가 적용된 캐릭터를 완성하고 색을 적용해보겠습니다. 이 과정을 통해 실무에서 바로 활용할 수 있는 빠르고 편리한 작업 방식을 알아봅니다.

PREVIEW

펜 도구와 폭 도구로 캐릭터 기본 형태 그리기

Pen Tool, Width Tool

캐릭터에 색과 명암 손쉽게 적용하기

Live Paint Bucket Tool

디자인 실무 실습

펜 도구와 폭 도구로 캐릭터 기본 형태 그리기

실습 파일 CHAPTER02\LESSON03\모모야캐릭터-01.jpg
완성 파일 CHAPTER02\LESSON03\모모야캐릭터완성.ai

펜 도구는 형태의 제약 없이 자유롭게 작업할 수 있어서 다양한 느낌을 표현할 수 있습니다. 펜 도구로 형태를 작업한 후 폭 도구를 사용하여 선 두께에 변화를 주면 생동감을 더할 수 있습니다. 주로 동적인 콘셉트의 일러스트를 만들거나 캐릭터의 생동감 있는 느낌을 표현할 때 유용하게 사용됩니다.

새 아트보드 생성하고 템플릿 이미지 불러오기

템플릿을 이용해 아트보드를 생성하면 작업 종류에 따라 카테고리별로 크기와 설정(해상도, 컬러 모드 등)을 손쉽게 선택할 수 있어 매우 편리합니다. 컬러 모드나 해상도를 제대로 설정하지 않고 작업하면 이후에 설정을 용도에 맞게 다시 수정해야 하므로 번거롭습니다. 컬러 모드나 해상도 등을 설정하는 것이 어렵다면 작업 종류에 맞는 카테고리를 선택한 후 크기를 직접 지정해도 좋습니다.

01 ① 단축키 Ctrl + N 을 눌러 [New Document] 대화상자를 불러옵니다. ② [Art & Illustration] 탭을 클릭한 후 ③ [Width]에 **210mm**, [Height]에 **297mm**를 입력하고 ④ [Create]를 클릭합니다.

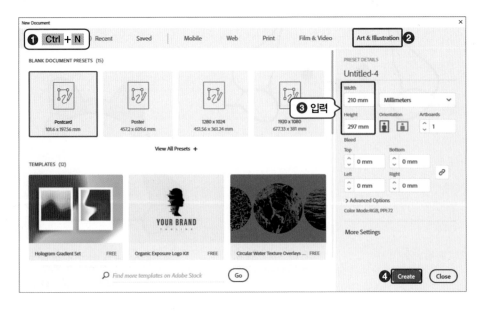

02 ①단축키 Ctrl + Shift + P 를 눌러 [Place] 대화상자를 불러옵니다. ②예제 파일 경로에서 **모모야캐릭터-01.jpg** 파일을 클릭한 후 ③문서에 포함된 상태로 이미지를 불러오기 위해 [Link]의 체크를 해제합니다. ④템플릿 레이어로 이미지를 불러오기 위해 [Template]에 체크한 후 ⑤[Place]를 클릭합니다.

새 템플릿 레이어가 기존 레이어 아래에 생성됩니다.

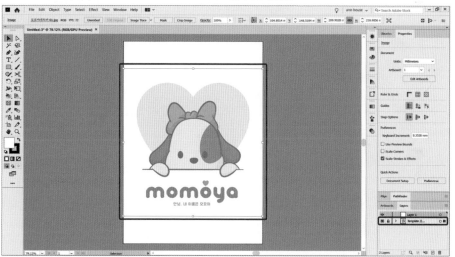

Design
실력 향상   **이미지 불러오기 방식의 차이**

□ **Link** | 이 옵션에 체크한 후 이미지를 불러오면 원본 이미지 파일과 현재 작업 중인 파일이 연결됩니다. 이후 원본 이미지 파일의 위치를 변경하면 파일이 유실된 것으로 인식하여 이미지에 X 표시가 나타납니다. 또한 원본 이미지 파일을 수정하면 일러스트레이터에 삽입된 이미지도 수정됩니다. 작업 상황에 따라 원본 이미지 파일의 수정을 반영해야 한다면 체크하고, 그렇지 않을 경우에는 꼭 체크를 해제합니다.

□ **Template** | 이 옵션에 체크한 후 이미지를 불러오면 불러온 이미지가 포함된 새 템플릿 레이어가 기존 레이어 아래에 생성됩니다. 새로 생성된 레이어는 반투명 상태이며 잠긴 상태로 생성됩니다.

템플릿 이미지를 따라 펜 도구로 일러스트 그리기

01 템플릿으로 불러온 이미지를 따라
일러스트를 그려보겠습니다. ①
펜 도구 `P` 🖊를 선택합니다. ②
`Ctrl` + `Spacebar` 를 누른 채 드래
그하여 화면을 확대합니다.

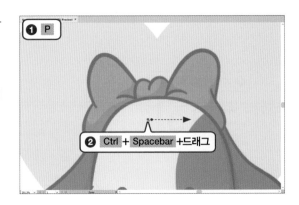

> **TIP** `Ctrl` + `Spacebar` 를 누르면 돋보기 도구
> 가 활성화됩니다. `Ctrl` + `Alt` + `Spacebar`
> 를 누른 채 드래그하면 도면을 축소할 수
> 있습니다.

02 펜 도구로 이미지를 따라 선을 그립니다. 다른 영역을 그리려면 `Ctrl` 을 누른 채 아트보드
의 빈 바탕을 클릭하거나 `Enter` 를 눌러 그리던 패스를 마무리한 후 새 패스 선을 그립니다.

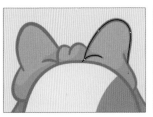 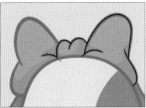 

> **TIP** 면 색은 없음으로 지정합니다. 잘못 그렸다면 `Ctrl` + `Z` 를 눌러 이전 단계로 되돌아갑니다.

03 ①형태가 겹치는 부분이 있다면 자연스러운 모양을 위해 끊지 않고 겹쳐서 그립니다. ②
③직선은 `Shift` 를 누른 채 시작점과 끝점을 클릭하여 그립니다.

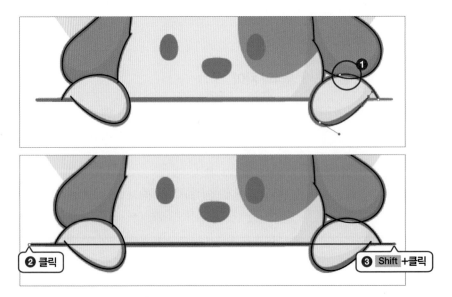

Design
실력 향상 **작업 중 중간 과정 확인하기**

템플릿 레이어로 불러온 이미지나 스케치를 따라 캐릭터를 그릴 때 레이어 숨기기 토글(Toggles Visibility)👁을 이용하여 중간 과정을 확인할 수 있습니다. 작업 중 템플릿 레이어를 보이지 않게 설정한 후 형태와 전체적인 조화 등 중간 과정을 확인하면서 다시 작업을 이어갑니다.

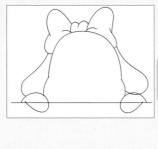 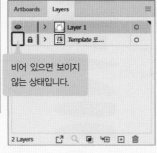 

04 눈, 코, 입, 얼룩 무늬의 경계선을 제외한 나머지 형태를 모두 따라 그린 후 선 끝을 둥근 모양으로 설정하겠습니다. ①먼저 Ctrl + A 를 눌러 모든 오브젝트를 선택합니다. ② [Stroke] 패널에서 [Weight]를 **1.3pt**로 ③[Cap]을 [Round Cap ◖]으로 지정합니다.

  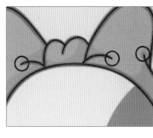

05 ①두께가 일정한 선에 변화를 주기 위해 폭 도구 Shift + W 🖌를 선택합니다. ②선 위에 마우스 포인터를 올리면 마우스 포인터에는 + 표시가 나타나고 패스 선에는 원형 포인터가 표시됩니다. ③두께를 수정하려는 영역을 드래그해 선 두께를 조절합니다.

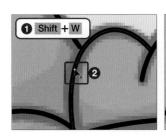  

폭 도구 로 직접 선의 두께를 조절할 때 선의 폭 모양을 등록하여 다른 선에도 동일한 모양을 적용할 수 있습니다. 폭 모양을 등록하려면 [Stroke] 패널 하단의 [Profile]에서 [Add to Profiles]를 클릭합니다.

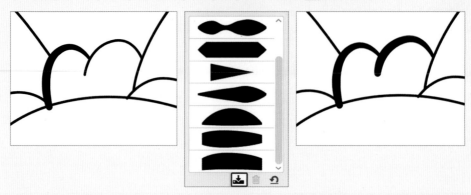

선에 폭 모양을 적용한 후 시작과 끝 방향에 따라 다른 모양으로 적용할 수도 있습니다. [Stroke] 패널 하단의 [Flip Align]과 [Flip Across]를 클릭해 원하는 방향으로 지정합니다.

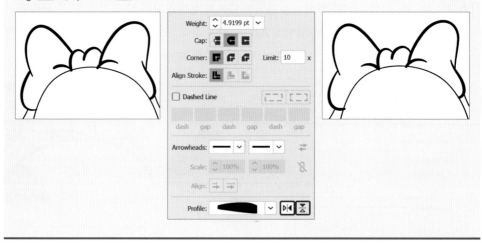

06 전체적으로 동일한 형태가 되도록 선의 폭을 조절합니다. 영역에 따라 한쪽 폭만 넓어져야 하는 부분은 Alt 를 누른 채 드래그합니다. 폭 도구의 한쪽 핸들만 Alt 를 누른 채 드래그하면 선의 폭을 한쪽 방향으로만 조절할 수 있습니다.

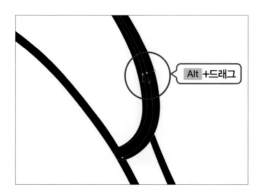

Alt +드래그

Design
실력 향상 **선에 적용된 폭 삭제하기**

작업할 때 의노하지 않은 모양으로 선에 폭이 적용될 때도 있습니다. 선에 적용된 폭 모양을 삭제하려면 해당 부분을 [Alt] 를 누른 채 클릭한 후 [Backspace] 를 누릅니다.

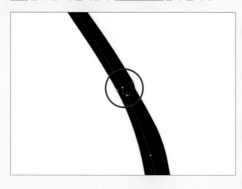 

07 이마 부분의 선은 따로 선택하여 중앙 부분이 두꺼워지도록 선의 폭을 조절합니다.

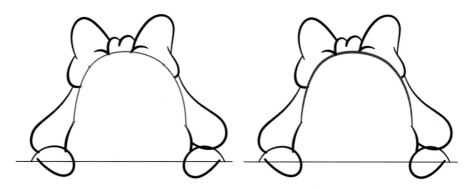

08 ①손 아래 직선까지 선 두께를 적용한 후 가위 도구 [C][✂]를 선택합니다. 손 아래 직선이 선택된 상태에서 ②③④⑤손과 교차되는 부분을 클릭해 선을 잘라냅니다.

09 ①선택 도구 V ▶ 를 선택한 후 ②잘라낸 선 중에 손과 겹치는 선 2개를 선택하고 Backspace 를 눌러 삭제합니다.

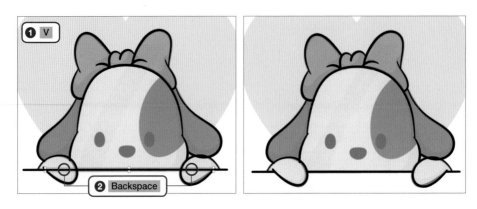

10 ①원형 도구 L ◉ 를 선택한 후 ②드래그하여 코를 그립니다. ③직접 선택 도구 A ▷ 를 선택한 후 ④코의 좌우 포인트를 모두 선택합니다. ⑤선택한 포인트를 위로 드래그하면서 Shift 를 눌러 수직 방향으로 포인트가 이동되게 합니다. ⑥ Shift + X 를 눌러 면 색과 선 색을 서로 바꿉니다.

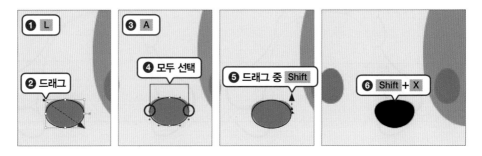

> **TIP** Shift + X 는 [Swap Fill and Stroke]의 단축키로 현재 지정된 면 색과 선 색을 서로 바꿉니다.

11 ①원형 도구 L ◉ 를 선택한 후 ②눈 크기에 맞게 드래그하여 타원을 생성합니다. ③직접 선택 도구 A ▷ 를 선택한 후 ④눈의 좌우 포인트를 모두 선택합니다. ⑤선택된 포인트를 아래로 드래그하면서 Shift 를 눌러 수직 방향으로 포인트가 이동되게 합니다.

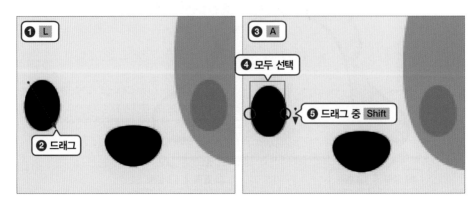

12 ①기준점 변환 도구 Shift + C ⬩를 선택한 후 ②눈의 상단 포인트를 Shift 를 누른 채 드래그하여 모양을 다듬습니다.

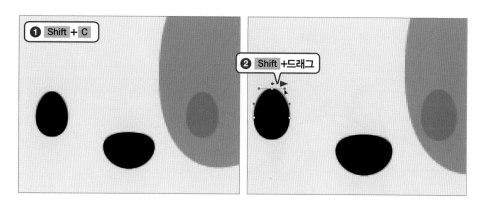

13 좌우 대칭 형태인 눈을 정확한 위치에 복사하겠습니다. ①반전 도구 O ⬩를 선택한 후 ②코를 기준으로 대칭 복사를 하기 위해 Alt 를 누른 채 코 중앙을 클릭합니다. ③[Reflect] 대화상자가 나타나면 [Vertical]을 선택하고 ④[Copy]를 클릭해 반대쪽 눈을 복사하여 완성합니다.

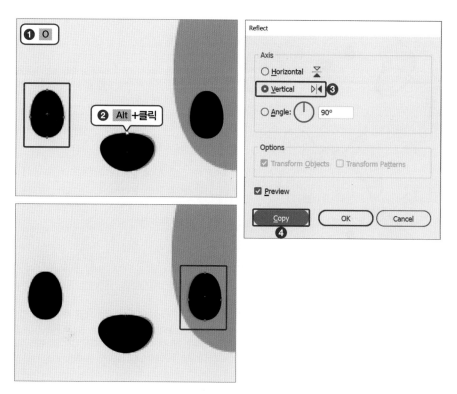

TIP 정면을 보고 있는 캐릭터를 작업할 때 대칭되는 부분은 반전 도구로 빠르게 복사할 수 있습니다.

14 전체적인 형태를 모두 작업한 후 채색을 위해 정리하겠습니다. ① Ctrl + A 를 눌러 모든 오브젝트를 선택한 후 ②메뉴바에서 [Object]-[Expand Appearance] 메뉴를 클릭합니다. ③한 번 더 모두 선택한 후 ④메뉴바에서 [Object]-[Expand] 메뉴를 클릭해 선 상태의 오브젝트를 면 오브젝트로 모양을 확장합니다.

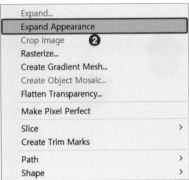

TIP 선에 폭을 적용한 오브젝트는 수정 또는 활용을 위해 따로 복사한 후 Ctrl + 3 을 눌러 숨겨서 보관하는 것이 좋습니다.

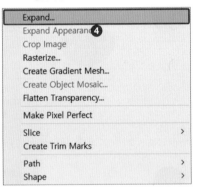

TIP 폭 도구는 수직 방향으로 폭을 조절합니다. 따라서 패스를 그리고 나면 [Expand Appearance]를 적용해 선을 면으로 바꾼 후 직접 선택 도구나 지우개 도구를 이용하여 바깥으로 튀어나온 선을 정리해야 합니다. 이때 바깥으로 튀어나오지 않고 안쪽에서 길이가 모자란 선은 직접 선택 도구를 이용해 모양을 연장해야 합니다. 다만 이 경우 형태를 유지하기 위해 각도 조절이 어려운 영역이 생길 수 있습니다.

15 ①캐릭터 라인의 선 끝 모양을 살펴보며 끊어진 부분이 보인다면 직접 선택 도구 A ▷로 겹쳐지도록 잇습니다. ②튀어나온 부분은 지우개 도구 Shift + E ◆로 지워서 모양을 정리합니다.

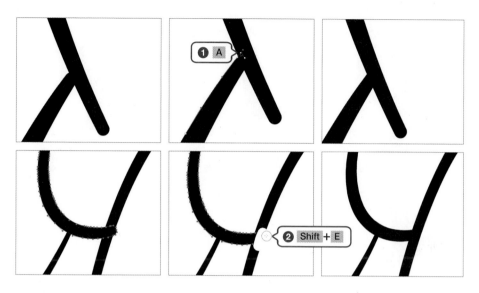

16 귀와 손이 겹친 부분도 정리하겠습니다. ①선택 도구 V ▶를 선택한 후 ②귀를 클릭합니다. ③지우개 도구 Shift + E ◆를 선택한 후 ④겹친 부분을 지워 모양을 정리합니다.

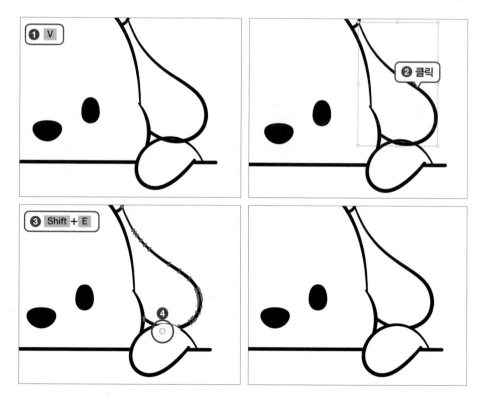

겹치거나 끊어진 선을 정리하는 방법

◻ 지우개 도구를 사용해 선의 겹친 부분을 깔끔하게 정리하기

❶과 같이 겹친 부분이 바깥으로 튀어나왔을 때는 지우개 도구로 드래그해 손쉽게 정리할 수 있습니다. 단축키 Shift + E 를 눌러 지우개 도구를 선택한 후 ❷, ❸, ❹처럼 순차적으로 불필요한 부분을 드래그해 지웁니다.

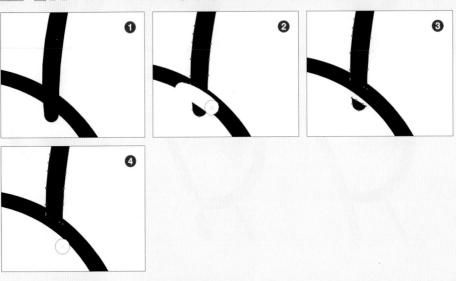

일러스트레이터 실무 강의

◻ 직접 선택 도구를 사용해 선이 끊어진 부분을 정리하기

❶과 같이 선 끝이 떨어져 있거나 끊겨 있는 부분은 ❷, ❸처럼 직접 선택 도구로 포인트를 선택한 후 드래그하여 자연스럽게 선을 수정할 수 있습니다. 형태를 드래그하면서 모양이 틀어진 부분은 ❹, ❺, ❻처럼 핸들을 드래그하여 형태를 수정합니다.

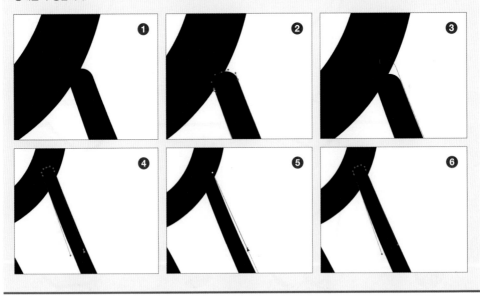

캐릭터에 색과 명암 손쉽게 적용하기

완성 파일　CHAPTER02\LESSON03\모모야색상완성.ai

이번에는 캐릭터에 입체감이 느껴지도록 색과 명암을 적용하는 방법에 대해서 알아보겠습니다. 디자이너마다 캐릭터의 명암 표현 방법이 다른데, 대표적으로 라이브 페인트 버킷 도구(Live Paint Bucket Tool)와 물방울 브러시 도구(Blob Brush Tool)를 사용하는 방법이 있습니다. 정확한 위치에 명암을 표현할 때는 펜 도구로 명암 경계를 설정한 후 라이브 페인트 버킷 도구를 사용합니다. 이 방법은 입체감을 정교하게 표현할 수 있지만 다소 번거롭고 어렵게 느껴질 수 있습니다. 이에 반해 물방울 브러시 도구를 사용하면 자연스럽고 간편하게 입체감을 표현할 수 있습니다. 라이브 페인트 버킷 도구보다 정확하지는 않지만, 자연스러운 일러스트에는 물방울 브러시 도구가 더 잘 어울립니다. 각 도구를 비교해본 후 상황에 맞게 선택해 효율적으로 작업합니다.

라이브 페인트 버킷 도구로 색 적용하기

01 ①앞서 그린 캐릭터를 눈, 코만 제외하고 모두 선택합니다. ②메뉴바에서 [Object]-[Live Paint]-[Make] 메뉴를 클릭해 라이브 페인트 모드로 전환합니다. ③빈 바탕을 클릭해 선택을 해제합니다.

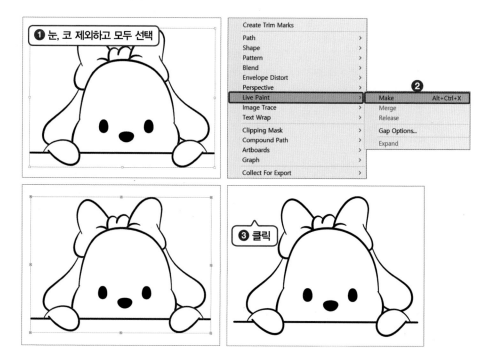

02 ①라이브 페인트 버킷 도구 K ⬛를 선택합니다. ②면 색을 **#F16C81**로 지정한 후 리본 영역을 클릭하여 채색합니다. ③귀는 면 색을 **#705252**로 지정한 후 클릭하고 ④얼굴은 면 색을 **#F3E1DF**로 지정한 후 클릭해 채색합니다.

리본 : 면 색 **#F16C81** / 귀 : 면 색 **#705252** / 얼굴 : 면 색 **#F3E1DF**

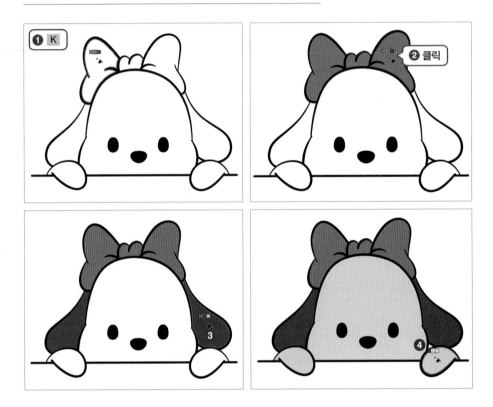

일러스트레이터 실무 강의

03 모든 영역을 채색한 후 메뉴바에서 [Object]-[Live Paint]-[Expand] 메뉴를 클릭합니다. 각 영역이 모양으로 확장되며 라이브 페인트 모드에서 일반 모드로 전환됩니다.

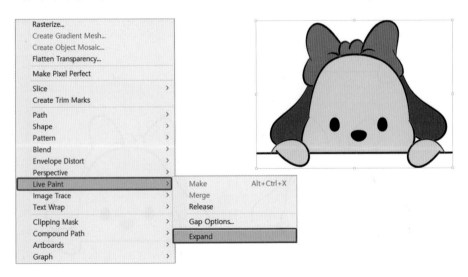

펜 도구로 정교한 명암 만들기

01 명암을 표현하기 위해 경계선을 만들어보겠습니다. ① 먼저 펜 도구 P ✏️ 를 선택한 후 세부 옵션에 따라 색을 설정합니다. ② 단축키 Ctrl + Y 를 눌러 아웃라인 보기 모드로 전환합니다. ③ 템플릿의 눈 얼룩 경계선을 펜 도구로 따라 그립니다. ④⑤ 나머지 명암의 경계도 펜 도구를 이용해 따라 그립니다.

면 색 **없음** | 선 색 **#000000**

> **TIP** 펜 도구를 이용하여 열린 패스로 반복해서 작업해야 할 때는 선을 먼저 그린 후 Enter 를 누르면 다른 영역에서 새로 그리기를 할 수 있습니다.

02 ① 영역의 경계를 모두 그린 후 Ctrl + Y 를 눌러 일반 모드로 전환합니다. ② 캐릭터의 눈, 코만 제외하고 명암의 경계선과 함께 모두 선택한 후 ③ 단축키 Ctrl + Alt + X 를 눌러 라이브 페인트 모드로 전환합니다.

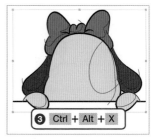

03 이제 캐릭터에 명암을 적용해보겠습니다. ①채색을 마무리하기 위해 빈 바탕을 클릭해 선택을 해제합니다. ②라이브 페인트 버킷 도구 K 🎨를 선택합니다. ③이미 칠한 색보다 밝기가 낮은 색을 임의로 지정한 후 명암이 될 부분을 클릭합니다. ④눈 얼룩에는 **#705252**로 면 색을 지정하고 ⑤나머지 명암도 같은 방법으로 지정합니다. ⑥캐릭터를 모두 선택한 후 ⑦메뉴바에서 [Object]-[Live Paint]-[Expand] 메뉴를 클릭합니다.

> **TIP** [Color Picker] 대화상자에서 현재 선택된 색의 [B] 값을 조절하면 밝기가 낮은 색을 지정할 수 있습니다.

04 명암이 적용될 영역을 나누려면 그린 선을 삭제해야 합니다. ①선택 도구 V ▶로 ②캐릭터를 더블클릭합니다. ③격리 모드에서 마술봉 도구 Y 🖌를 선택한 후 ④패스 선을 클릭해 선 오브젝트를 모두 선택합니다. ⑤ Delete 를 눌러 선택된 선을 모두 삭제합니다. 불필요한 선이 모두 삭제되었습니다.

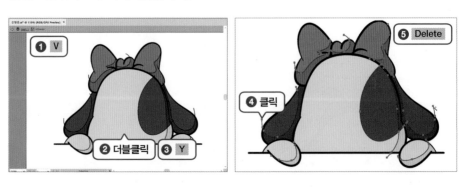

> **TIP** 마술봉 도구로 명암 경계선을 한꺼번에 선택해서 삭제하려면 처음 명암 경계선을 그릴 때 캐릭터에 적용한 색과 겹치지 않는 색으로 설정해야 합니다. 만약 검은색 선이라면 전혀 다른 색인 빨간색이나 초록색을 사용하면 좋습니다.

05 ①선택 도구 V ▶ 를 선택한 후 ②빈 바탕을 더블클릭해 격리 모드를 해제합니다. ③정리된 캐릭터를 클릭한 후 ④단축키 Ctrl + Shift + [를 눌러 레이어 순서를 정리합니다. ⑤모든 오브젝트를 선택한 후 ⑥ Ctrl + G 를 눌러 그룹화하여 캐릭터를 완성합니다.

> **TIP** 격리 모드(Isolation Mode)란 특정 오브젝트의 일부를 쉽게 수정할 수 있도록 선택한 오브젝트 외에 다른 오브젝트는 조작되지 않게 격리하는 기능입니다.

Design
실력 향상 **마술봉 도구로 동일한 색 선택하기**

마술봉 도구로 특정 선이나 면을 선택할 때 클릭한 색과 100% 동일한 오브젝트만 선택하려면 도구바에서 마술봉 도구 ⚲ 를 더블클릭합니다. [Magic Wand] 패널이 나타나면 [Fill Color] 옵션에서 면 색, [Stroke Color] 옵션에서 선 색에 의해 선택되는 유형과 범위를 지정할 수 있습니다. 이때 [Tolerance]를 0으로 지정하면 클릭한 유형과 정확히 일치하는 오브젝트만 선택합니다. 이 옵션은 다양한 색을 사용해 작업하는 경우 동일한 색 전체를 선택하여 수정할 때 유용하게 쓰입니다.

Design
실력 향상 **물방울 브러시 도구로 명암 넣기**

물방울 브러시 도구 ✒ 를 선택한 후 색을 지정하고 드래그하여 명암을 넣을 수도 있습니다. 94쪽에서 확인할 수 있는 Draw Inside 모드를 활용합니다. 만약 모양이 부드럽지 않다면 물방울 브러시 도구를 더블클릭한 후 [Fidelity] 옵션의 슬라이더를 [Smooth]에 가깝게 지정합니다.

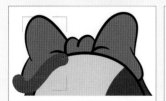  

LESSON 04

편안한 느낌의
자연스러운 일러스트 그리기

노트에 낙서한 듯 자연스러운 느낌의 일러스트는 편안한 느낌을 주어 많은 이에게 큰 사랑을 받고 있습니다. 또한 팬시 디자인이나 로고 디자인, 인쇄 제작물 등에서도 하나의 트렌드로 자리잡았습니다. 이런 일러스트는 연필 도구나 물방울 브러시 도구로 드래그하는 것만으로도 누구나 쉽게 작업할 수 있으며 크기를 키우거나 줄여도 해상도가 손상되지 않는 벡터 방식이라 여러 매체에 활용하기 좋습니다. 자연스러움과 편안한 느낌은 살리고 일러스트의 품질은 높일 수 있는 방법을 배워보겠습니다.

PREVIEW

연필 도구와 물방울 브러시 도구로 일러스트 그리고 수정하기

`Pencil Tool` `Blob Brush Tool`

도형 구성 도구를 활용해 효과적으로 일러스트 모양 정리하기

`Pencil Tool` `Shape Builder Tool`

연필 도구와 물방울 브러시 도구로 일러스트 그리고 수정하기

실습 파일 CHAPTER02\LESSON04\일러스트-06.jpg
완성 파일 CHAPTER02\LESSON04\자연스러운일러스트완성_1.ai

연필 도구(Pencil Tool)와 물방울 브러시 도구(Blob Brush Tool)는 드래그하는 것만으로도 스케치나 일러스트를 손쉽게 그릴 수 있습니다. 연필 도구로 그리는 일러스트는 선으로 그려지므로 펜 도구처럼 선의 두께나 형태를 쉽게 수정할 수 있고, 물방울 브러시 도구로 그리는 일러스트는 면으로 그려지므로 선의 두께는 변경할 수 없지만 그리는 과정이 간단합니다. 물방울 브러시 도구는 동일한 색을 덧칠하여 겹쳐지게 그리면 면이 합쳐지고, 다른 색일 때는 면이 새로 만들어진다는 특징이 있습니다. 면과 선으로 구분되는 도구의 특징을 잘 이해하면 자연스러운 느낌의 일러스트를 쉽게 그릴 수 있습니다.

01 ①단축키 Ctrl + N 을 눌러 [New Document] 대화상자를 불러옵니다. ②[Print] 탭을 클릭한 후 ③[A4]를 클릭합니다. ④[Orientation]을 가로로 지정한 후 ⑤[Create]를 클릭합니다.

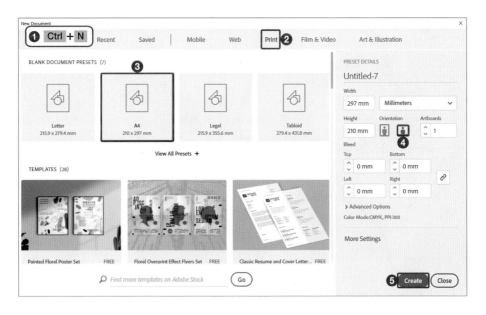

02 ①단축키 Ctrl + Shift + P 를 눌러 [Place] 대화상자를 불러옵니다. ②**일러스트-06.jpg** 파일을 선택한 후 ③[Template]에 체크합니다. ④[Place]를 클릭해 일러스트를 템플릿 레이어로 불러옵니다.

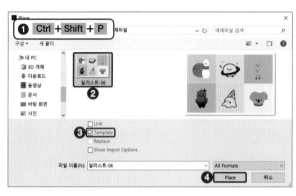
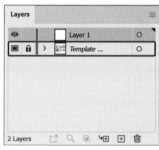

03 ① Ctrl + Spacebar 를 누른 채 드래그하여 아이스크림 캐릭터가 보이도록 화면을 확대합니다. ②연필 도구 N ✏️ 를 선택한 후 ③템플릿 일러스트를 따라서 그립니다. ④처음 시작한 지점에 가까워지면 마우스 포인터의 모양이 ✏️ 로 바뀝니다. 이때 마우스 버튼에서 손을 떼면 닫힌 패스가 완성됩니다.

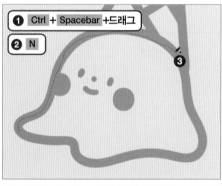
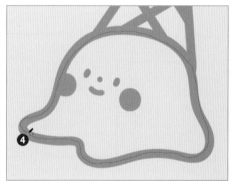
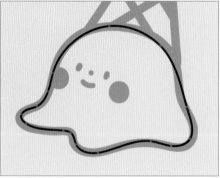

Design
실력 향상   연필 도구의 선 형태 조절하기

연필 도구 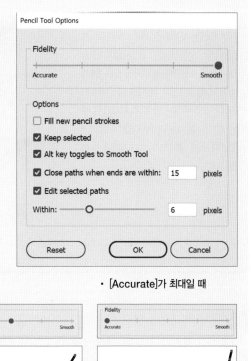 로 형태를 그릴 때 선이 매끄럽지 않고 울퉁불퉁한 경우가 있습니다. 연필 도구를 더블클릭하거나 Enter 를 누르면 나타나는 [Pencil Tool Options] 대화상자를 이용해 옵션을 설정합니다. [Fidelity] 옵션의 슬라이더를 [Smooth]로 드래그하면 선이 매끄러워집니다. 반대로 정교한 부분을 표현할 때는 [Accurate]로 드래그합니다.

· [Smooth]가 최대일 때   · 중간일 때   · [Accurate]가 최대일 때

04 모양이 완전하지 않은 선은 연필 도구 N ✎ 로 다시 템플릿을 따라 드래그해 그리며 형태를 수정합니다. 매끄럽지 않은 선은 Alt 를 누른 채 드래그하여 수정합니다.

> **TIP** 연필 도구 상태에서 Alt 를 누르면 스무드 도구를 사용할 수 있습니다. 번거롭게 메뉴를 일일이 선택하지 않아도 스무드 도구를 사용할 수 있으므로 작업 효율을 높일 수 있습니다. Alt 를 눌러도 스무드 도구를 사용할 수 없다면 [Pencil Tool Options] 대화상자에서 [Alt Key toggles to Smooth Tool]에 체크합니다.

형태를 수정할 때 마우스 포인터에 ❶같이 * 모양이 표시되면 새로 그리기로 적용됩니다. 시작 지점과 끝 지점에 ❷와 같이 모두 * 모양이 표시되면 선은 ❸과 같이 새로 그리기가 적용됩니다. 시작 지점에 * 모양이 표시된 채로 드래그할 때는 반드시 끝나는 지점에 ❹와 같이 * 모양이 없는 영역으로 드래그해야 수정됩니다.

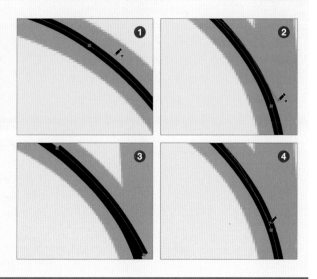

05 ①콘의 모양을 열린 패스로 그립니다. ②이때 끊어진 선 위에 마우스 포인터를 올립니다. 열린 패스가 선택된 상태에서 마우스 포인터에 / 모양이 표시되면 ③드래그하면서 `Alt` 를 눌러 직선으로 닫힌 패스를 그립니다.

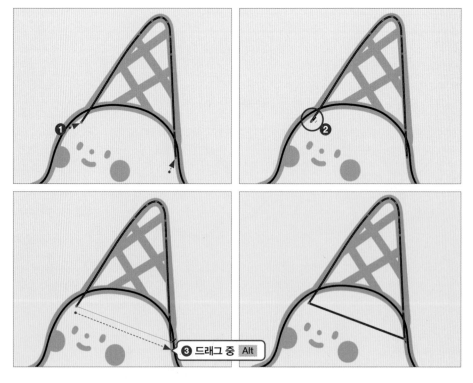

❸ 드래그 중 `Alt`

> **TIP** `Alt` 를 누른 채 직선을 그리다가 `Alt` 에서 손을 떼면 해당 위치에서 다시 곡선을 그릴 수 있습니다.

06 ①오브젝트를 모두 선택한 후 ②선 두께를 **5pt**로 조절합니다. ③빈 바탕을 Ctrl 을 누른 채 클릭하여 선택을 해제합니다. ④선택 도구 V ▶ 를 선택한 후 ⑤콘을 클릭합니다. ⑥ 격자무늬를 만들기 위해 칼 도구 ✐ 를 선택합니다. ⑦ Alt 를 누른 채 드래그하여 격자무 늬를 만듭니다.

> **TIP** 칼 도구로 드래그하면 면을 곡선으로 자를 수 있습니다. 면을 직선으로 자르려면 Alt 를 누른 채 드래그합니다. Alt + Shift 를 누른 채 드래그하면 수직, 수평, 사선으로 각도에 맞춰 자를 수 있습니다.

07 ①뾰족하게 튀어나온 모서리 부분을 정리하기 위해 [Stroke] 패널에서 [Corner]를 [Round Join ⬭]으로 설정합니다. ②콘 오브젝트를 모두 선택하고 ③ Ctrl + G 를 눌러 그룹화합니다.

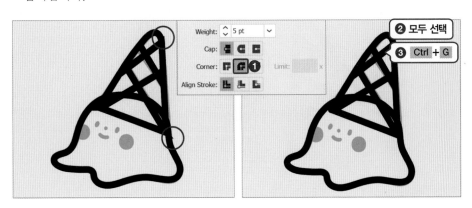

08 ①물방울 브러시 도구 Shift + B ✐ 를 선택합니다. ② 〔 , 〕를 눌러 브러시 크기를 조절하며 얼굴을 그립니다. ③면 형태로 그려진 눈, 코, 입, 볼터치를 모두 선택한 후 ④따로 떨어지지 않게 Ctrl + G 를 눌러 그룹화합니다.

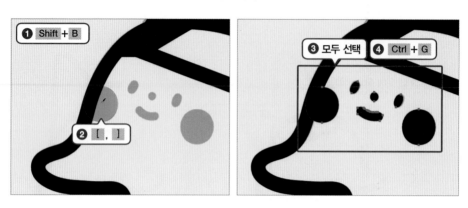

09 ①일러스트를 모두 따라 그린 후 선 색을 원하는 대로 지정합니다. 콘을 아이스크림 뒤에 배치해보겠습니다. ②콘을 클릭한 후 ③ Ctrl + Shift + 〔 를 눌러 콘 레이어를 맨 뒤로 배치합니다. ④빈 바탕을 클릭해 선택을 해제하고 ⑤일러스트를 모두 선택한 후 ⑥ Ctrl + G 를 눌러 그룹화합니다.

연필 도구, 브러시 도구와 물방울 브러시 도구의 차이

□ 연필 노구와 브러시 도구
면 색 없이 선 형태로 패스를 그립니다. 선의 두께를 조절할 수
있다는 장점이 있습니다.

□ 물방울 브러시 도구
선 색 없이 면 형태로 패스를 그립니다.

디자인 실무 실습　　　　　　　　　　핵심 기능 ｜ Pencil Tool, Shape Builder Tool　　**145**

도형 구성 도구를 활용해 효과적으로 일러스트 모양 정리하기

실습 파일 CHAPTER02\LESSON04\일러스트-06.jpg
완성 파일 CHAPTER02\LESSON04\자연스러운일러스트완성_2.ai

도형 구성 도구(Shape Builder Tool)는 일러스트 작업 시 면을 간편하게 나누거나 입체감을
표현할 때 유용하게 쓰입니다. 겹쳐 있는 면과 선들 중 원하는 면만 합치거나 삭제할 수 있어
[Pathfinder] 패널의 한계를 보완해주며, 일러스트 작업 외에도 로고나 아이콘 등 다양한 작업
에 활용할 수 있습니다. 입체감을 표현하는 예제를 통해 도형 구성 도구의 특징을 이해하면 표
현이 어려운 형태도 쉽게 작업할 수 있습니다.

01 ①템플릿 레이어의 일러스트 중 토성 캐릭터가 보이도록 확대합니다. ②연필 도구 **N**
를 선택한 후③토성의 본체를 그립니다.

02 ①토성의 고리까지 모두 그린 후 ②스무드 도구 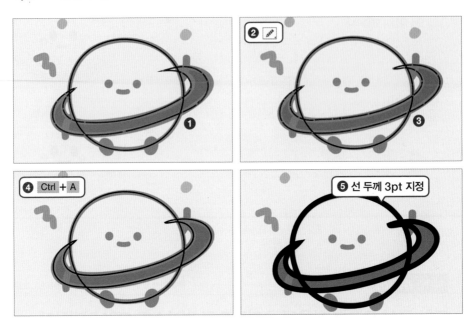를 선택합니다. ③울퉁불퉁한 선을 드래그해 자연스럽게 정리합니다. ④본체와 고리 오브젝트를 모두 선택한 후 ⑤선 두께를 **3pt**로 조절합니다.

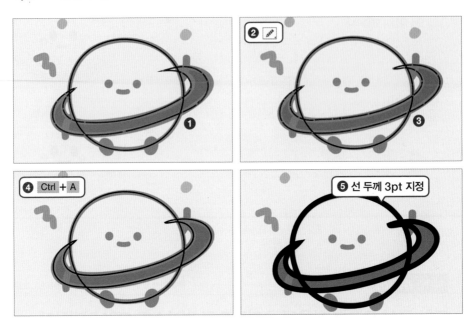

03 토성의 고리가 둘러지는 모양을 자연스럽게 정리하겠습니다. 본체와 고리를 모두 선택한 상태에서 ①도형 구성 도구 Shift + M 를 선택합니다. ②선택하려는 영역에 마우스 포인터를 올리면 면이 불투명한 패턴으로 활성화됩니다. ③면 색을 **#F8DFC1**로 지정한 후 ④본체에 해당하는 부분을 드래그하여 모양을 합칩니다. ⑤고리 아래 본체에 해당하는 면도 클릭하여 면을 합칩니다.

04 ①고리는 면 색을 **#58381E**로 지정한 후 ②드래그하여 면을 합칩니다.

Design
실력 향상   **도형 구성 도구 알아보기**

도형 구성 도구 는 ❶처럼 오브젝트가 선택된 상태에서만 적용할 수 있는 도구입니다. 선택된 오브젝트에서 모양이 겹쳐지는 영역에 마우스 포인터를 올리면 ❷와 같이 불투명한 패턴이 표시되고 영역이 활성화됩니다. 활성화된 영역을 클릭하면 ❸과 같이 새로운 모양이 생성됩니다.

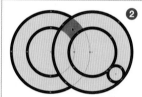
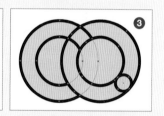

클릭하는 방법 외에도 ❹, ❻과 같이 원하는 만큼 드래그하면 드래그한 영역은 ❺, ❼과 같이 합쳐진 도형으로 생성됩니다.

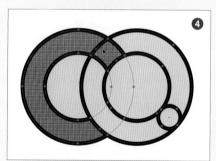
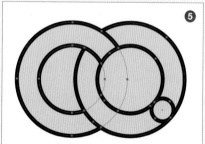

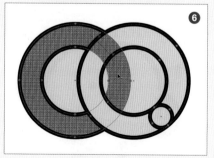

불필요한 영역을 삭제하려면 ❽과 같이 Alt 를 누른 채 불필요한 영역을 클릭합니다. ❾와 같이 클릭한 지점이 삭제됩니다.

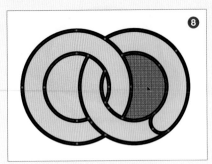 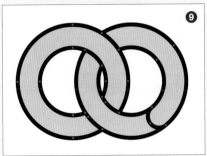

05 눈과 입, 손과 발을 그려보겠습니다. 색이 적용되어 있는 상태라 템플릿 이미지가 가려져 보이지 않으므로 ①단축키 Ctrl + Y 를 눌러 아웃라인 보기 모드로 전환합니다. ②물방울 브러시 도구 Shift + B 🖌️를 선택한 후 ③드래그하여 팔을 그립니다. ④발, 눈, 입도 마저 그립니다.

06 ①단축키 Ctrl + Y 를 눌러 일반 모드로 전환합니다. ②안쪽에 팔이 튀어나온 부분을 지우기 위해 팔이 선택된 상태에서 지우개 도구 Shift + E ◆를 선택합니다. ③튀어나온 부분을 짧게 드래그하여 모양을 정리합니다. ④선택 도구 V ▶를 선택한 후 ⑤오브젝트를 모두 선택합니다. ⑥ Ctrl + G 를 눌러 그룹화하여 완성합니다.

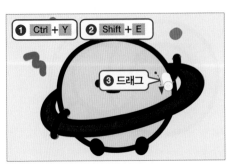 

LESSON 05

수작업 일러스트를 벡터 형식으로 변환하기

종이에 직접 그린 일러스트를 디지털화하려면 스캔한 후 펜 도구로 따라 그려야 합니다. 이때 일러스트레이터의 이미지 추적(Image Trace) 기능을 이용하면 손쉽게 수작업 이미지를 벡터 오브젝트로 디지털화할 수 있습니다. 이미지 추적 기능을 활용해 캘리그래피, 수채화, 색연필화 등을 스캔한 후 벡터 형식으로 변환하여 로고 디자인, 일러스트 아트워크, 팬시 작업물, 인쇄 작업물 등에 사용할 수 있습니다. 연필이나 얇은 펜보다 촉이 두꺼운 사인펜으로 선을 두껍게 그리면 좀 더 정확하게 이미지를 벡터 형식으로 변환할 수 있습니다. 또한 그림을 좀 더 크게 그려서 사진으로 찍거나 스캔하면 자연스러우면서도 높은 퀄리티의 결과물을 얻을 수 있습니다.

PREVIEW

이미지 추적 기능을 활용해 벡터 형식으로 변환하기

`Image Trace`

이미지 추적 기능을 활용해 벡터 형식으로 변환하기

실습 파일　CHAPTER02\LESSON05\일러스트스캔.jpg
완성 파일　CHAPTER02\LESSON05\손그림벡터변환완성.ai

이미지 추적(Image Trace) 기능은 이미지를 벡터 형식으로 변환하는 기능입니다. 이 기능을 사용하면 어떤 이미지든지 펜 도구로 따라 그린 듯 포인트와 패스를 지닌 벡터 형식으로 변환됩니다. 고해상도 이미지일 때 효과적으로 활용할 수 있으며, 실무에서는 수작업 일러스트나 캘리그래피 등을 스캔하여 벡터 형식으로 변환할 때 유용하게 사용됩니다.

01 예제 파일인 **일러스트스캔.jpg** 파일을 불러옵니다. 해상도가 너무 낮거나 이미지 크기가 너무 작으면 이미지 추적 기능이 정교하게 적용되지 않으므로 크기를 많이 줄이지 않고 작업하는 것이 더 좋습니다.

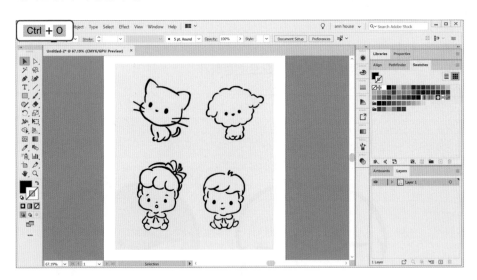

02 이미지가 선택된 상태에서 상단 컨트롤 패널의 [Image Trace]를 클릭합니다.

03 ①이미지 추적 기능이 적용된 후 상단 컨트롤 패널의 [Expand]를 클릭합니다. 스캔한 일러스트 이미지가 벡터 형식으로 변환됩니다. ② Ctrl + Y 를 눌러 아웃라인 보기 모드로 전환하면 일러스트 이미지가 벡터 오브젝트로 변환된 것을 확인할 수 있습니다.

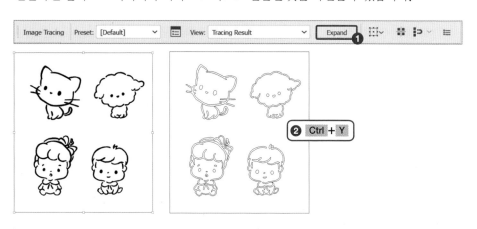

Design
실력 향상 **이미지 추적 기능의 사전 설정 활용하기**

[Image Trace]의 [Preset]에서 사전 설정된 11가지의 변환 방식을 선택할 수 있습니다. 고해상도 이미지로 변환하거나 라인 아트, 스케치 아트, 블랙&화이트 로고 등을 선택할 수 있습니다.

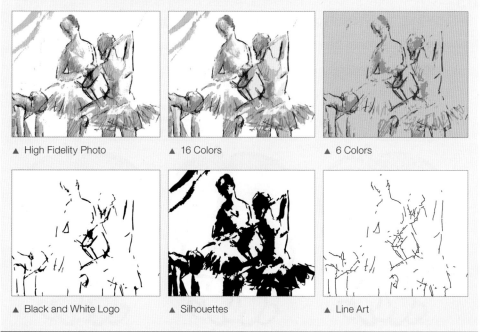

▲ High Fidelity Photo   ▲ 16 Colors   ▲ 6 Colors

▲ Black and White Logo   ▲ Silhouettes   ▲ Line Art

04 ①마술봉 도구 Y 🪄 를 선택한 후 ② Enter 를 누릅니다. ③[Magic Wand] 패널이 나타나면 [Fill Color]가 체크된 상태에서 ④[Tolerance]를 **0**으로 지정합니다. ⑤종이에 해당되는 영역을 클릭하여 선택한 후 Delete 를 눌러 삭제합니다.

> **TIP** 이미지 추적 기능을 이용하여 벡터 형식으로 변환할 때는 바탕이나 종이 영역도 모두 벡터 형식으로 변환됩니다. 불필요한 종이 영역을 일일이 선택하여 삭제하면 매우 번거로운데, 마술봉 도구를 이용하면 클릭 한 번으로 동일 계열의 색상을 모두 삭제할 수 있어 작업 시간을 줄일 수 있습니다.

05 스캔한 이미지처럼 면과 면의 경계가 없고 선이 떨어진 형태의 오브젝트를 채색하는 방법을 알아보겠습니다. ①물방울 브러시 도구 Shift + B 🖌 를 선택합니다. ②면 색을 **#A37F7D**로 지정한 후 영역에 맞게 드래그하여 채색합니다. ③채색한 머리를 선택한 후 ④ Ctrl + Shift + [를 눌러 맨 뒤에 배치되게 합니다. ⑤같은 방법으로 다른 부위를 채색하고 배치해 일러스트를 완성합니다.

> **TIP** 브러시 도구나 연필 도구를 사용해 채색할 수도 있습니다.

> **TIP** 이 과정에서 색이 적용되지 않으면 [Color] 패널의 드롭다운 메뉴▤에서 [Grayscale]로 설정된 컬러 모드를 [RGB]나 [CMYK]로 변경합니다.

06 ①오브젝트를 모두 선택한 후 ②[Color Guide] 패널에서 [Edit or Apply Colors🔘]를 클릭합니다. ③전체적인 색감을 조절할 수 있는 [Recolor Artwork] 대화상자가 나타납니다.

> **TIP** 상단 컨트롤 패널의 [Recolor Artwork🔘]를 클릭해도 동일한 기능을 스마트하게 사용할 수 있습니다.

Design
실력 향상 　**색 조합하기**

[Edit] 탭에서는 원형 스펙트럼의 핸들을 드래그하여 직접 색을 바꿀 수 있는데, 이를 통해 우연히 생각지도 못한 좋은 색 조합이 나오기도 합니다. [Assign] 탭에서는 목록에서 원하는 배색을 지정할 수 있어서 편하게 색을 수정할 수 있습니다. 색을 직접 수정할 때는 [Assign] 탭, 전체적인 색상을 유니크한 조합으로 수정할 때는 [Edit] 탭에서 수정합니다. [Assign] 탭에서는 [New Color]를 더블클릭하거나 하단의 [HSB] 슬라이더를 드래그하여 색을 수정합니다. [Edit] 탭에서는 원형 스펙트럼의 핸들을 드래그해 색 조합을 마친 후 [OK]를 클릭합니다.

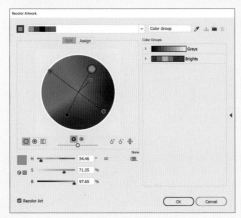
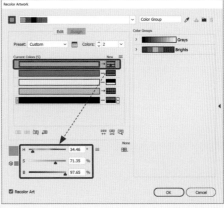

07 ①[Edit] 탭을 클릭한 후 ②원형 스펙트럼의 핸들을 드래그하여 색을 조절합니다. ③하단의 [HSB] 슬라이더를 드래그하여 좀 더 예쁜 색감으로 수정한 후 완성합니다.

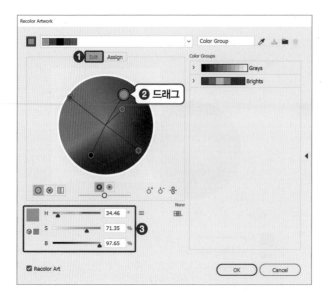

TIP [HSB] 슬라이더를 조절해 색 조합을 적용하는 방법은 색을 색다르게 조합해보고 싶을 때 사용하면 좋습니다.

Adobe Capture
애플리케이션 활용하기

Adobe Capture는 이미지를 벡터 형식으로 변환할 수 있는 모바일 애플리케이션입니다. 사진, 드로잉 작품, 캘리그래피 등을 벡터 오브젝트, 색상 테마, 패턴, 문자, 재질 및 브러시로 변환한 후 포토샵이나 일러스트레이터, 스케치 같은 데스크톱 프로그램에서 사용할 수 있습니다. 애플리케이션은 안드로이드와 iOS 환경에서 모두 사용할 수 있습니다.

Adobe Capture를 실행하고 촬영하거나 이미지를 불러온 후 중앙의 슬라이더를 드래그하여 경계값을 조절합니다. [매끄럽게]를 터치하여 다소 거칠게 표현된 선을 부드럽게 조절할 수 있습니다. 모든 조절을 마친 후 [저장]을 터치합니다.

[내보내기⤴]를 터치한 후 파일을 내보낼 포토샵이나 일러스트레이터 프로그램을 선택하면 해당 프로그램에서 사용 가능한 벡터 파일로 저장됩니다. [작업 파일 공유]를 터치하면 [Libraries] 패널에 콘텐츠를 추가할 수도 있습니다.

Adobe Capture는 이미지를 벡터로 변환하는 기능뿐 아니라 색상 테마를 캡처하고 브러시나 패턴으로 만들 수도 있으며 글자를 촬영해 유사한 글꼴을 찾는 등 실무에서 활용하기 좋습니다.

[재질]에서는 사실적인 재질(텍스처)을 생성하고 어도비 디멘션 프로그램에 공유하여 3D 오브젝트에 적용할 수 있습니다. [글꼴]에서는 글자가 있는 이미지의 모양을 인식하여 유사한 글꼴을 찾을 수 있습니다. 찾은 글꼴은 일러스트레이터, 포토샵, 인디자인 등에서 사용할 수 있습니다.

 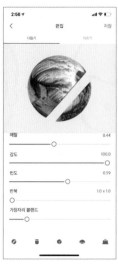  

[색상]에서는 색상 테마를 편집해 저장할 수 있습니다. 이 색상 테마는 모든 어도비 프로그램에서 사용할 수 있고 등록한 색상 테마는 일러스트레이터의 [Adobe Color Themes] 패널에서 확인할 수 있습니다.

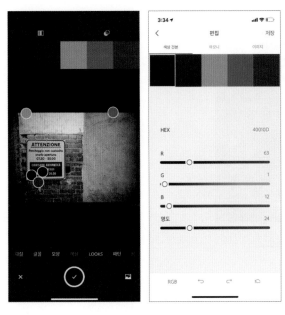

[LOOKS]에서는 촬영한 이미지 또는 어도비 계정을 통해 불러온 이미지에 직접 보정 효과를 적용할 수 있습니다.

[패턴]에서는 이미지를 이용해 실시간으로 기하학 패턴을 만들 수 있습니다.

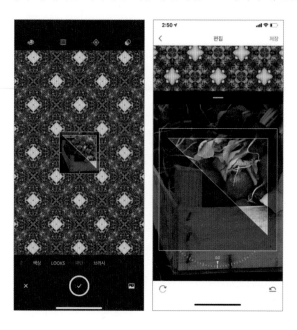

[브러시]에서는 다양한 스타일의 브러시를 등록할 수 있습니다. 이 브러시는 애니메이트, 드림 위버, 포토샵 등에서 사용할 수 있습니다.

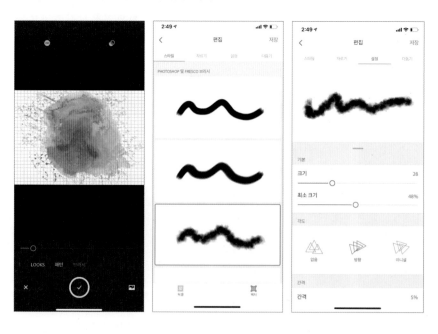

LESSON 06

디자인 완성도를 높이는
배경과 포인트 오브젝트 작업하기

디자인 작업 시 디자인 결과가 다소 밋밋하거나 2% 부족하다고 느껴지면 배경을 다르게 표현하거나 포인트 오브젝트를 구성해 완성도를 높일 수 있습니다. 이 작업에 주로 사용되는 심벌 스프레이 도구(Symbol Sprayer Tool)는 동일한 오브젝트를 이용하여 자연스러운 패턴을 표현하거나, 잔디, 잎사귀, 꽃잎, 눈송이 등 수십, 수 백 개의 오브젝트가 자연스럽게 쌓이거나 흩어진 모양을 표현하는 데 효과적으로 쓰입니다. 예제를 통해 심벌 스프레이 도구의 다양한 활용 방법을 살펴보고 특징을 이해한 후 효율적으로 작업에 적용해봅니다.

PREVIEW

오브젝트 작업 후 심벌로 등록해 사용하기

Symbols

오브젝트 작업 후 심벌로 등록해 사용하기

실습 파일　CHAPTER02\LESSON06\케이크일러스트.ai
완성 파일　CHAPTER02\LESSON06\케이크일러스트완성.ai

오브젝트를 만들어 심벌로 등록해두면 심벌 스프레이 도구를 활용해 심벌로 등록한 오브젝트를 흩뿌리듯 배치하여 여러 가지 표현을 할 수 있습니다.

01 ①예제 파일을 불러온 후 ②연필 도구  N ✏를 선택합니다. ③롤 케이크 위에 올려질 블랙베리를 만들기 위해 동그라미를 그립니다. ④면 색을 **#262262**로 지정하고 ⑤안쪽으로 하이라이트가 될 작은 동그라미를 한 번 더 그립니다. 작은 동그라미는 면 색을 한 톤 밝게 지정합니다.

일러스트레이트 실무 강의

❸ 드래그

❹ 면 색 #262262 지정

02 ① 선택 도구 V ▶로 ② 블랙베리 오브젝트를 모두 선택한 후 ③ [Symbols] 패널에서 [New Symbol□]을 클릭합니다. ④ [Symbol Options] 대화상자가 나타나면 [Name]에 **블랙베리**를 입력한 후 ⑤ [OK]를 클릭해 심벌로 등록합니다.

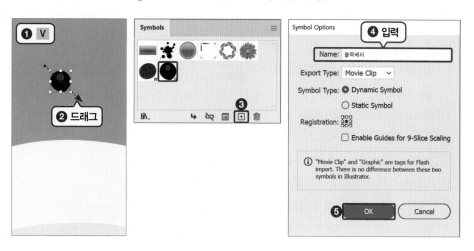

TIP 심벌 등록에 사용한 오브젝트는 삭제해도 됩니다.

03 ① 심벌 스프레이 도구 Shift + S ⬚를 선택합니다. ② Enter 를 눌러 [Symbolism Tools Options] 대화상자가 나타나면 ③ [Intensity]에 **2**, [Symbol Set Density]에 **10**을 입력한 후 ④ 나머지 옵션은 모두 [Average]로 설정합니다. ⑤ [OK]를 클릭합니다.

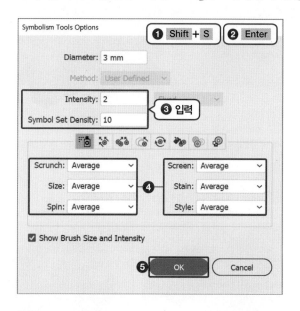

TIP 심벌 스프레이 도구를 사용하기 전에 작업할 모양에 맞춰 옵션을 미리 설정할 수도 있습니다. 심벌 스프레이 도구를 더블클릭하거나, Enter 를 누르면 [Symbolism Tools Options] 대화상자가 나타납니다. [Symbol Set Density]의 옵션값이 높아질수록 심벌 간의 간격이 좁아집니다. [Intensity]의 옵션값이 높아질수록 드래그할 때 많은 양의 심벌이 뿌려집니다.

Design
실력 향상 **[Symbolism Tools Options] 대화상자 더 알아보기**

① **Diameter** | 브러시의 지름을 설정합니다.

② **Intensity** | 심벌이 뿌려지는 빈도수를 설정합니다(옵션값이 높아질수록 다량으로 적용).

③ **Symbol Set Density** | 심벌 간의 간격을 설정합니다(옵션값이 높아질수록 간격 축소).

④ **심벌 도구 선택**

⑤ **Scrunch** | 심벌의 밀도를 설정합니다.

⑥ **Size** | 심벌의 크기를 설정합니다.

⑦ **Spin** | 심벌의 회전 효과를 설정합니다.

⑧ **Screen** | 심벌의 투명도를 설정합니다.

⑨ **Stain** | 심벌의 색상 효과를 설정합니다.

⑩ **Style** | 심벌의 스타일 적용을 설정합니다.

Symbolism Tools Options	
① Diameter: 3 mm	
Method: User Defined	
② Intensity: 2	Fixed
③ Symbol Set Density: 10	
④ 🖊 📎 🎇 🎇 🎇 🎇 🎇 🎇	
⑤ Scrunch: Average	⑧ Screen: Average
⑥ Size: Average	⑨ Stain: Average
⑦ Spin: Average	⑩ Style: Average
☑ Show Brush Size and Intensity	
OK	Cancel

04 ①롤 케이크 위의 공간을 클릭해 심벌을 적용합니다. ②블랙베리의 모양을 생각하면서 둥근 모양이 계속 나오도록 클릭합니다.

> **TIP** 심벌 스프레이 도구로 원하는 위치를 클릭하여 심벌을 적용하거나, 드래그하여 자연스럽게 심벌을 적용할 수 있습니다.

05 틀어진 모양이 있다면 **Alt** 를 누른 채 클릭하여 삭제하면서 작업합니다.

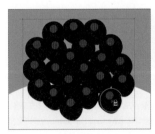  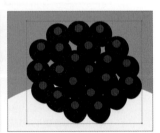

> **TIP** 심벌을 적용하는 중에 삭제할 심벌이 있다면 심벌 스프레이 도구가 선택된 상태에서 **Alt** 를 누른 채 클릭합니다. 여러 가지 모양의 심벌을 사용했다면 [Symbols] 패널에서 삭제할 심벌을 선택하고 **Alt** 를 누른 채 클릭하여 삭제할 수 있습니다.

06 작업 후 비어 보이는 부분을 수정하겠습니다. ① 심벌 스프레이 도구▣를 길게 클릭해 심벌 분쇄 도구▣를 선택합니다. ② 단축키 【 , 】를 이용해 브러시 크기를 조절한 후③ 빈 곳을 드래그하여 여백을 없앱니다. 여백을 없애면서 틀어진 모양을 바로잡기 위해 ④ 심벌 이동 도구▣를 선택하고 ⑤ 튀어나온 심벌을 드래그하며 전체적인 모양을 정리합니다. 롤 케이크가 완성되었습니다.

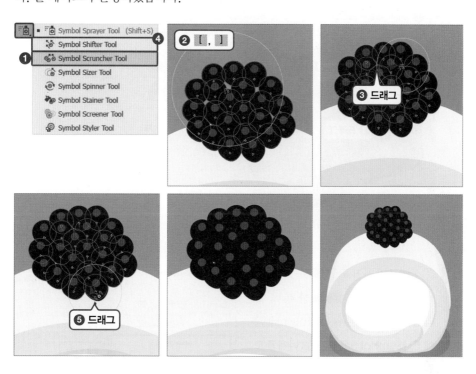

Design
실력 향상 **브러시 크기에 따른 심벌 적용의 차이**

적용된 심벌을 수정할 때는 심벌 스프레이 도구의 브러시 크기가 클수록 조금만 드래그해도 적용 효과가 극대화됩니다.

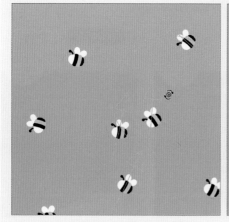

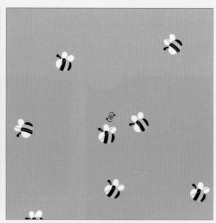

▲ 브러시 크기가 작을 때 심벌 적용 범위가 좁음

▲ 브러시 크기가 클 때 심벌 적용 범위가 넓음

07 ① Spacebar 를 누른 채 화면을 드래그하여 오른쪽의 초콜릿 조각 케이크가 보이도록 이동합니다. ②물방울 브러시 도구 Shift + B ✎를 선택한 후 ③면 색을 **#0068FF**로 지정합니다. ④케이크 단면을 드래그하여 작은 선을 그립니다. ⑤그린 선을 [Symbols] 패널로 드래그해 심벌을 등록합니다.

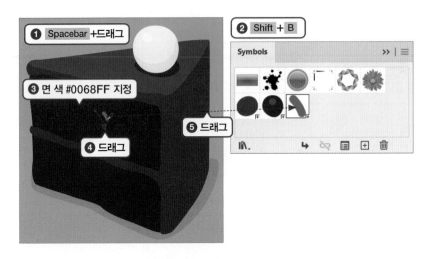

일러스트레이터 실무 강의

08 ①심벌 스프레이 도구 Shift + S 🔊를 선택합니다. ② Enter 를 눌러 대화상자를 불러온 후 ③[Intensity]에 **5**, [Symbol Set Density]에 **5**를 입력하여 심벌 간의 간격을 넓게 지정합니다. ④[Spin], [Screen], [Stain]을 [User Defined]로 지정한 후 ⑤[OK]를 클릭합니다. ⑥면 색을 원하는 색으로 지정하고 짧게 드래그하여 다양한 각도의 장식을 그립니다.

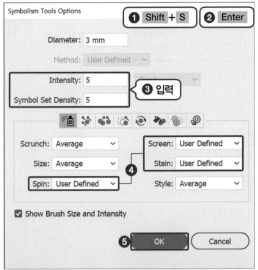

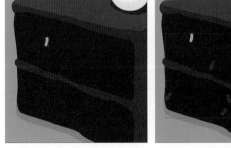

다양한 각도의 심벌 활용하기

[Symbolism Tools Options] 대화상자에서 [Spin]을 [User Defined]로 지정하면 심벌 적용 시 느래그한 방향에 맞춰 다양한 각도로 심벌을 적용할 수 있습니다. 다양한 각도로 심벌을 적용하면 동적인 느낌의 패턴이나 꽃잎이 흩날리는 모양 등을 손쉽게 표현할 수 있습니다.

 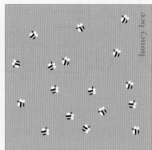 

09 삭제할 부분이 있다면 심벌 스프레이 도구 를 선택한 상태에서 Alt 를 누른 채 클릭하여 삭제합니다. 장식에 지정된 색을 변경하려면 원하는 색을 면 색으로 지정하고 심벌 색상 변경 도구 를 선택합니다. 변경할 장식을 클릭하여 색을 변경하고 마무리합니다.

  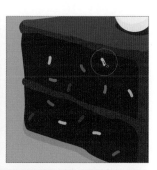

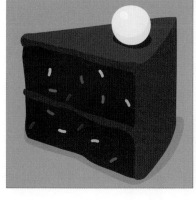 

LESSON 07

입체감이 느껴지는
리얼리티 메시 아트워크 만들기

제품 일러스트나 주얼리 샘플 일러스트, 디지털 기기 일러스트 등 입체감이 느껴지는 표현에는 메시 도구(Mesh Tool)와 그레이디언트 도구(Gradient Tool)가 유용하게 사용됩니다. 메시 도구는 작업 분야에 따라 전혀 사용하지 않을 수도 있지만, 일러스트레이터를 깊이 있게 다루다 보면 한 번쯤 꼭 다룰 일이 생기므로 지금 당장 사용할 일이 없더라도 도구에 대한 기본적인 이해는 하고 있는 것이 좋습니다.

PREVIEW

사실적인 텀블러 만들기

`Mesh Tool`

형태 특징에 맞는 메시 오브젝트 기초 만들기

실습 파일　CHAPTER02\LESSON07\메시일러스트텀블러.ai

메시 도구(Mesh Tool)로 오브젝트를 클릭하면 여러 개의 선이 십자 모양으로 오브젝트를 가로
지르면서 모양의 변화가 있는 부분과 색의 변화가 있는 영역에 메시 선이 추가됩니다. 이 선을
자유롭게 조절하여 다양한 모양과 질감을 가진 오브젝트로 표현할 수 있습니다. 모양에 따라 메
시 선을 다루는 방법을 이해하고 나면 다양한 종류의 메시 오브젝트를 쉽게 만들 수 있습니다.

메시 오브젝트를 작업할 때는 사각형 메시 오브젝트로 시작해 모양을 변형하는 것이 좋습니다.
자유로운 형태의 오브젝트를 메시 오브젝트로 변환하면 기본 격자 모양의 메시 선이 자유로운
형태로 적용되므로 명암을 효과적으로 표현하기 어려울 수 있습니다. 사각형 형태에서 변환하
는 과정을 이해하면 다양한 메시 오브젝트를 쉽게 작업할 수 있을 것입니다.

01　① 예제 파일을 불러옵니다. ② [Layers] 패널에서 `Ctrl` 을 누른 채 [메시오브젝트] 레이어
　　　의 눈 ⊙ 을 클릭하여 아웃라인 보기 모드로 전환합니다.

TIP　`Ctrl` 을 누른 채 레이어의 눈 ⊙ 을 클릭하면 해당 레이어만 아웃라인 보기 모드로 전환할 수 있습니다. 이 기능은 템플릿 레이
　　　어를 이용하여 작업할 때 유용하게 활용합니다.

02 ①사각형 도구 M ▣를 선택한 후 ②텀블러 뚜껑을 제외하고 몸체 크기에 맞춰 사각형을 생성합니다. ③④⑤화면을 확대하여 사각형의 상하좌우 패스를 텀블러 몸체의 가장자리에 맞춥니다.

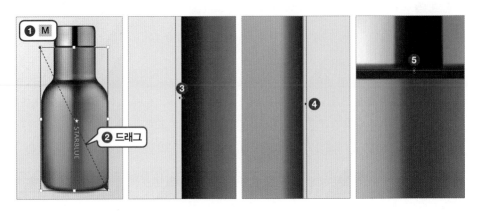

03 ①선택 도구 V ▶를 선택한 후 ②사각형 오브젝트를 클릭합니다. ③메뉴바에서 [Object]-[Create Gradient Mesh] 메뉴를 클릭합니다. ④[Create Gradient Mesh] 대화상자가 나타나면 [Rows]와 [Columns]에 **2**를 입력하고 ⑤[OK]를 클릭해 그레이디언트 메시 오브젝트로 지정합니다.

일러스트레이터 실무 강의

TIP 동그란 링 형태와 같이 변형을 많이 해야 하는 작업에는 처음 메시 오브젝트를 만들 때 가로, 세로, 직선 상태의 메시 선을 생성해두고 변형하는 것이 좋습니다. 모양을 변형한 후 메시 선을 만들면 메시 선이 변형된 모양에 따라 꼬여서 추후 작업하는 데 어려움이 있을 수 있습니다. 그러므로 초급 수준의 메시 오브젝트를 만들 때는 꼭 알아두어야 합니다.

04 메시 포인트를 추가해 사각형 메시 오브젝트를 텀블러 모양으로 바꿔보겠습니다. ①메시 도구 [U] [🔲]를 선택합니다. ②모양이 변화되는 지점의 메시 선 위로 마우스 포인터를 이동합니다. 마우스 포인터의 모양이 메시 포인트 추가 [🔺]로 변경되면 클릭하여 메시 선을 추가합니다. ③④순차적으로 메시 포인트를 추가합니다.

05 추가한 메시 선을 이용하여 형태를 수정합니다. ①직접 선택 도구 [A] [▷]를 선택하고 ② 텀블러의 목 부분을 드래그하여 상단의 메시 포인트 6개를 선택합니다. ③스케일 도구 [S] [🔲]를 선택한 후 ④바깥 영역에서 [Shift]를 누른 채 드래그하여 텀블러의 목 두께에 맞춰 크기를 수정합니다.

06 ①직접 선택 도구 [A] [▷]를 선택하고 ②하단의 메시 포인트 3개를 드래그하여 선택합니다. ③스케일 도구 [S] [🔲]를 선택한 후 ④바깥 영역에서 [Shift]를 누른 채 드래그하여 병 바닥의 크기를 수정합니다.

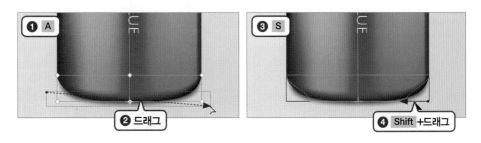

07 세부 모양을 수정하기 위해 ① 직접 선택 도구 A △ 를 선택한 후 ② 팀블러 목 부분의 메시 포인트 3개를 드래그해 선택합니다. ③ 포인트의 위치를 직선과 곡선이 만나는 지점으로 드래그해 이동합니다.

08 ① 팀블러 목 부분의 오른쪽 메시 포인트를 클릭해 핸들이 표시되면 ②③ 핸들을 위아래로 드래그하면서 Shift 를 눌러 팀블러 어깨 모양만 세밀하게 수정합니다. ④ 팀블러 어깨 바로 아래의 메시 포인트 3개를 드래그해 선택한 후 ⑤ 드래그하면서 Shift 를 눌러 수직 방향으로 포인트의 위치를 수정하거나 ⑥ 팀블러 목 부분의 메시 포인트 3개를 ⑦ 같은 방법으로 조금씩 조절하며 형태를 맞춥니다.

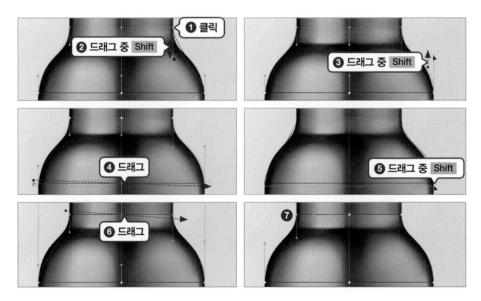

09 팀블러 뚜껑 안쪽 모양을 수정하기 위해 ① 메시 도구 U 圈 를 선택합니다. ② 급격히 꺾이는 영역을 클릭해 메시 포인트를 추가합니다. ③ 추가된 메시 포인트와 가까운 부분을 클릭해 메시 포인트를 하나 더 추가합니다.

TIP 메시 오브젝트를 작업할 때 형태를 맞추기 위해 메시 도구가 선택된 상태에서 메시 선 위에 마우스 포인터를 올리면 메시 포인트를 추가할 수 있습니다. 메시 선을 잘못 추가했거나 메시 선이 불필요해진 경우 Alt 를 누른 채 클릭하면 메시 포인트를 삭제할 수 있습니다.

10 ①직접 선택 도구 A ▷를 선택한 후 ②최상단의 메시 포인트 6개를 드래그하여 선택합니다. ③스케일 도구 S ⊡를 선택한 후 ④바깥 영역에서 안쪽으로 Shift 를 누른 채 드래그하여 이미지와 동일하게 모양을 안쪽으로 축소합니다. ⑤다시 직접 선택 도구 A ▷를 선택한 후 ⑥최상단의 메시 포인트 9개 중 중간의 메시 포인트 3개만 드래그하여 선택합니다. ⑦아래 메시 선과 가까이 드래그하면서 Shift 를 눌러 모양을 수정합니다.

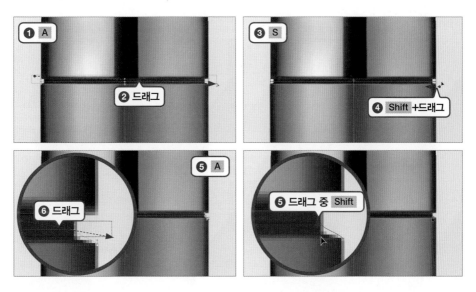

> **TIP** 메시 선을 변형하지 않고 메시 선 안에서 포인트만 이동할 때는 드래그하면서 Shift 를 누릅니다. 모양을 유지하면서 포인트의 위치만 수정할 수 있습니다.

11 ①세부 모양을 수정하기 위해 화면을 확대한 후 ②직접 선택 도구 A ▷가 선택된 상태에서 핸들을 드래그하면서 Shift 를 눌러 메시 선의 형태를 정리합니다.

12 ①텀블러 바닥 부분의 모양을 수정하기 위해 하단 양끝의 메시 포인트를 모두 선택합니다. ②스케일 도구 S 🔲를 선택하고 ③ Shift 를 누른 채 아래쪽으로 드래그하여 포인트의 위치를 동일하게 수정합니다. ④직접 선택 도구 A ▷를 선택한 후 ⑤선택된 포인트를 드래그하면서 Shift 를 눌러 텀블러 바닥 모양에 맞춰 위치를 이동합니다. ⑥⑦메시 포인트를 클릭하여 핸들이 표시되면 핸들을 드래그하여 텀블러 모양을 수정합니다. 나머지 메시 포인트도 위치를 조절하며 모양을 수정합니다.

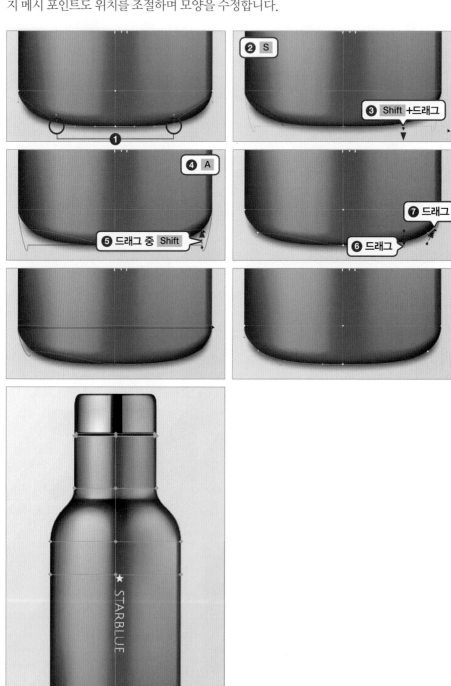

일러스트레이터 실무 강의

13 앞의 과정과 동일한 방법으로 텀블러 뚜껑도 메시 오브젝트로 만듭니다.

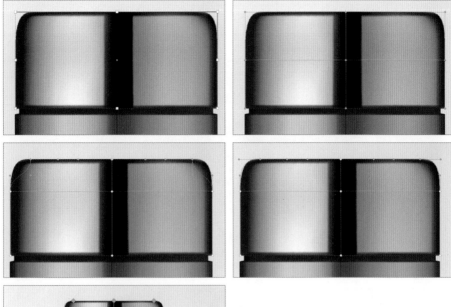

TIP 사각형 도구로 텀블러 뚜껑 크기에 맞는 사각형을 그리고 메시 오브젝트로 변환합니다. 메시 선과 메시 포인트의 위치를 수정하며 모양을 만듭니다.

얇은 곡선 모양의 메시 오브젝트 만들기

컵 손잡이와 같이 얇은 곡선 모양으로 표현하는 메시 오브젝트는 사각형 메시 오브젝트 상태에서 둥글게 수정합니다.

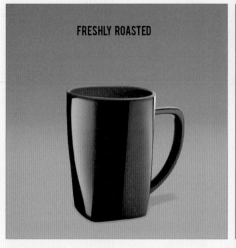

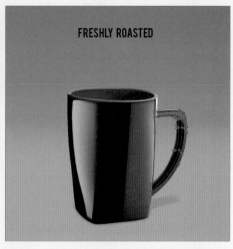

① 사각형 메시 생성하기   ② 회전 도구로 모양 맞추기   ③ 직접 선택 도구나 메시 도구로 모양 맞추기

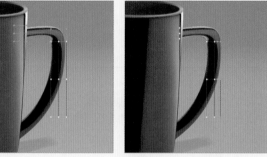

④ 하단 포인트 선택 후 회전하기   ⑤ 기본 형태 다듬기   ⑥ 메시 선을 추가하여 완성하기

메시 오브젝트에 색상 작업하여 사실적으로 표현하기

완성 파일 CHAPTER02\LESSON07\텀블러완성.ai

메시 오브젝트에 색상 작업을 할 때 메시 선과 포인트의 위치, 핸들의 각도, 길이에 따라 색상을 다양하게 표현할 수 있습니다. 크게 색상의 변화가 부드럽게 표현되어야 할 때와 색상의 변화가 뚜렷하게 표현되어야 할 때로 나뉘는데, 각 상황에 맞는 메시 선의 위치나 개수를 알아두면 메시 오브젝트만으로도 다양한 질감 표현과 더욱 사실적인 표현이 가능해집니다.

텀블러 몸체에 색상 작업하기 1

01 텀블러 몸체를 사실적으로 표현하기 위해 색상 작업에 필요한 메시 선을 추가하겠습니다. 메시 선은 색상의 변화가 있는 부분에 추가합니다. ①메시 도구 U 圈를 선택하고 ②오른쪽 어두운 영역의 시작점을 클릭해 메시 선을 추가합니다. ③동일한 방법으로 왼쪽도 클릭해 메시 선을 추가합니다.

화살표로 표시한 부분은 색상의 변화가 있는 부분입니다.

02 ①텀블러 중앙에 색상이 변하는 부분에도 메시 선을 추가합니다. ②하이라이트 영역도 가장 밝은 부분을 클릭해 메시 선을 추가합니다.

03 텀블러 바닥 부분 중 변형된 영역에서 메시 선이 틀어져 있다면 이를 똑바로 수정해야 합니다. 메시 포인트를 드래그하면서 Shift 를 눌러 위치를 수정합니다.

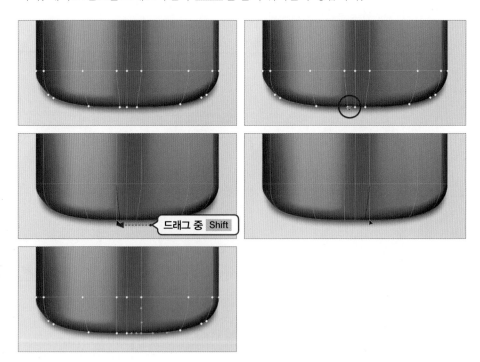

04 텀블러 바닥 부분에 명암을 표현해보겠습니다. ①어두운 영역의 시작점을 클릭해 메시 선을 추가합니다. ②틀어진 모양으로 추가된다면 양끝 2개의 메시 포인트를 각각 드래그 하면서 Shift 를 눌러 위치를 수정합니다.

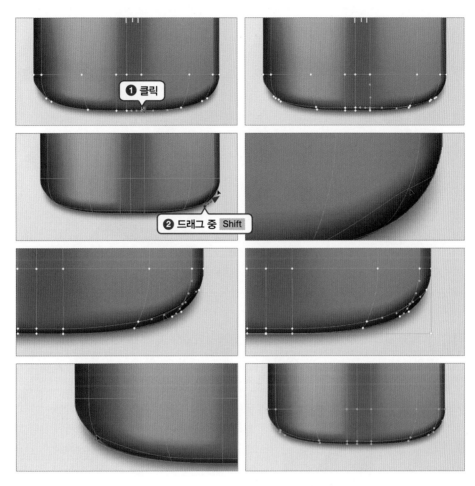

05 하단 바닥 영역에서 둥근 부분의 깊이감을 표현합니다. **04** 과정에서 추가한 메시 선 위쪽 으로 색상이 변경되는 지점을 클릭해 메시 선을 추가합니다.

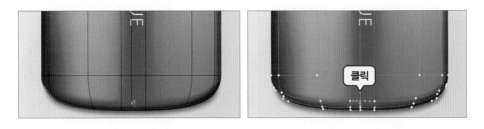

틀어진 상태로 추가된 메시 선은 고르게 정리해야 합니다. 새로 메시 선을 추가하면 전체적인 메시 선 모양을 기준으로 새 메시 선의 모양이 결정되기 때문입니다. 메시 오브젝트에 변형이 많을수록 메시 선 모양이 일정하게 추가되지 않습니다. 완벽하게 정리하지는 않더라도 꼬인 선을 어느 정도는 풀어주어야 합니다.

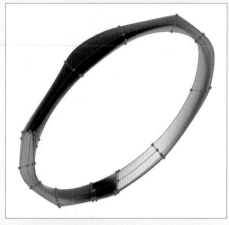
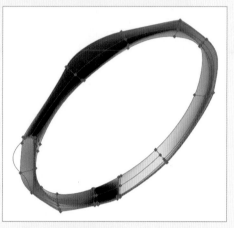

▲ 변형이 많은 오브젝트   ▲ 틀어진 상태로 추가된 메시 선

06 ①직접 선택 도구 A ▷를 선택한 후 ②색상이 고르게 분포되도록 중앙에 위치한 메시 포인트를 모두 선택합니다. ③아래로 드래그하면서 Shift 를 눌러 위치를 옮깁니다.

07 다시 메시 도구 U 를 선택하고 색상이 변하는 지점에 순차적으로 메시 선을 추가합니다. 변화가 뚜렷한 부분은 메시 선 간의 간격을 최소로 지정하고, 서서히 변하는 부분은 색상이 변화되는 지점에 메시 선을 추가합니다.

08 색상을 적용하기 위해 ①직접 선택 도구 A 를 선택한 후 ②맨 아래 중앙의 왼쪽에 있는 메시 포인트를 클릭해 선택합니다. ③스포이트 도구 I 를 선택한 후 ④주변 색상을 클릭해 색상을 지정합니다.

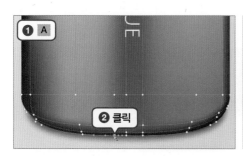

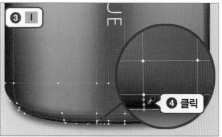

09 ① Ctrl 을 누른 채 오른쪽의 메시 포인트를 클릭해 선택합니다. ② 가까이 있는 어두운 색상을 클릭해 색상을 지정합니다. ③ 동일한 방법으로 텀블러 바닥 메시 포인트의 색상을 지정합니다. ④ Ctrl 을 누른 채 레이어의 눈 👁 을 클릭하여 보기 모드를 전환하면서 중간 과정을 확인합니다.

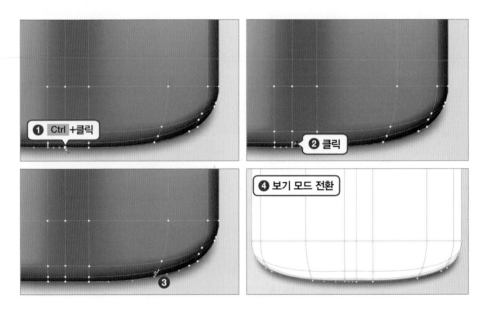

10 [메시오브젝트] 레이어를 아웃라인 보기 모드로 적용한 후 텀블러 바닥 색상을 지정합니다. 보기 모드를 전환하면서 색상이 적용되지 않은 부분은 없는지 확인합니다.

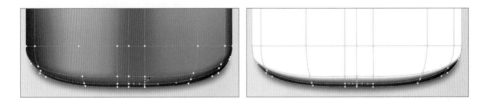

11 09 과정과 동일한 방법으로 메시 포인트 근처의 색상을 지정하면서 텀블러 몸체에 색상을 적용합니다.

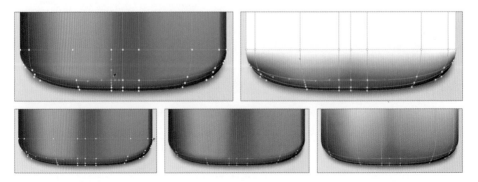

12 텀블러의 중간 부분도 선택한 메시 포인트와 가까운 색상으로 지정합니다.

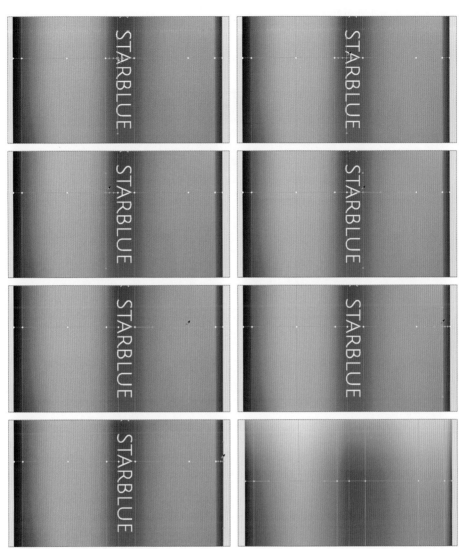

13 텀블러의 목 부분도 색상을 지정하면서 템플릿 이미지와 비슷한 모습이 되도록 합니다.

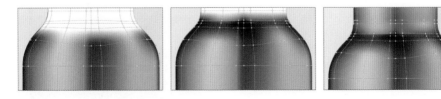

14 뚜껑에 가까운 입구 부분은 다음과 같이 빨간색으로 표시된 포인트를 참고하여 어두운 색상을 지정해 표현합니다.

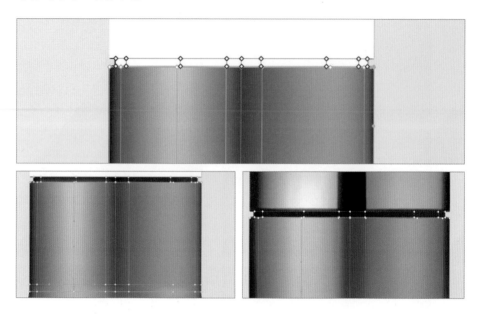

일러스트레이터 실무 강의

15 템플릿 이미지를 보이지 않도록 설정하고 텀블러 몸체의 전체 색상을 완성합니다.

둥근 형태의 메시 오브젝트 만들기

도넛이나 반지 등 둥근 형태의 메시 오브젝트는 원형 모양에서 시작하는 것보다 사각형 모양에서 시작하는 것이 좋습니다. 사각형 모양에서 시작해 둥근 형태로 변환해야 명암을 넣거나 메시 오브젝트를 생성하고 수정하는 데 효과적입니다. 가로, 세로 메시 선이 서로 교차되어 생성되는 메시 오브젝트의 특성을 이해하고 링 형태로 메시 오브젝트를 변환하여 작업해보세요. 이 작업 방법이 익숙해졌다면 실무에서 더 세밀하고 손쉽게 메시 오브젝트를 작업할 수 있습니다.

▫ **사각형 메시 오브젝트의 링 형태**

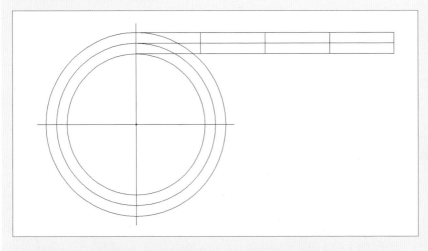
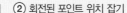
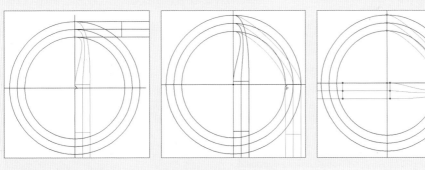

▫ **원 모양과 가로, 세로 선의 가이드를 만든 후 사각형 형태의 메시 오브젝트를 생성하는 방법**

① 회전 도구로 메시 포인트 회전하기　② 회전된 포인트 위치 잡기　③ 나머지 포인트 선택 후 회전하기

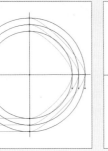
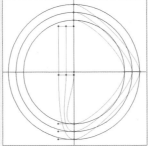
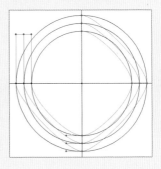

④ 회전된 포인트 위치 잡기　⑤ 나머지 포인트 선택 후 회전하기　⑥ 회전 후 포인트 위치 잡기

⑦ 나머지 포인트 선택 후 회전하고   ⑧ 핸들을 드래그하여 메시 선을 원   ⑨ 완성된 메시 오브젝트
　　위치 잡기   　　모양으로 만들기

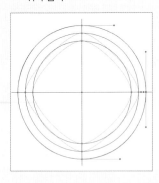 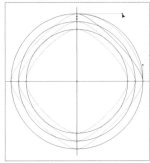 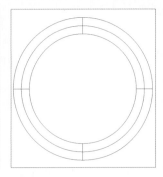

□ **반지 모양의 메시 오브젝트를 생성하는 방법**

① 사각형 메시 오브젝트 회전하기   ② 변환 과정에서 직접 모양 다듬기

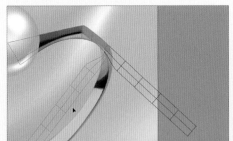 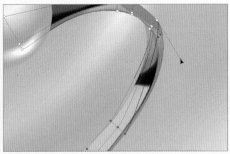

③ 직접 모양 다듬기   ④ 완성된 메시 오브젝트

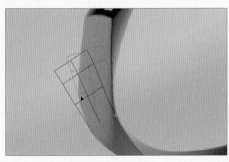 

메시 오브젝트를 만들 때 그레이디언트 오브젝트를 이용하면 손쉽게 메시 오브젝트를 만들 수 있습니다. 색상을 사용할 때도 그레이디언트 오브젝트에 적용된 색상이 그대로 메시 오브젝트에 적용되어 활용도를 높일 수 있고, 메시 오브젝트가 익숙하지 않은 사용자도 자연스러운 색상 흐름의 메시 오브젝트를 만들 수 있습니다. 특히 둥근 형태의 메시 선이 필요할 때 그레이디언트 오브젝트를 활용하면 사각형 형태의 메시 오브젝트를 만들지 않아도 [Expand] 기능으로 둥근 형태의 메시 오브젝트를 만들 수 있습니다.

메뉴바에서 [Object]–[Create Gradient Mesh] 메뉴를 이용하면 다음과 같이
메시 선이 교차되어 만들어집니다. 이러한 메시 선은 둥근 형태의 메시 오브젝트
를 표현하기 힘들고, 색상을 사실적으로 표현할 때 많은 메시 선이 필요하므로
메시 선이 꼬일 수도 있습니다.

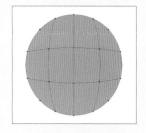

따라서 둥근 형태의 메시 선을 만들 때는 오브젝트에 [Radial Gradient]를 적용한 후 메뉴바에서 [Obejct]–
[Expand] 메뉴를 클릭합니다. [Expand] 대화상자가 나타나면 [Gradient Mesh]에 체크하고 [OK]를 클릭합니다.

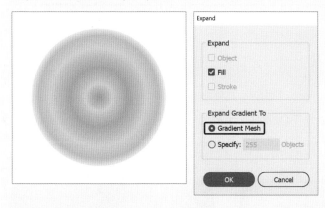

적용 후 오브젝트에 변화가 보이지 않더라도 Ctrl + Y 를 눌러 아웃라인 보기 모드로 전환하면 둥근 메시 선 형태
의 메시 오브젝트가 적용된 것을 확인할 수 있습니다. 메시 오브젝트를 더블클릭하고, 한 번 더 더블클릭하면 클리핑
마스크가 적용되어 가려진 영역을 확인할 수 있습니다. [Gradient Mesh]를 적용한 오브젝트는 클리핑 마스크가 적
용된 후 그룹화되어 있습니다.

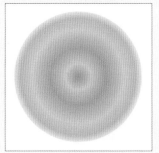
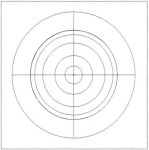
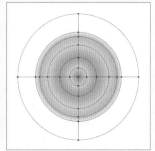

둥근 메시 선 형태로 적용된 메시 오브젝트를 펼치면 사각형 형태의 메시 오브젝트가 됩니다.

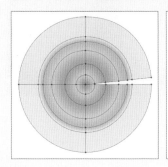
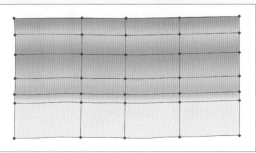

링 형태의 오브젝트에 [Expand] 메뉴를 이용해 [Gradient Mesh]를 적용하면 링 모양이 그대로 보여질 수 있도록
클리핑 마스크가 적용된 것을 확인할 수 있습니다.

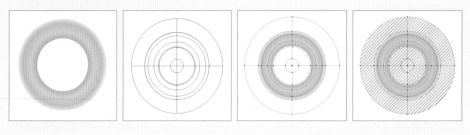

텀블러 뚜껑에 색상 작업하기

01 뚜껑 영역으로 화면을 이동한 후 ① 메시 도구 U ▣를 선택합니다. ② 색상이 변화되는 영
역을 클릭해 메시 선을 추가합니다. ③ 밝은 하이라이트 부분에도 메시 선을 추가합니다.

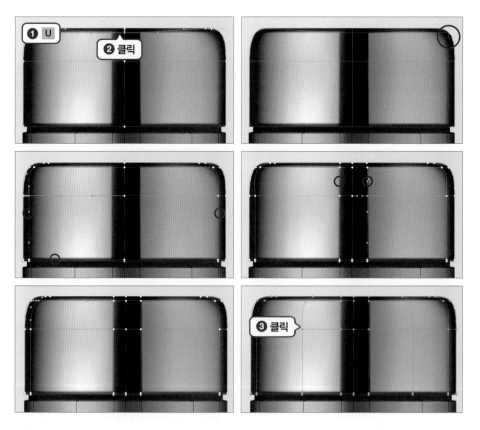

TIP 틀어진 메시 선은 드래그하면서 Shift 를 눌러 정리합니다.

02 ① 직접 선택 도구 A ▷ 를 선택한 후 ② 빨간색으로 표시된 모든 메시 포인트를 가까이 있는 어두운 색상으로 지정합니다. ③ 표시되지 않은 나머지 2개의 메시 포인트는 가까이 있는 밝은 색상으로 지정합니다. ④ [메시오브젝트] 레이어의 눈 ◉ 을 Ctrl 을 누른 채 클릭하여 보기 모드로 전환한 후 중간 과정을 확인해봅니다. 중앙 2개의 포인트 영역을 제외한 나머지 영역이 모두 어둡게 적용된 것을 확인할 수 있습니다.

❶ A

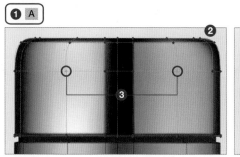
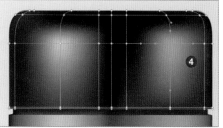

TIP 스포이트 도구를 선택해 가까이 있는 색상을 지정합니다.

03 금속 재질은 색상이 뚜렷하게 변화됩니다. 이를 표현하기 위해 ① 빨간 선과 같이 기존 선에 아주 가깝게 상하좌우로 메시 선을 추가합니다. ② 추가된 메시 포인트의 색상을 가까이 있는 밝은 색상으로 지정합니다. ③ [메시오브젝트] 레이어의 눈 ◉ 을 Ctrl 을 누른 채 클릭하여 보기 모드를 전환한 후 중간 과정을 확인합니다.

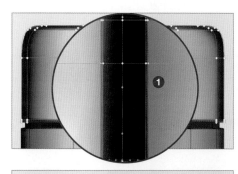
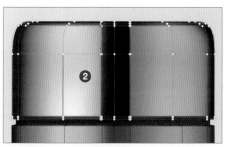
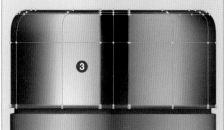

04 부드럽게 색상이 변화되는 영역은 핸들을 이용해 조절합니다. ①메시 포인트를 하나 클릭해 핸들을 표시합니다. ②오른쪽 핸들을 오른쪽으로 드래그하면서 Shift 를 눌러 색상 영역을 더 넓게 수정합니다. ③④⑤⑥다른 메시 포인트도 동일한 방법으로 핸들을 드래그하면서 Shift 를 눌러 색상을 수정합니다.

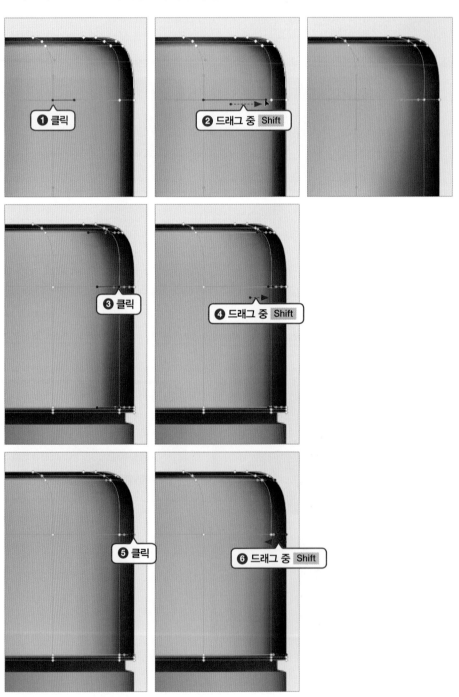

일러스트레이터 실무 강의

메시 선과 포인트 위치에 따른 색상 변화 알아보기

메시 오브섹트는 메시 선이나 포인트의 위치에 따라 색상을 조절할 수 있으며, 메시 포인트를 선택했을 때 표시되는 핸들의 길이에 따라 색상을 효과적으로 변화시킬 수 있습니다. 메시 오브젝트 사용이 익숙해지면 메시 선을 많이 추가하지 않고도 핸들을 이용하여 색상 변화를 줄 수 있습니다. 메시 오브젝트의 메시 선이 많아질수록 용량이 커지므로 필요한 만큼만 추가해야 합니다.

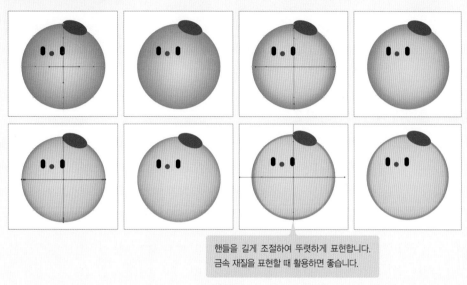

핸들을 길게 조절하여 뚜렷하게 표현합니다.
금속 재질을 표현할 때 활용하면 좋습니다.

05 빨간색으로 표시된 핸들의 길이를 참고하여 색상을 수정합니다.

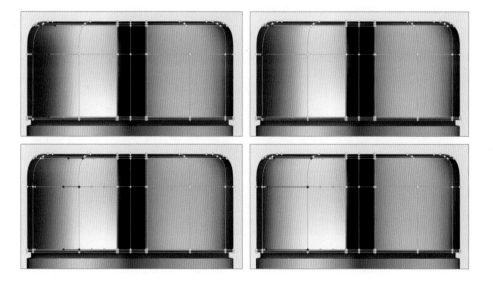

06 전체적인 색상을 확인합니다. 얼룩진 어두운 영역이 있다면 포인트를 클릭하고 주변 어두운 메시 포인트와 동일한 색상으로 지정해 뚜껑 오브젝트를 완성합니다.

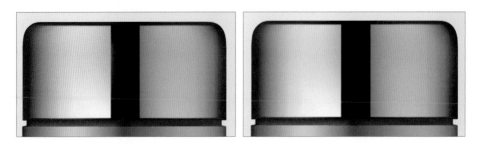

텀블러 몸체에 색상 작업하기 2

메시 오브젝트는 재질에 따라 메시 선의 간격을 달리합니다. 뚜껑은 금속 재질이므로 뚜렷하게 바뀌는 색상 영역에서 메시 선의 간격을 많이 좁혀야 합니다. 반면 텀블러 몸체는 부드럽게 변화하는 색상이므로 선의 간격보다는 핸들의 길이를 조절해 색상 변화를 표현하는 것이 좋습니다.

01 ①색상이 변화되는 중앙 오른쪽에 있는 메시 선의 메시 포인트를 클릭하고 핸들을 짧게 수정해 밝은 톤 영역을 좁힙니다. ②중앙 메시 선의 메시 포인트를 클릭하고 오른쪽 핸들 길이를 길게 수정하여 오른쪽의 어두운 톤 영역을 넓힙니다. ③왼쪽 핸들 길이도 길게 수정하여 왼쪽의 어두운 톤 영역을 넓힙니다.

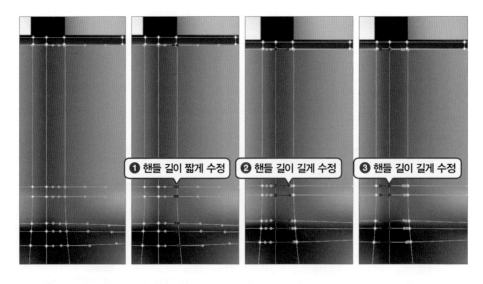

02 ①양끝 가장자리 어두운 영역의 메시 포인트를 클릭합니다. ②핸들을 바로 앞 메시 포인트의 핸들 위치보다 조금 앞으로 위치하도록 길게 수정해 색상 변화를 뚜렷하게 합니다.

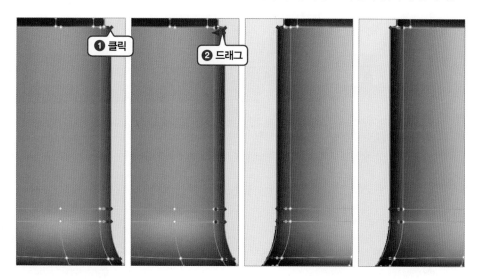

03 텀블러 어깨 부분의 둥근 하이라이트 영역을 표현합니다. ①이미지에 표시된 2개의 빨간색 메시 포인트를 드래그하면서 Shift 를 눌러 위치를 이동합니다. ②위치가 이동되면서 하이라이트의 모양이 변합니다. 같은 수평 라인의 포인트 모양을 낙타의 등 모양처럼 수정한 후 핸들의 길이와 각도를 이용하여 하이라이트 모양을 정리합니다.

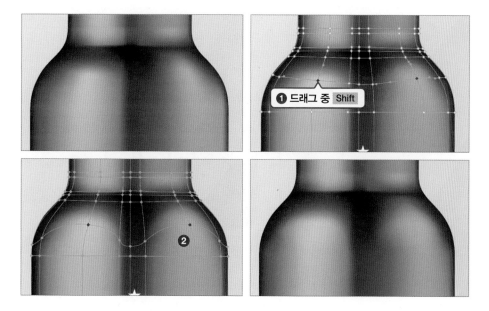

04 ①[Layers] 패널에서 [텀블러로고] 레이어의 눈👁을 클릭하여 로고를 보이게 한 후 ②파일을 저장합니다. ③완성된 메시 오브젝트를 복사하고 메시 선의 변화를 주어 무광 재질의 검정 텀블러와 금속 재질의 텀블러도 표현해봅니다.

메시 도구를 이용하면 일러스트나 글자 등을 메시 오브젝트로 만든 후 다양한 모양으로 자유롭게 변형할 수 있습니다.

▲ 글자 입력 후 메시 오브젝트를 적용하여 변형

▲ 스트라이프 생성 후 메시 오브젝트를 적용하여 변형

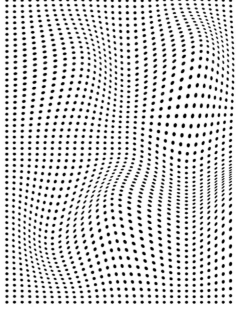

▲ 작은 점들을 동일 간격으로 생성 후 메시 오브젝트를 적용하여 변형

아이덴티티를 제대로
표현하는 로고 디자인

CHAPTER

03

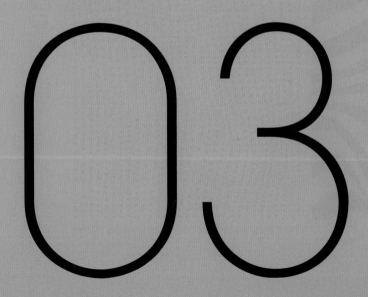

꾸준히 사랑받는 로고는 따로 있습니다.
제대로 된 로고 만드는 방법을 쉽게 배우고
자신만의 다양한 스타일로 활용해보세요!

LESSON 01

패스 글자 도구를 활용해 엠블럼 로고 만들기

패스 글자 도구(Type on a Path Tool)를 활용하면 글자의 방향과 글자가 흐르는 모양을 설정할 수 있어서 텍스트가 로고를 감싸는 엠블럼 로고를 쉽게 만들 수 있습니다. 이와 같은 엠블럼 로고는 텍스트의 방향과 위치를 정확히 설정해야 균형 있고 군더더기 없는 형태로 완성할 수 있습니다. 예제를 실습하며 엠블럼 로고의 특징을 이해해보겠습니다.

PREVIEW

엠블럼 로고 만들기

`Type on a Path Tool`

MARI BREAD
BAKERY CAFE

마리 브레드의 알파벳 M과 식빵 모양을 조합한 심볼이 담긴 엠블럼형 로고 입니다.
전체적으로 깔끔한 선과 폰트로 디자인되어 깨끗한 느낌을 주고, 볼드한 서체를 이용하여 무게감을 줄 수 있는 디자인입니다.

M + ⌒ = ⌒⌒

시그니처 로고 [2TYPE]

심볼형 로고

C 0 / M 7 / Y 21 / K 19 #e5d6bo   C 0 / M 0 / Y 0 / K 100 #1d1d1b

원의 테두리를 따라 글자 입력하기

실습 파일 CHAPTER03\LESSON01\엠블럼형로고디자인.ai
완성 파일 CHAPTER03\LESSON01\엠블럼형로고디자인완성1.ai

패스 글자 도구(Type on a Path Tool)는 패스 선을 따라 텍스트를 입력하는 도구입니다. 패스 글자 도구는 글자 도구(Type Tool)를 길게 누르면 나타나는 추가 메뉴에서 선택할 수 있습니다. 또는 글자 도구를 선택한 상태에서 패스 선을 Alt 를 누른 채 클릭하면 패스 선의 모양대로 텍스트를 입력할 수 있습니다. 원의 테두리를 따라 텍스트가 흐르는 디자인은 고급스럽고 모던한 느낌을 주며, 정보를 돋보이게 보여줄 수 있습니다. 패스 글자 도구를 이용해 둥근 테두리 모양의 텍스트를 만들고 뒤집힌 글자를 수정하는 방법을 이해하면 실무에서 효과적으로 활용할 수 있습니다.

01 ①예제 파일을 불러옵니다. ②선택 도구 V ▶를 선택한 후 ③검은색 원 오브젝트를 클릭합니다. ④스케일 도구 S 🔲를 선택합니다. ⑤원 밖에서 Shift 를 누른 채 안쪽 사선 방향으로 드래그하면서 Alt 를 눌러 축소 복사합니다.

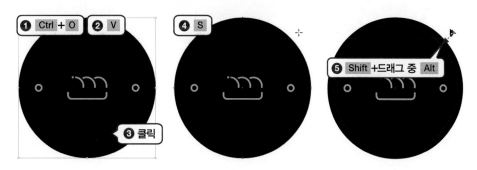

02 ①스포이트 도구 I ✏를 선택한 후 ②중앙에 있는 심벌을 클릭해 동일한 색상으로 지정합니다. ③ Shift + X 를 눌러 면 색과 선 색을 변경한 후 ④선 두께를 **3pt**로 조절합니다.

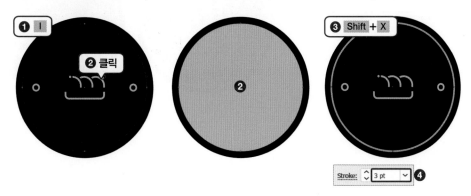

03 ①스케일 도구 S ⌷를 선택한 후 ②같은 방법으로 Shift 를 누른 채 드래그하면서 Alt 를 눌러 글자가 입력될 원을 축소 복사합니다.

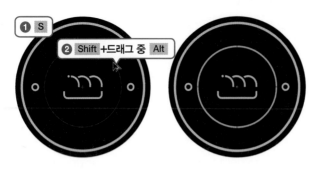

04 ①글자 도구 T T를 선택한 후 ② Alt 를 눌러 패스 글자 도구가 활성화된 상태로 가장 안쪽 원의 상단 포인트를 클릭합니다. ③mari bread를 입력한 후 Esc 를 눌러 글자 입력을 종료합니다.

> **TIP** 원의 상단 포인트에 마우스 포인터를 올리면 마우스 포인터에 입력 커서와 함께 동그란 모양①이 표시됩니다. 이때 Alt 를 누르면 마우스 포인터에 입력 커서와 함께 패스 글자 도구를 의미하는 물결 모양 이 표시됩니다.

05 [Character] 패널을 활용해 ① 글꼴과 ② 크기를 설정하고 ③ 상단 컨트롤 패널의 [Paragraph]에서 가운데 정렬 을 클릭합니다.

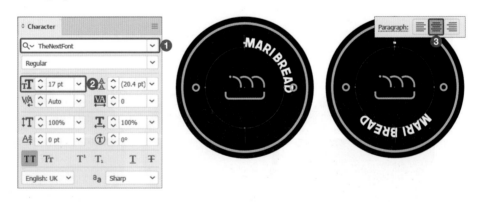

06 ① Alt + → 를 여러 번 눌러 자간을 넓게 조절합니다. ②스포이트 도구 I ✐를 선택한 후 ③중앙에 있는 심벌을 클릭해 심벌과 동일한 색상으로 수정합니다.

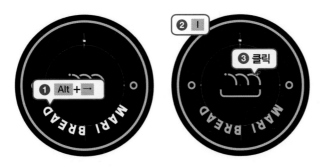

TIP 단축키 Alt + ← , → 를 이용하면 손쉽게 자간을 조절할 수 있습니다. 자간을 더욱 세밀하게 조절하려면 [Character] 패널을 활용합니다.

07 ①둥근 테두리 모양의 글자가 선택된 상태에서 회전 도구 R ↻ 를 선택합니다. ②바깥 영역에서 Shift 를 누른 채 드래그하면서 Alt 를 눌러 180° 회전 복사합니다.

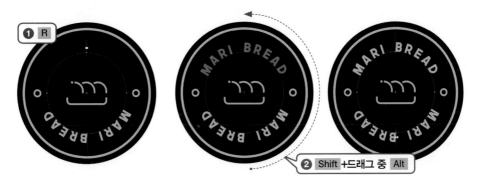

08 ①선택 도구 V ▶ 를 선택한 후 ②아래쪽 글자를 클릭해 선택합니다. ③글자 도구 T T 를 선택한 후 ④ Enter 를 눌러 [Type on a Path Options] 대화상자를 불러옵니다. ⑤ [Flip]에 체크한 후 ⑥[Align to Path]를 [Ascender]로 지정합니다. ⑦[OK]를 클릭해 뒤집힌 글자를 정렬합니다.

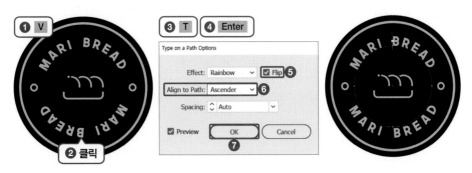

TIP 선택 도구로 아래쪽 글자를 클릭한 후 글자 도구를 더블클릭하는 방법으로도 [Type on a Path Options] 대화상자를 불러올 수 있습니다.

① **Effect** | 입력된 텍스트에 효과를 적용합니다.

② **Flip** | 패스 선을 기준으로 텍스트가 아래로 뒤집혔을 때 사용합니다.

③ **Align to Path** | 패스 선을 기준으로 텍스트의 위치를 정렬합니다.

④ **Spacing** | 급격히 꺾이는 패스 선 위의 텍스트 간격을 조절합니다.

09 살짝 패스 선의 바깥쪽에 배치된 텍스트를 안쪽으로 넣어 정리해보겠습니다. ①선택 도구 V ▶를 선택한 후 ②아래쪽 글자를 클릭하고 ③ Ctrl + T 를 눌러 [Character] 패널을 불러옵니다. ④[Set the baseline shift 🔼]를 조절해 글자가 패스 선에 붙도록 정리합니다.

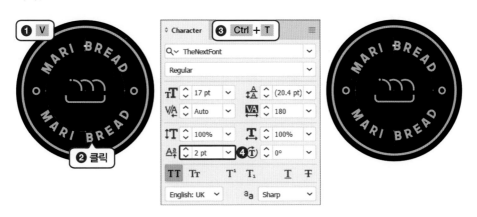

TIP [Set the baseline shift]가 표시되지 않으면 드롭다운 메뉴 ▤에서 [Show Options]를 클릭합니다.

10 ①글자 도구 T T 를 선택한 후 ②아래쪽 글자를 드래그해 선택합니다. ③**BAKERY CAFE**로 수정한 후 Esc 를 눌러 수정을 완료합니다.

11 전체적인 조화를 생각하며 글자의 크기를 조절해보겠습니다. ①선택 도구 V ▶를 선택한 후 ②위쪽과 아래쪽에 있는 둥근 테두리 모양의 글자를 모두 선택합니다. ③ Shift 를 누른 채 바운딩 박스의 모서리를 드래그하여 글자의 크기를 조절한 후 마무리합니다.

지그재그 모양의 테두리 만들기

완성 파일　CHAPTER03\LESSON01\엠블럼형로고디자인완성2.ai

엠블럼 로고의 모양으로는 원형이 가장 많이 사용되며, 원의 형태를 유지하면서도 모양을 강조할 수 있는 지그재그 효과도 많이 활용됩니다. 지그재그 효과는 모서리가 둥근 지그재그 모양과 뾰족한 지그재그 모양 중에 선택할 수 있습니다. 잘 사용하면 단순하지만 독특한 느낌을 연출할 수 있습니다.

01 ①선택 도구 V ▶를 선택한 후 ②제일 아래에 있는 검은색 원 오브젝트를 클릭합니다. ③원의 테두리에 지그재그 효과를 주기 위해 메뉴바에서 [Effect]-[Distort & Transform]-[Zig Zag] 메뉴를 클릭합니다.

02 ①변화되는 모습을 확인하며 조절하기 위해 [Zig Zag] 대화상자의 [Preview]에 체크합니다. ②지그재그의 굴곡 크기인 [Size]를 **0.29mm**로 지정하고 ③지그재그의 개수인 [Ridges per segment]를 **33**으로 지정합니다. ④[Points]-[Smooth]를 선택한 후 ⑤ [OK]를 클릭해 지그재그 효과를 적용합니다. ⑥ Ctrl + S 를 눌러서 원본 파일로 저장해 작업을 마무리합니다.

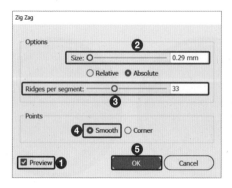

Design
실력 향상

테두리 강조 효과 표현하기

[Zig Zag] 대화상자에서 옵션값을 조절하는 깃만으로도 테두리 강조 효과를 다양하게 표현할 수 있습니다.

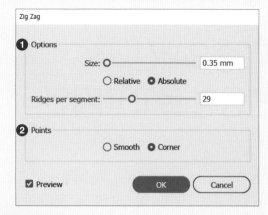

① **Options** | 지그재그 모양의 크기와 개수를 조절합니다.

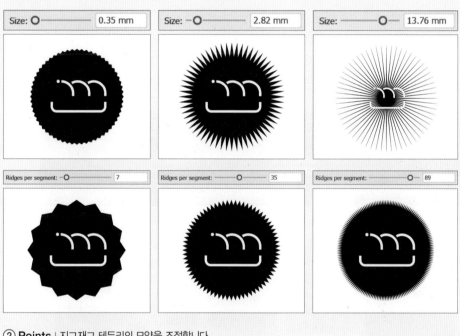

② **Points** | 지그재그 테두리의 모양을 조절합니다.

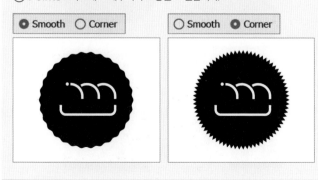

더 중요해진
반응형 로고 디자인

시대가 변화하면서 로고가 사용되는 화면은 PC에서 모바일 디바이스로 점점 작아지고 있습니다. 또한 최근 로고 제작 분야에서는 반응형 로고 디자인이 더욱 중요하게 여겨지며 이미 하나의 디자인 트렌드로 자리잡았습니다. 이제 로고는 다양한 디지털 기기와 인쇄물 등 여러 매체에 유연하게 적용되도록 만들어야 하며, 인쇄물이나 화면의 크기에 관계없이 로고 고유의 느낌을 그대로 전달할 수 있어야 합니다. 특히 로고 제작 시 디테일한 부분까지 표현할 예정이라면 아주 작은 인쇄물이나 파비콘, 디지털 기기의 앱 디자인에는 어떻게 적용할지 미리 고려하는 것이 좋습니다.

▲ 적용 위치에 따라 로고의 크기와 모양이 바뀌는 반응형 로고 디자인

LESSON 02

패턴 브러시를 활용한 빈티지 로고 만들기

로고 제작 시 패스 선을 따라 반복되는 형태의 디자인은 패턴 브러시로 등록해 작업할 수 있습니다. 패턴 브러시를 활용하면 전체적인 균형을 맞추면서 선을 얇게 수정하거나 색을 변경하는 등의 다양한 변화를 시도해볼 수 있습니다. 패턴 브러시는 로고 디자인 외에도 일러스트레이터, 편집 디자인 등 다양한 분야에 사용되고 있어 꼭 배워야 하는 기능이기도 합니다. 로프 오브젝트를 만든 후 패턴 브러시로 등록해 활용하는 방법을 알아보겠습니다.

PREVIEW

빈티지 로고 만들기

Pattern Brush

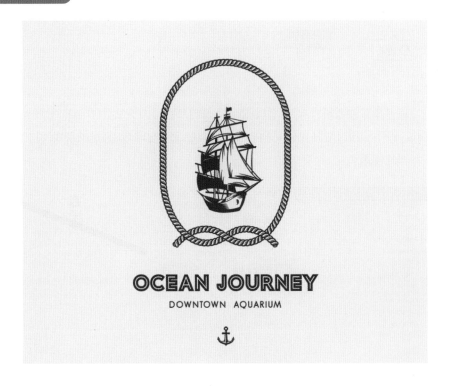

로프 오브젝트 만들기

완성 파일   CHAPTER03\LESSON02\기본로프완성1.ai

일정한 간격으로 동일한 모양이 반복되는 형태의 패턴 브러시를 만들려면 먼저 반복되는 형태의 기준 오브젝트를 제작해야 합니다. 그 다음 이를 반복 복사해 완성한 오브젝트를 패턴으로 등록합니다. 첫 번째 오브젝트를 이동 복사한 후 Ctrl + D 를 누르면 정확히 같은 간격으로 반복해서 복사됩니다. 반복 복사 기능은 일정한 간격을 유지해야 하는 오브젝트 작업에 유용하게 사용되고, 패턴 브러시 작업에도 효과적으로 사용되므로 꼭 알아두도록 합니다.

01 ①임의의 새 아트보드를 불러옵니다. ②선 도구 ₩ ⁄ 를 선택한 후 ③빈 아트보드를 클릭합니다. ④[Line Segment Tool Options] 대화상자가 나타나면 [Length]에 **9.5mm**, [Angle]에 **21°**를 입력합니다. ⑤[OK]를 클릭해 선을 생성합니다.

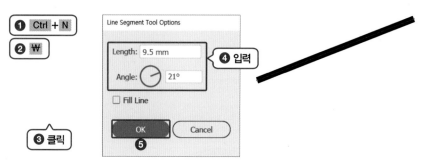

02 선을 곡선으로 수정하기 위해 선의 중앙에 포인트를 추가해보겠습니다. ①메뉴바에서 [Object]-[Path]-[Add Anchor Points] 메뉴를 클릭합니다. ②선의 중앙 지점에 포인트가 추가됩니다.

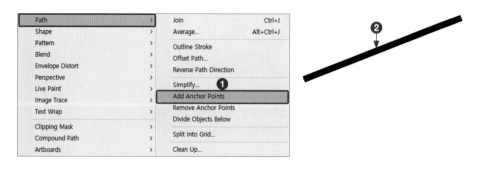

03 ①기준점 변환 도구 Shift + C ▷를 선택한 후 ②중앙에 추가된 포인트를 위로 드래그하여 곡선으로 수정합니다.

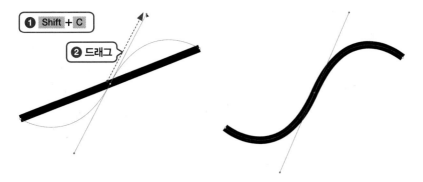

TIP 수정한 모양이 마음에 들지 않는다면 다시 포인트를 드래그해 재수정합니다.

04 로프의 질감을 표현해보겠습니다. ①선택 도구 V ▶를 선택한 후 ②곡선 오브젝트를 Alt 를 누른 채 오른쪽으로 드래그하여 이동 복사합니다. ③펜 도구 P ✎를 선택한 후 ④로프의 결을 표현하는 곡선을 그립니다.

05 ①선택 도구 V ▶를 선택한 후 ②그린 곡선을 클릭합니다. ③상단 컨트롤 패널의 [Variable Width Profile]을 클릭한 후 ④한쪽 끝이 뾰족한 모양의 선으로 표현되는 [Width Profile 4]를 클릭합니다.

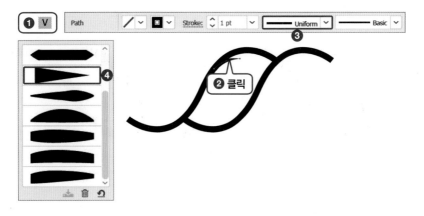

TIP 로프의 결을 표현한 곡선은 더 길고 두껍게 그릴수록 뚜렷하게 보입니다. 작업 시 곡선을 조금 더 길고 두껍게 적용해보세요.

06 ①로프의 결을 표현한 곡선을 Alt 를 누른 채 드래그하여 아래쪽에 복사합니다. ②도구 바에서 블렌드 도구🖉를 더블클릭합니다. ③[Blend Options] 대화상자가 나타나면 [Spacing]을 [Specified Steps]로 지정하고 값에는 **4**를 입력한 후 ④[OK]를 클릭합니다. ⑤로프의 결을 표현한 2개의 곡선을 모두 선택한 후 ⑥단축키 Ctrl + Alt + B 를 눌러 블렌드 오브젝트를 만듭니다.

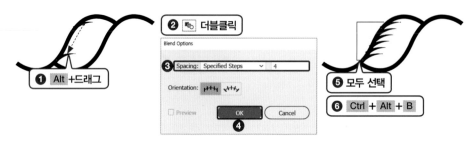

07 ①로프를 표현한 큰 곡선 2개를 모두 선택한 후 ②[Stroke] 패널의 [Weight]를 **1.4pt**로 지정해 선을 조금 두껍게 수정합니다. ③직접 선택 도구 A 🖎를 선택한 후 ④블렌드 오브젝트인 선의 모양을 다듬습니다. ⑤다음 과정을 위해 오른쪽의 곡선은 삭제합니다.

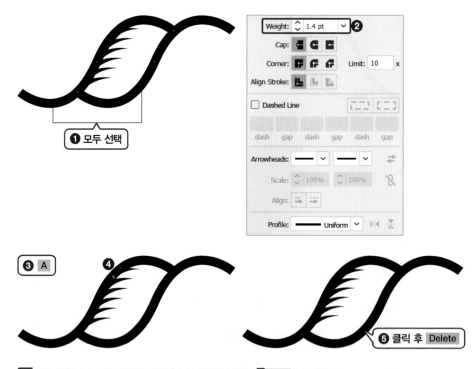

TIP 선의 두께를 0.1pt씩 조절하려면 Ctrl 을 누른 채 위아래 화살표⛛ 1.1 pt ⌄를 클릭합니다.

08 블렌드 오브젝트를 각각의 오브젝트로 만들어보겠습니다. ①블렌드 오브젝트를 클릭하고 ②메뉴바에서 [Object]-[Expand Appearance] 메뉴를 클릭합니다. ③이어서 [Object]-[Expand] 메뉴를 클릭합니다. ④[Expand] 대화상자가 나타나면 [OK]를 클릭해 모양을 확장합니다.

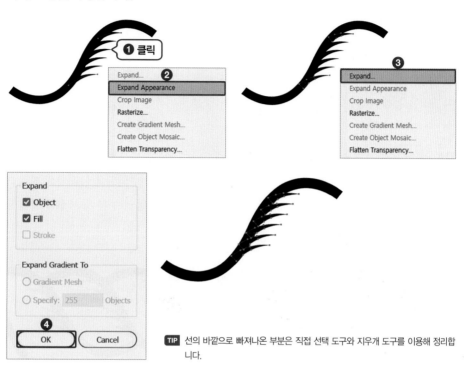

TIP 선의 바깥으로 빠져나온 부분은 직접 선택 도구와 지우개 도구를 이용해 정리합니다.

09 반복되는 형태의 로프 오브젝트를 만들어보겠습니다. ①선택 도구 V ▶ 를 선택하고 ② 로프를 표현한 곡선 오브젝트와 로프의 결을 표현한 곡선 오브젝트를 모두 선택합니다. ③ Alt 를 누른 채 오른쪽으로 드래그하면서 Shift 를 눌러 수평 방향으로 이동 복사합니다. ④이어서 Ctrl + D 를 여러 번 눌러 반복 복사하여 긴 로프 모양이 되도록 합니다.

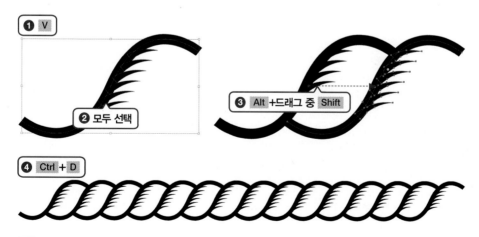

TIP Ctrl + D 는 앞서 적용한 동작을 반복하는 [Object]-[Transform]-[Transform Again] 메뉴의 단축키입니다.

펜 도구로 로프 오브젝트 완성하기

완성 파일   CHAPTER03\LESSON02\기본로프완성2.ai

모양이 반복되는 패턴 브러시는 선이 시작되는 지점과 끝나는 지점의 모양을 직접 만들어 적용할 수 있습니다. 양끝의 모양을 만든 후 전체 오브젝트를 정리하는 것까지 실습해보겠습니다. 이 과정을 통해 패턴 브러시 등록 시 오브젝트 모양을 정리하는 방법을 이해할 수 있습니다.

01 ①로프 오브젝트의 오른쪽 끝부분을 확대합니다. ②펜 도구 P ✏ 를 선택한 후 ③로프가 끝나는 지점의 포인트를 클릭하고 ④이 지점과 직각이 되도록 아래쪽의 다음 지점을 클릭합니다. ⑤마지막 포인트가 곡선과 교차되도록 Shift 를 누른 채 곡선을 클릭합니다.

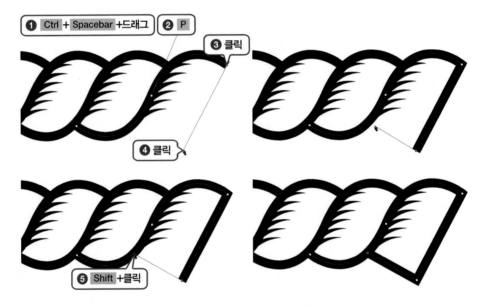

TIP 이미 그려진 패스 선과 교차되는 패스 선을 그려야 할 때 마우스 포인터에 기준점 추가 모양 ✚✏ 이 표시되면서 선은 그려지지 않고 포인트만 추가되기도 합니다. 이때 Shift 를 누른 채 클릭하면 그려진 패스 선과 상관 없이 패스 선이 교차되도록 그릴 수 있습니다.

02 ①직접 선택 도구 A ▷를 선택한 후 ②아래쪽에 있는 직각 모서리의 포인트를 클릭합니다. ③모서리 근처에 [Live Corners Widget]이 표시되면 위쪽으로 살짝 드래그해 둥근 모양으로 수정합니다. ④⑤위쪽에 있는 모서리의 포인트도 [Live Corners Widget]을 이용해 모양을 둥글게 수정합니다.

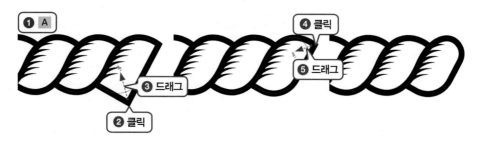

03 ①같은 방법으로 펜 도구 P ✏를 이용해 ②로프가 끝나는 지점의 모양을 한 번 더 그립니다. ③[Live Corners Widget]을 이용해 모양을 둥글게 수정합니다.

TIP 여러 포인트를 선택한 상태에서 [Live Corners Widget]을 드래그하면 포인트들이 한꺼번에 수정됩니다.

04 로프의 왼쪽 끝부분도 모양을 만들어보겠습니다. ①오른쪽 끝부분을 모두 선택합니다. ②반전 도구 O ▷|◁를 선택한 후 ③로프의 중앙 부분을 Alt 를 누른 채 클릭합니다.

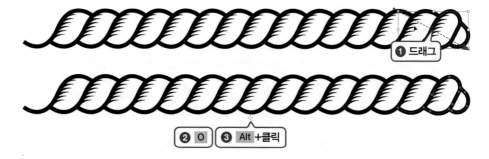

05 ①[Reflect] 대화상자에서 [Vertical]을 선택한 후 ②[Copy]를 클릭합니다. ③이어서 Enter 를 눌러 [Reflect] 대화상자를 다시 불러오고 ④[Horizontal]을 선택한 후 ⑤[OK] 를 클릭합니다.

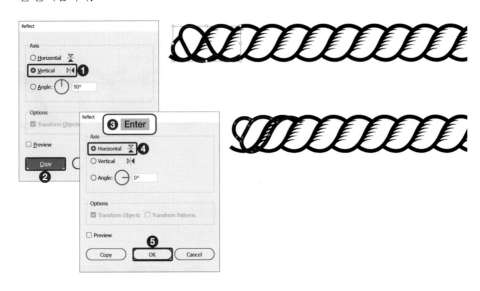

일러스트레이터 실무 강의

06 ①세밀하게 수정하기 위해 Ctrl + Spacebar 를 누른 채 드래그하여 화면을 확대합니다. ②대칭 복사된 오브젝트의 위치를 로프 모양에 맞춰 이동해 수정합니다. ③동일한 모양 이 2개 겹쳐진 곡선 오브젝트는 하나를 클릭해 삭제합니다.

07 ①선택 도구 V ▶를 선택한 후 ②로프의 결을 표현한 오브젝트를 클릭합니다. ③ Alt 를 누른 채 왼쪽으로 드래그하여 이동 복사합니다. ④지우개 도구 Shift + E ◆를 선택 한 후 ⑤로프의 바깥쪽으로 튀어나온 부분을 지워 모양을 정리합니다.

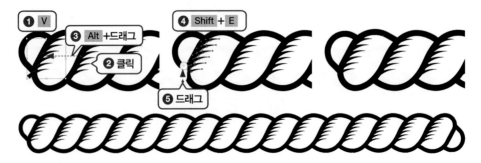

TIP 모양이 끊긴 부분은 직접 선택 도구를 선택한 후 드래그해 수정합니다.

08 ①완성된 로프 오브젝트를 모두 선택한 후 ② Ctrl + G 를 눌러 그룹화합니다. ③면 오브젝트로 모양을 확장하기 위해 메뉴바에서 [Object]–[Expand] 메뉴를 클릭합니다. ④ [Expand] 대화상자가 나타나면 [OK]를 클릭합니다.

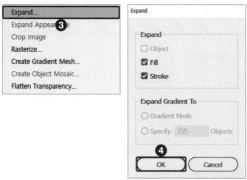

09 ①[Pathfinder] 패널에서 [Merge █]를 클릭해 오브젝트를 합칩니다. ②오브젝트를 더블클릭해 격리 모드로 전환합니다. 로프를 표현한 검은색 선의 안쪽 면을 흰색으로 지정해보겠습니다. ③마술봉 도구 Y 🪄를 선택한 후 ④로프를 클릭해 오브젝트의 검은색 부분을 모두 선택합니다.

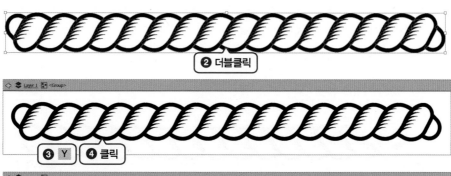

❷ 더블클릭

❸ Y ❹ 클릭

10 ①오브젝트의 선택되지 않은 부분만 선택되도록 메뉴바에서 [Select]−[Inverse] 메뉴를 클릭해 선택을 반전합니다. ②안쪽 면이 선택된 상태에서 면 색을 **#FFFFFF**로 지정합니다. ③아트보드의 빈 공간을 더블클릭해 일반 모드로 전환합니다.

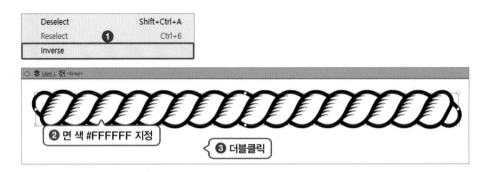

디자인 실무 실습 핵심 기능 | Clipping Mask, Pattern Brush

로프 오브젝트를 패턴 브러시로 등록하기

완성 파일 CHAPTER03\LESSON02\기본로프완성3.ai

패턴 브러시를 등록하려면 [Brushes] 패널과 [Swatches] 패널을 사용합니다. 선을 따라 이어지는 모양의 패턴 오브젝트는 [Brushes] 패널에서 등록하고, 선의 시작 지점과 끝 지점의 오브젝트는 [Swatches] 패널에서 등록합니다. 이렇게 등록된 오브젝트는 브러시로 등록해 사용할 수 있습니다. 예제를 통해 패턴 브러시 등록 방법을 이해하고 필요할 때 손쉽게 불러오는 방법도 알아보겠습니다.

01 ① Ctrl + R 을 눌러 줄자를 표시합니다. ② Ctrl + U 를 눌러 스마트 가이드를 활성화한 후 ③④다음과 같이 윗부분의 움푹 들어간 부분에 맞춰 가이드 선을 생성합니다. ⑤ Ctrl + R 을 눌러 줄자를 숨깁니다.

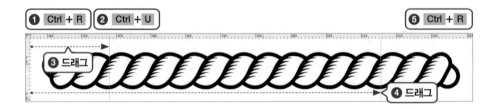

02 ①사각형 도구 M □를 선택한 후 ②가이드 선을 기준으로 로프가 가려지는 검은색 사각형을 생성합니다. ③가이드 선을 지우기 위해 메뉴바에서 [View]-[Guides]-[Clear Guides] 메뉴를 클릭합니다.

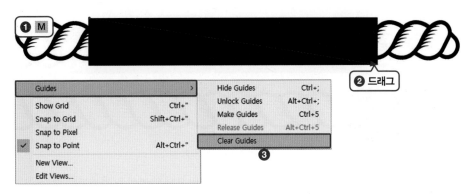

03 ①선택 도구 V ▶를 선택한 후 ②로프 오브젝트와 사각형을 모두 선택합니다. ③ Alt 를 누른 채 아래쪽으로 드래그해 이동 복사합니다. ④ Ctrl + D 를 눌러 반복 복사하여 총 3개의 동일한 오브젝트를 준비합니다.

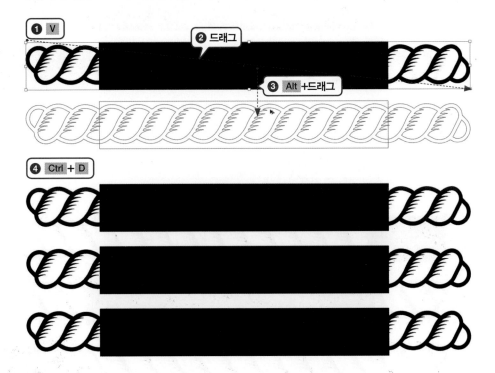

04 ①첫 번째 로프 오브젝트의 사각형을 클릭한 후 ②바운딩 박스가 표시되면 오른쪽 중앙 포인터에 마우스 포인터를 올립니다. ③양방향 화살표가 표시되면 왼쪽으로 드래그해 왼쪽 영역이 가려지도록 수정합니다.

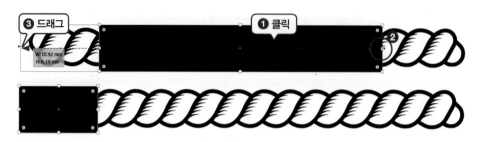

05 같은 방법으로 세 번째 로프 오브젝트의 사각형은 오른쪽 영역을 가리도록 수정합니다.

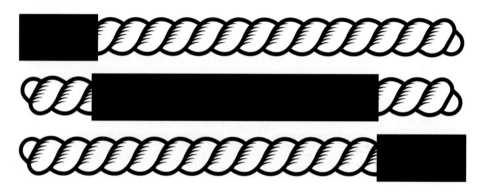

일러스트레이터 실무 강의

06 ①첫 번째 로프 오브젝트와 사각형을 함께 선택한 후 ② Ctrl + 7 을 눌러 클리핑 마스크 기능을 적용합니다. ③④같은 방법으로 두 번째, 세 번째 로프 오브젝트와 사각형에도 각각 클리핑 마스크 기능을 적용합니다.

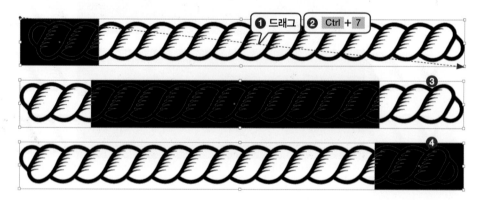

07 ①왼쪽의 클리핑 마스크가 적용된 오브젝트를 클릭한 후 ②[Pathfinder] 패널에서 [Merge ▣]를 클릭해 합칩니다. ③클리핑 마스크가 적용된 나머지 2개의 오브젝트도 각각 선택한 후 [Merge ▣]를 클릭해 합칩니다.

TIP 패턴 브러시를 등록할 때 반복되는 모양을 만들기 위해 클리핑 마스크를 적용했다면 반드시 [Merge]를 적용해 보이지 않는 영역을 정리해야 합니다. 클리핑 마스크가 적용된 오브젝트를 패턴 브러시로 등록하면 보이지 않는 영역까지 브러시로 등록되어서 브러시에도 여백이 생깁니다.

08 ①왼쪽 끝부분의 로프를 클릭한 후 ②[Swatches] 패널로 드래그해 패턴으로 등록합니다. ③오른쪽 끝부분의 로프를 클릭한 후 ④[Swatches] 패널로 드래그해 패턴으로 등록합니다.

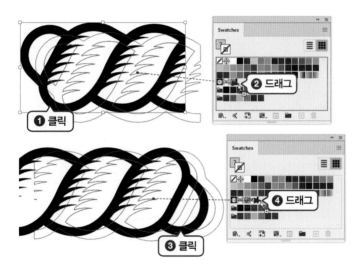

09 ①가운데 부분의 로프를 클릭한 후 ②[Brushes] 패널에서 [New Brush⊡]를 클릭합니다. ③[New Brush] 대화상자가 나타나면 [Pattern Brush]를 선택하고 ④[OK]를 클릭합니다.

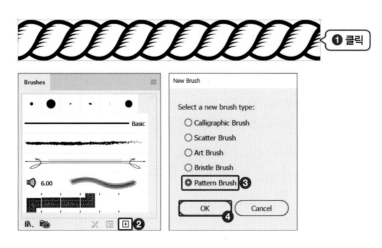

10 [Pattern Brush Options] 대화상자가 나타나면 패스 선의 양끝 모양을 지정할 수 있습니다. ①먼저 [Start Tile]에 앞서 등록한 왼쪽 로프 패턴을 선택합니다. ②[End Tile]에 오른쪽 로프 패턴을 선택합니다.

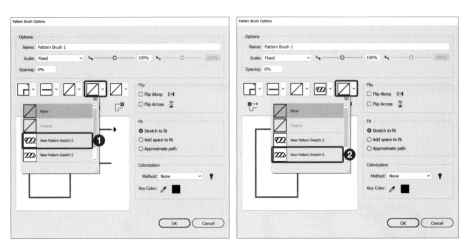

일러스트레이터 실무 강의

11 ①선 색을 바꾸면 패턴 브러시 색도 바뀌도록 [Method]를 [Tints]로 지정합니다. ②[OK]를 클릭해 브러시 등록을 완료하고 ③[Brushes] 패널에 추가된 로프 패턴 브러시를 확인합니다.

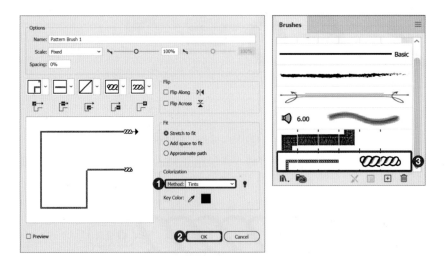

12 [Brushes] 패널에서 등록한 브러시를 다른 파일에서도 자유롭게 사용할 수 있도록 저장할 수 있습니다. ①먼저 등록한 브러시를 클릭한 후 ②드롭다운 메뉴▤에서 [Save Brush Library]를 클릭합니다. ③[Save Brushes as Library] 대화상자가 나타나면 [파일 이름]에 **로프브러시**를 입력하고 ④[저장]을 클릭해 브러시를 저장합니다.

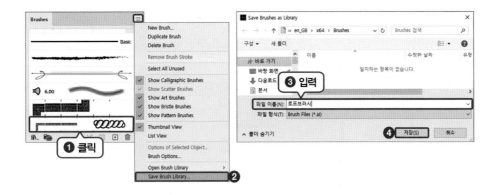

디자인 실무 실습 ┃ 핵심 기능 ┃ Expand Appearance, Pattern Brush

패턴 브러시 적용하여 로고 완성하기

실습 파일 CHAPTER03\LESSON02\로프빈티지로고.ai
완성 파일 CHAPTER03\LESSON02\로프빈티지로고완성.ai

패턴 브러시를 이용해 로고를 만들 때는 패턴 브러시를 적용한 오브젝트에 반드시 [Expand Appearance]를 적용해야 합니다. 실무에서는 로고의 원본 파일을 전달할 때 [Expand Appearance]를 적용한 후 전달해야 오류 발생을 예방할 수 있습니다.

01 ①예제 파일을 불러옵니다. ②[Brushes] 패널에서 [Brush Libraries Menu 📖]를 클릭한 후 ③[User Defined]–[로프브러시]를 클릭합니다. ④선택 도구 V ▶를 선택한 후 ⑤중앙에 있는 타원 모양의 패스 선을 클릭합니다. ⑥[Brushes] 패널에서 불러온 [로프브러시]를 클릭해 브러시를 적용합니다. ⑦패스 선의 두께를 조절하면 로프 오브젝트의 두께가 조절됩니다.

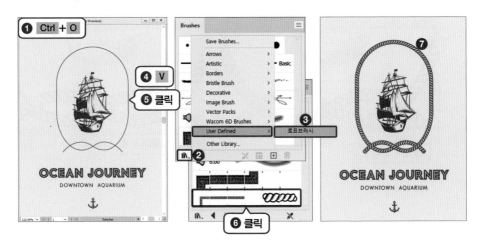

02 ①로프 오브젝트를 클릭한 후 ②메뉴바에서 [Object]-[Expand Appearance] 메뉴를 클릭합니다. ③로프 브러시가 적용된 모양으로 확장됩니다.

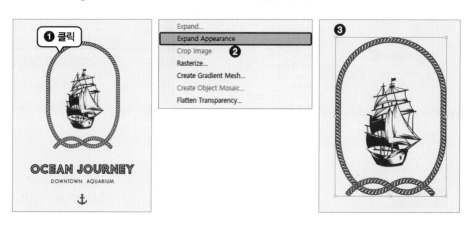

03 ①로프 오브젝트를 더블클릭해 격리 모드로 전환합니다. ②로프가 꼬인 모양을 생각하며 오른쪽 하단에 있는 로프의 끝부분 오브젝트 2개를 모두 선택합니다. ③ Ctrl + Shift +] 를 눌러 오브젝트를 맨 위로 배치합니다.

04 ①왼쪽에 있는 로프의 끝부분 오브젝트 2개를 모두 선택한 후 ② Ctrl + Shift + [를 눌러 맨 아래로 배치합니다.

05 ①빈 아트보드를 더블클릭해 일반 모드로 전환한 후 ② `Ctrl` + `0` 을 눌러 완성된 로고를
확인합니다.

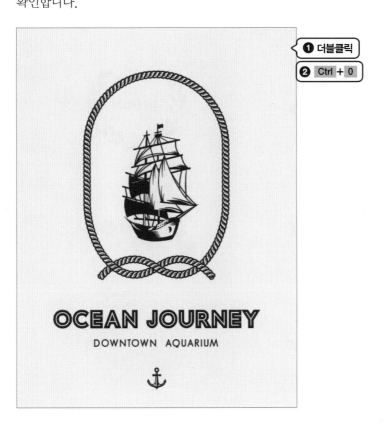

❶ 더블클릭

❷ `Ctrl` + `0`

패턴 브러시만으로도 다양한 로고를 디자인할 수 있습니다.

LESSON 03

입체감이 느껴지는 기하학 도형 로고 만들기

입체 도형이 삽입된 로고는 주변에서 쉽게 찾아볼 수 있습니다. 이러한 입체 로고는 도형이 얼마나 정확히 표현되었는지에 따라 퀄리티가 결정됩니다. 예제를 통해 누구나 쉽게 할 수 있는 방법으로 자연스럽고 정확한 형태의 입체 로고를 만들어보겠습니다.

PREVIEW ─────────────────────────

기하학 도형 로고 만들기

Shape Builder Tool

링 형태의 입체 로고 만들기

실습 파일 CHAPTER03\LESSON03\링입체로고.ai
완성 파일 CHAPTER03\LESSON03\링입체로고완성.ai

목걸이나 체인과 같이 링 형태가 서로 연결된 모양은 원형 도구(Ellipse Tool)와 도형 구성 도구(Shape Builder Toool)를 이용하여 손쉽게 만들 수 있습니다.

01 ①예제 파일을 불러옵니다. ②원형 도구 **L** ◉를 선택한 후 ③아트보드를 클릭합니다. ④[Ellipse] 대화상자가 나타나면 [Width]와 [Height]에 **86mm**를 입력해 지름이 86mm인 정원을 생성한 후 ⑤같은 방법으로 지름이 **56mm**인 정원을 생성합니다.

　면 색 **없음** | 선 색 **#236481**, [Stroke] **10pt**

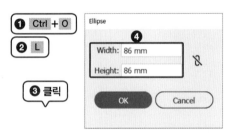
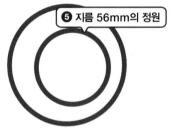

02 ①선택 도구 **V** ▶를 선택한 후 ②모든 오브젝트를 선택합니다. ③큰 원을 한 번 더 클릭해 정렬 기준인 Key Object로 지정합니다. ④[Align] 패널에서 [Horizontal Align Center ▣]와 ⑤[Vertical Align Center ▥]를 클릭해 원의 중심점이 일치하도록 정렬합니다. ⑥모든 원이 선택된 상태에서 [Pathfinder] 패널의 [Minus Front ▣]를 클릭합니다.

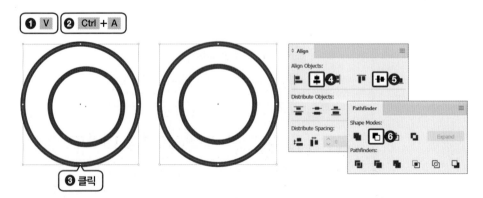

03 ①오브젝트가 선택된 상태에서 Alt 를 누른 채 오른쪽으로 드래그하면서 Shift 를 눌러 수평 이동 복사합니다. ② Ctrl + D 를 눌러 반복 복사하여 총 3개의 링 오브젝트를 만듭니다.

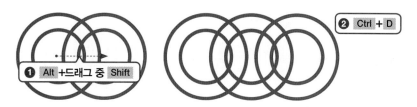

04 ①오브젝트를 모두 선택한 후②도형 구성 도구 Shift + M 를 선택합니다. ③도형 구성 도구가 적용될 면을 구분하기 위해 면 색을 **#C9C9C9**로 지정한 후④겹치는 면을 드래그해 하나로 합칩니다. ⑤같은 방법으로 오른쪽의 면도 드래그해 합칩니다.

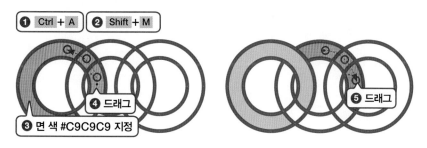

05 순서대로 모든 링이 연결되도록①②남은 면을 드래그해 합칩니다. 링이 서로 연결된 모양으로 수정됩니다.

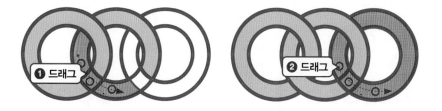

06 ①선택 도구 V 를 선택한 후②연결된 링 오브젝트를 모두 선택합니다. ③메뉴바에서 [Object]-[Expand] 메뉴를 클릭한 후④[Expand] 대화상자에서 [OK]를 클릭해 선 오브젝트가 면 오브젝트가 되도록 모양을 확장합니다.

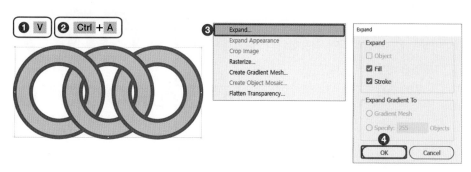

07 ① 모든 오브젝트를 선택한 후 ② [Pathfinder] 패널의 [Merge █]를 클릭합니다. 동일한
색이 적용된 면들을 합칠 수 있습니다.

08 ① Ctrl + Shift 를 누른 채 회색 면만 모두 클릭해 선택을 해제합니다. ② Delete 를 눌러
회색 면을 제외한 모든 면을 삭제합니다.

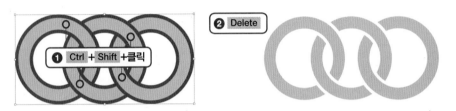

일러스트레이터 실무 강의

09 ① Ctrl + Alt + 3 을 눌러 숨겨진 오브젝트를 표시합니다. ② 모든 오브젝트를 선택하고
③ 바깥쪽의 테두리를 한 번 더 클릭해 정렬 기준인 Key Object로 지정합니다. ④ [Align]
패널에서 [Horizontal Align Center █]를 클릭한 후 전체적인 균형을 살펴보며 오브젝
트의 위치를 정리합니다.

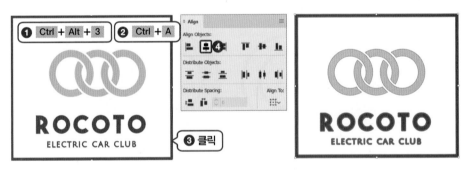

10 ① 빈 바탕을 클릭해 선택을 해제한 후 ② 링 오
브젝트를 클릭합니다. ③ 스포이트 도구 █
를 선택한 후 ④ 하단 텍스트를 클릭해 링 오브
젝트에도 동일한 색을 적용합니다. 로고가 완성
되었습니다.

셔터 모양 로고 만들기

완성 파일　CHAPTER03\LESSON03\셔터로고완성.ai

일정한 간격과 각도로 회전되어 면이 나뉘는 셔터 모양 로고는 회전 도구(Rotate Tool)를 이용해 정확하고 손쉽게 만들 수 있습니다. 회전 도구로 회전 기준점을 지정한 후 원하는 개수로 회전 복사하는 방법을 알아보겠습니다. 회전된 오브젝트를 도형 구성 도구(Shape Builder Tool)로 면을 정리하면 군더더기 없이 깔끔한 로고를 제작할 수 있습니다.

01 ① 새 아트보드를 열고 ② 원형 도구 L ⊙ 를 선택한 후 ③ Shift 를 누른 채 드래그하여 정원을 그립니다. ④ 선 도구 W ⁄ 를 선택한 후 ⑤ 원의 중심에서 살짝 아래인 지점에 Shift 를 누른 채 드래그하여 수평선을 그립니다.

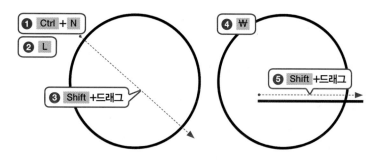

02 ① Ctrl + U 를 눌러 스마트 가이드를 활성화합니다. ② 선택 도구 V ▶ 를 선택한 후 ③ 선을 클릭합니다. ④ 회전 도구 R ↻ 를 선택한 후 ⑤ 원의 중심을 Alt 를 누른 채 클릭합니다. ⑥ [Rotate] 대화상자가 나타나면 [Angle]에 **60°**를 입력한 후 ⑦ [Copy]를 클릭해 회전 복사합니다. ⑧ Ctrl + D 를 네 번 눌러 반복 복사합니다.

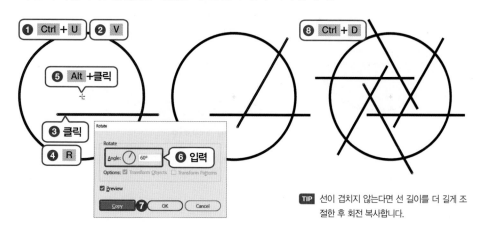

TIP 선이 겹치지 않는다면 선 길이를 더 길게 조절한 후 회전 복사합니다.

03 ①오브젝트를 모두 선택한 후 ②도형 구성 도구 `Shift` + `M` `⬚`를 선택합니다. ③면 색을 #FF9900으로 지정한 후 ④셔터 모양을 생각하면서 순서대로 영역을 클릭해 면을 만듭니다.

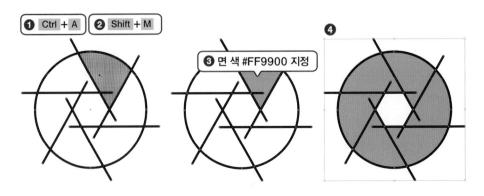

04 ①선택 도구 `V` `▶`를 선택한 후 ②모든 오브젝트를 선택합니다. ③ `Ctrl` + `Shift` 를 누른 채 노란색 면만 클릭해 선택을 해제합니다. ④ `Delete` 를 눌러 필요 없는 오브젝트를 삭제합니다. ⑤선 두께와 색을 수정하고 텍스트를 입력해 완성합니다.

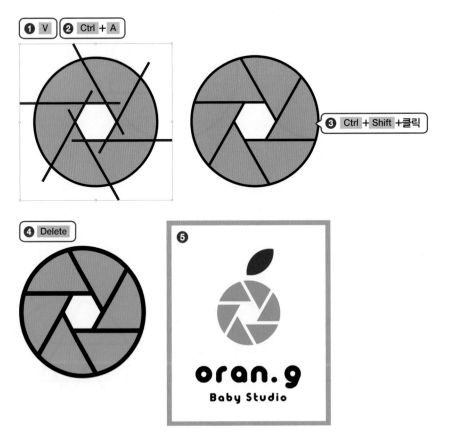

펜로즈 삼각형 모양 로고 만들기

완성 파일　CHAPTER03\LESSON03\펜로즈삼각형완성.ai

기하학 도형인 펜로즈 삼각형은 3차원 공간에서 실제로 구현할 수 없지만, 2차원 평면에서는 착시를 이용해 구현할 수 있습니다. 펜로즈 삼각형을 만들며 면을 나누는 방법을 이해하고 나면 실무에서 다양하게 활용할 수 있습니다. 예제를 통해 쉽고 정확한 모양으로 펜로즈 삼각형을 만드는 방법을 알아보겠습니다.

01 ①새 아트보드를 열고 ②선 도구 W ▱ 를 선택한 후 ③ Shift 를 누른 채 드래그하여 직선을 생성합니다. ④선택 도구 V ▸ 를 선택한 후 ⑤ Alt 를 누른 채 위쪽으로 드래그하면서 Shift 를 눌러 수직 이동 복사합니다. ⑥ Ctrl + D 를 눌러 반복 복사하여 총 3개의 직선을 만듭니다.

02 ①단축키 Ctrl + R 을 눌러 줄자를 표시한 후 ②직선의 중앙으로 드래그하여 가이드 선을 생성합니다. ③3개의 선을 모두 선택한 후 ④회전 도구 R ▱ 를 선택합니다. ⑤ Alt 를 누른 채 회전 시 겹칠 부분을 생각하며 선 위쪽 부분의 가이드 선을 클릭합니다. ⑥ [Rotate] 대화상자가 나타나면 [Angle]에 **120°**를 입력한 후 ⑦[Copy]를 클릭해 회전 복사합니다. ⑧ Ctrl + D 를 눌러 반복 복사합니다.

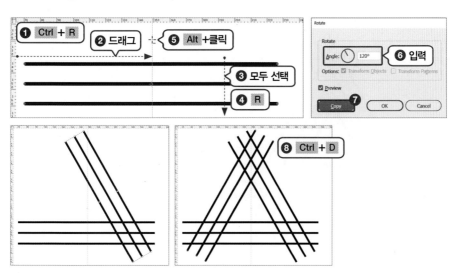

03 ①선택 도구 V ▶를 선택한 후 ②아트보드를 클릭해 선택을 해제합니다. ③ Ctrl + ; 를 눌러 가이드 선을 숨깁니다. ④선 도구 ₩ ✎를 선택합니다. ⑤바깥쪽 세 부분에 선을 추가로 그린 후 ⑥ Ctrl + A 를 눌러 오브젝트를 모두 선택합니다.

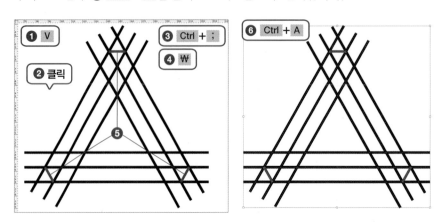

> **TIP** Ctrl + ; 은 [View]-[Guides]-[Hide Guides] 메뉴의 단축키입니다. 필요 없는 가이드 선은 숨겨두는 것이 좋습니다.

04 ①도형 구성 도구 Shift + M ◔를 선택합니다. ②도형 구성 도구가 적용될 면을 구분하기 위해 면 색을 **#CCCCCC**로 지정한 후 ③④⑤순서대로 드래그해 면을 생성합니다.

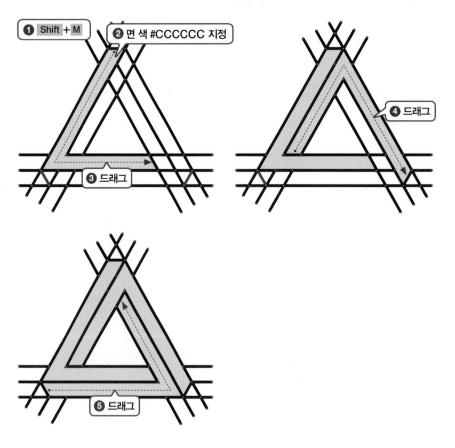

05 ① 직접 선택 도구 A ▷를 선택한 후 ② 오브젝트를 모두 선택합니다. ③ Shift 를 누른 채 회색 면만 클릭해 선택을 해제합니다. ④ Delete 를 눌러 불필요한 오브젝트를 모두 삭제합니다. ⑤ 선이 급격히 꺾이면서 뾰족하게 튀어나온 모서리 부분을 정리하기 위해 메뉴바에서 [Object]-[Expand] 메뉴를 클릭합니다.

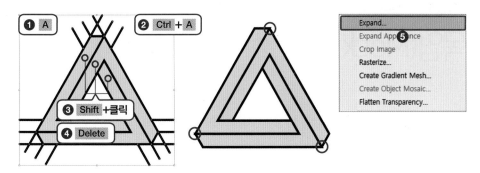

06 ① 도형 구성 도구 Shift + M ⊕를 선택한 후 ② Alt 를 누른 채 불필요한 부분을 클릭하여 삭제합니다.

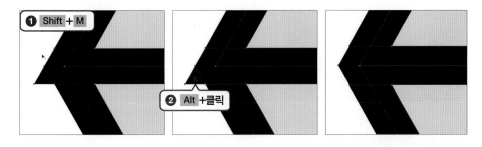

07 ① [Pathfinder] 패널에서 [Merge ▣]를 클릭해 동일한 색상이 적용된 면들을 합칩니다. ② 텍스트를 입력하거나 색을 변경해 완성합니다.

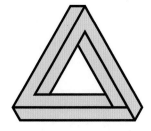

ARTIUM
DESIGN MUSIUM

매력적으로 연출하는 목업(Mockup)

목업(Mockup)은 제작된 로고를 다양한 곳에 적용된 것처럼 합성해 실제로는 어떤 느낌일지 미리 확인하기 위해 제작합니다. 또한 포트폴리오를 만들 때 로고 제작 사례로도 많이 사용되고 있습니다. 로고를 이미지 상태로만 보여주기보다 사실적인 목업 이미지를 제작해 보여주면 실제 결과물을 예측해보기 좋습니다.

다음은 유료 또는 무료로 다운로드할 수 있는 높은 품질의 목업 자료를 제공하는 웹사이트입니다. 자료마다 라이선스가 모두 다를 수 있으므로 잘 확인하고 사용합니다.

FDR(Free Design Resources) _ https://freedesignresources.net

높은 품질의 다양한 목업 자료를 사용할 수 있는 웹사이트입니다. 유료와 무료 콘텐츠로 나뉘어져 있습니다. 무료 목업 콘텐츠를 사용하려면 필터에서 [100% Free]에 체크합니다.

Mockupworld _ https://www.mockupworld.co

코스메틱, 스마트워치, 각종 디지털 기기,
인쇄물과 패키지 등 다양하게 분류된 목업
자료를 사용할 수 있는 웹사이트입니다. 무
료 콘텐츠를 사용하려면 [Free]가 표시된
자료만 사용합니다.

graphicsegg _ https://www.graphicsegg.com

독특한 스타일의 목업 작업을 할 수 있는 무
료 웹사이트입니다. 트렌디한 자료가 많이
있으니 디자인 작업에 참고해도 좋습니다.

GRAPHBERRY _ https://www.graphberry.com

색감이 돋보이는 목업 자료가 많은 웹사이
트입니다. 무료와 유료 콘텐츠를 잘 살펴본
후 라이선스에 맞게 사용합니다.

GoodMockups _ https://goodmockups.com

많은 종류의 목업 자료를 볼 수 있는 무료
웹사이트입니다. 전체적으로 퀄리티도 높
은 편이라 실무에 활용하기 좋습니다.

LESSON 04

안정감이 느껴지는 황금비율로
그레이디언트 로고 만들기

도형으로 만든 로고는 안정감이 느껴지는 황금비율로 제작하는 것이 일반적입니다. 이때 형태에 입체감이 느껴지도록 그레이디언트를 적용하면 무게감을 주면서 로고의 퀄리티도 높일 수 있습니다. 예제에서는 도형으로 로고를 작업한 후 그레이디언트도 적용해보겠습니다.

PREVIEW ─────────────────────

황금비율의 그레이디언트 로고 만들기

도형 도구로 황금비율 로고 만들기

실습 파일   CHAPTER03\LESSON04\그레디언트로고.ai
완성 파일   CHAPTER03\LESSON04\그레디언트로고_도형완성.ai

오차 없는 정확한 형태의 황금비율 로고는 스마트 가이드를 활성화한 후 정확한 위치에 스냅하는 방법으로 만들 수 있습니다. 예제를 통해 황금비율 로고 작업의 핵심 원리를 이해하면 보다 다양한 표현을 할 수 있게 됩니다.

01 ①예제 파일을 불러옵니다. ②원형 도구 L ◎를 선택한 후 ③아트보드를 클릭합니다. ④[Ellipse] 대화상자가 나타나면 [Width]와 [Height]에 **6.5mm**를 입력하고 ⑤[OK]를 클릭해 작은 원을 생성합니다. ⑥생성된 원 오브젝트를 드래그해 중앙으로 이동합니다. ⑦다음 작업을 위해 Ctrl + U 를 눌러 스마트 가이드를 활성화합니다.

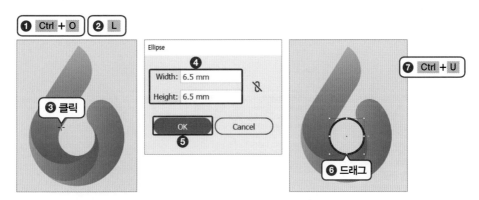

TIP   원의 면 색은 지정하지 않습니다.

02 ①같은 방법으로 [Width]와 [Height]에 **17mm**를 입력해 원을 생성합니다. ②작은 원과 큰 원을 함께 선택한 후 ③작은 원을 한 번 더 클릭해 정렬 기준인 Key Object로 지정합니다. ④[Align] 패널에서 [Horizontal Align Center ▤]와 ⑤[Vertical Align Center ▥]를 클릭해 오브젝트를 정렬합니다.

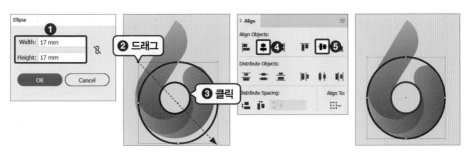

03 ①선택 도구 V ▶를 선택한 후 ②작은 원을 클릭합니다. ③ Ctrl + C 를 눌러 복사한 후 Ctrl + F 를 눌러 복사한 오브젝트와 같은 위치에서 앞에 배치되도록 붙여 넣습니다. ④붙여 넣은 원의 바운딩 박스가 표시되면 하단 중앙에 마우스 포인터를 올립니다. 위아래 모양의 화살표가 표시되면 Shift 를 누른 채 위로 드래그해 큰 원과 작은 원 사이로 이동합니다.

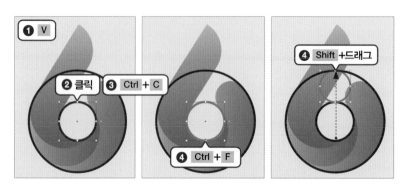

TIP Ctrl + F 는 [Edit]–[Paste in Front] 메뉴의 단축키입니다. 복사한 오브젝트와 같은 위치에서 앞에 배치되도록 붙여 넣습니다. Ctrl + B 를 누르면 복사한 오브젝트와 같은 위치에서 뒤로 배치되도록 붙여 넣습니다.

04 ①회전 도구 R ↻를 선택한 후 ②중앙에 있는 작은 원의 중심을 Alt 를 누른 채 클릭합니다. ③[Rotate] 대화상자가 나타나면 [Angle]에 **-46°**를 입력하고 ④[OK]를 클릭합니다.

05 ①같은 방법으로 중앙의 작은 원을 클릭하고 Ctrl + C , ② Ctrl + F 를 눌러 원을 하나 더 복사해 앞에 배치되도록 붙여 넣습니다. ②붙여 넣은 원의 바운딩 박스 하단 중앙에 위아래 모양의 화살표가 표시되면 Shift 를 누른 채 아래로 드래그해 중앙 원이 안쪽으로 포함되도록 크기를 조절합니다.

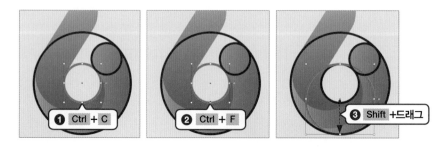

06 ①회전 도구 R ⟳를 선택한 후 ②중앙에 있는 작은 원의 중심을 Alt 를 누른 채 클릭합니다. ③[Rotate] 대화상자가 나타나면 [Angle]에 **-46°**를 입력하고 ④[OK]를 클릭합니다. **-46°** 회전한 오브젝트가 선택된 상태에서 ⑤⑥같은 방법으로 [Rotate] 대화상자를 불러와 [Angle]에 **-75°**를 입력한 후 ⑦[Copy]를 눌러 회전 복사합니다.

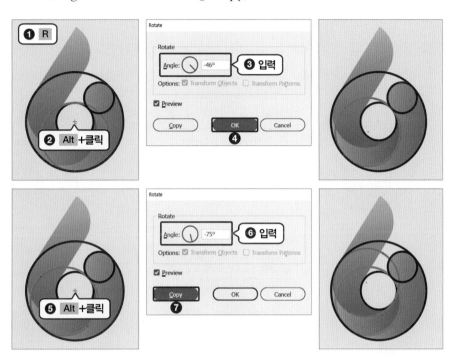

07 ①선택 도구 V ▶를 선택한 후 ②회전 복사한 원을 클릭합니다. ③선 도구 ₩ ╱를 선택한 후 ④원의 왼쪽 포인트에서 중앙에 있는 작은 원의 중심까지 드래그해 선을 생성합니다. ⑤ Ctrl + Shift + A 를 눌러 모든 선택을 해제합니다.

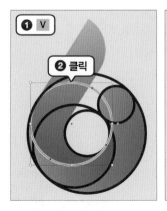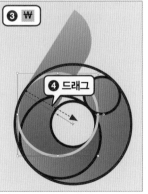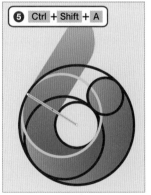

08 선택 도구 V ▶가 선택된 상태로 ①앞서 생성한 선과 원이 겹치는 부분을 클릭합니다. ②[Line Segment Tool Options] 대화상자가 나타나면 [Length]에 **14mm**, ③[Angle] 에 **58°**를 입력한 후 ④[OK]를 클릭해 선을 생성합니다. ⑤생성된 사선의 아래쪽 포인트 를 Alt + Ctrl 을 누른 채 중앙에 있는 작은 원과 겹치는 지점까지 드래그하여 이동 복사 합니다. ⑥생성된 2개의 선 양끝을 드래그해 잇습니다.

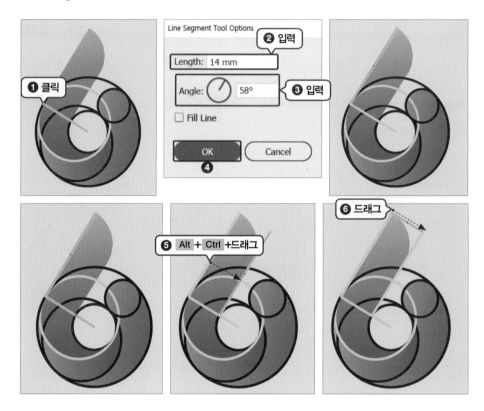

일러스트레이터 실무 강의

09 ① Ctrl + Y 를 눌러 아웃라인 보기 모드로 전환한 후 ②원이 겹쳐진 부분 중 떨어진 부분 이 없는지 확인합니다. ③다시 Ctrl + Y 를 눌러 일반 모드로 전환한 후 ④모든 선을 동 일한 색으로 지정하고 제일 처음에 그린 중앙의 선은 삭제합니다.

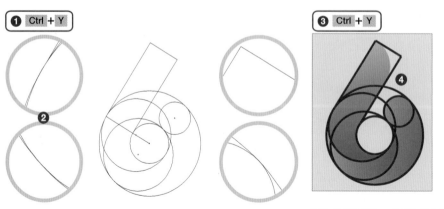

TIP 선 색은 임의로 지정해도 됩니다.

한번에 색 적용하고 면 합치기

완성 파일 CHAPTER03\LESSON04\그레이디언트로고_모양완성.ai

라이브 페인트 버킷 도구(Live Paint Bucket Tool)를 활용하면 색을 적용하면서 효과적으로 면을 나눌 수 있습니다. 이때 공간을 나누는 선이나 도형이 조금 어긋나 있어도 면을 나눌 수 있고, 도형과 선이 많이 어긋나 있더라도 라이브 페인트 모드에서 즉시 수정할 수 있습니다. 물론 같은 색으로 적용되어도 모양이 합쳐진 것은 아니기 때문에 마무리 단계에서 모양을 확장해 합치는 작업을 해야 합니다.

TIP 도형 구성 도구로 면을 합치거나 삭제할 수도 있지만 이 경우 조금이라도 어긋난 오브젝트가 있다면 다시 모양을 수정해야 하므로 번거롭습니다. 각 도구의 특징을 이해하며 상황에 맞게 선택합니다.

01 ①오브젝트를 모두 선택합니다. ②면을 구분하기 위해 선 두께를 **0.25pt** 정도로 얇게 수정한 후 ③단축키 Ctrl + Alt + X 를 눌러 라이브 페인트 모드로 전환합니다. ④빈 공간을 클릭해 선택을 해제합니다.

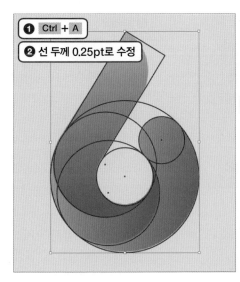
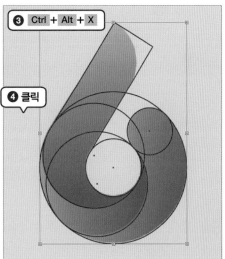

02 ①라이브 페인트 버킷 도구 K ▣를 선택합니다. ②면 색을 **#F5EE2F**로 지정한 후 다음 과 같이 드래그해 색을 적용합니다. ③마찬가지로 면 색을 **#FBB040**으로 지정한 후 드 래그해 색을 적용합니다. ④마지막 부분은 면 색을 **#F7941D**로 지정한 후 드래그해 색 을 적용합니다.

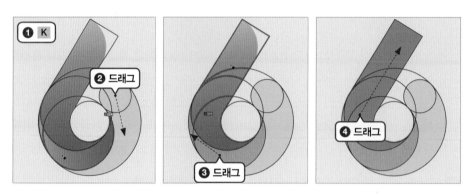

일러스트레이트 실무 강의

03 ①라이브 페인트가 적용된 오브젝트를 선택한 후②메뉴바에서 [Object]–[Live Paint]– [Expand] 메뉴를 클릭해 지정한 색에 맞게 모양을 확장합니다. ③마술봉 도구 Y ✎를 선택한 후④선을 클릭합니다. ⑤ Delete 를 눌러 제거합니다.

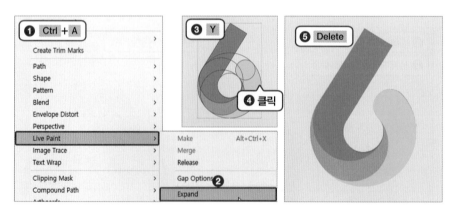

04 ①다시 오브젝트를 선택한 후②[Pathfinder] 패널에서 [Merge▣]를 클릭해 지정한 색 대로 면을 합칩니다.

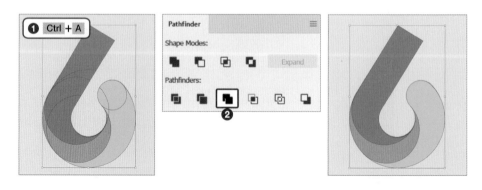

05 상단 끝부분의 모양을 둥글게 수정하겠습니다. ①직접 선택 도구 A ▷ 를 선택한 후 ② 상단 오른쪽 끝의 포인트를 클릭합니다. ③[Live Corners Widget]이 표시되면 드래그하여 모서리를 둥글게 수정합니다. ④[Layers] 패널에서 템플릿으로 사용했던 [Layer 1] 레이어를 삭제합니다.

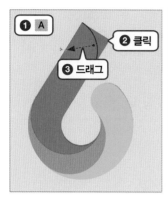
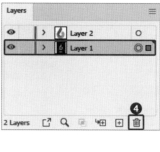

디자인 실무 실습　　　　　　　　핵심 기능 | Global Color, Gradient

손쉽게 색을 수정할 수 있는 그레이디언트 적용하기

완성 파일　CHAPTER03\LESSON04\그레이디언트로고_전체완성.ai

풍부한 색감의 그레이디언트를 표현하기 위해서는 몇 번의 과정을 거쳐야 합니다. 처음에는 색을 혼합하는 것이 어렵다고 느낄 수 있습니다. 색과 색이 만나는 지점에 표현되는 경계 색을 예상하기가 쉽지 않기 때문인데, 이때 [Swatches] 패널의 전체 색상(Global Color)을 활용합니다. 원하는 색을 [Swatches] 패널에 등록한 후 그레이디언트에 적용하면 색 변경이 즉시 반영되어 실시간으로 확인하면서 색을 수정할 수 있습니다. 이처럼 전체 색상을 사용하면 동일한 색을 사용한 오브젝트를 한번에 수정하기 편리해서 작업 시간을 단축할 수 있고 색을 효과적으로 다룰 수 있습니다.

01 먼저 [Swatches] 패널에 색을 등록하겠습니다. [Swatches] 패널 하단의 [New Swatch □]를 클릭합니다.

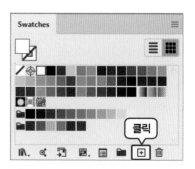

02 ①[New Swatch] 대화상자가 나타나면 ②[C]는 **35**, [M]은 **12**, [Y]는 **0**, [K]는 **0**으로 색을 지정하고 ③[Global]에 체크합니다. ④[OK]를 클릭하면 [Swatches] 패널에 새로운 전체 색상이 등록됩니다. ⑤[New Swatch 回]를 한 번 더 클릭합니다.

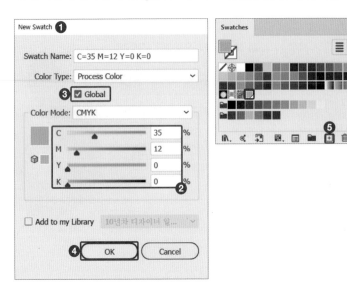

일러스트레이터 실무 강의

03 ①같은 방법으로 **02** 과정을 반복해 [C]는 **80**, [M]은 **47**, [Y]는 **0**, [K]는 **0**으로 색을 지정한 후 ②[Global]에 체크하고 ③[OK]를 클릭합니다. 2개의 전체 색상을 등록했습니다.

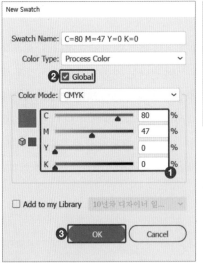
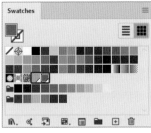

전체 색상과 배합 색상

[Swatches] 패널에 색 등록 시 [Global]에 체크해 전체 색상(Global Color)으로 등록하면 일반적인 배합 색상 (Process Color)과 어떻게 다른지 알아보겠습니다.

[Swatches] 패널의 섬네일을 통해 색상 유형을 구분할 수 있는데, 전체 색상은 섬네일 하단에 작은 삼각형이 표시 되어 있습니다. 반대로 일반적인 배합 색상은 삼각형이 없는 기본 모양으로 표시 됩니다. 또한, 배합 색상이라도 섬 네일을 더블클릭하면 나타나는 [Swatch Options] 대화상자에서 [Global]에 체크해 전체 색상으로 변경할 수 있고, 반대로도 변경할 수 있습니다.

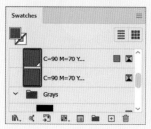 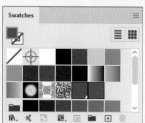

배합 색상이 적용된 오브젝트는 오브젝트가 선택된 상태여야만 [Swatches] 패널에서 수정한 색이 반영됩니다. 반대 로 전체 색상이 적용된 오브젝트는 따로 선택하지 않아도 색을 수정하면 해당 색이 적용된 모든 오브젝트가 즉시 변 경됩니다.

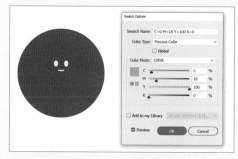 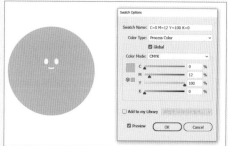

전체 색상일 때는 [Color] 패널에 표시된 슬라이더를 드래그하는 것만으로도 색을 유연하게 수정할 수 있습니다. 배합 색상일 때 색을 수정하려면 [Color] 패널에 표시되는 여러 슬라이더를 활용해야 합니다. 드롭다운 메뉴 에서 [HSB] 를 클릭한 후 [채도(S)]와 [명도(B)]를 조절해 색을 수정할 수 있습니다.

[Color Guide] 패널을 이용해도 색을 수정할 수 있습니다.

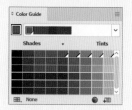

04 ①오브젝트를 클릭한 후 ②[Swatches] 패널에서 [White, Black] 그레이디언트를 클릭해 오브젝트에 그레이디언트를 적용합니다.

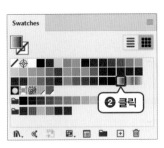

Design
그레이디언트를 제대로 다루는 방법

그레이디언트는 2개 이상의 색을 여러 단계로 나누고 혼합해 색의 풍부함과 다양한 느낌을 표현할 때 활용하기 좋습니다.

① 그레이디언트 유형별 표현 방법

- **Linear Gradient** | 선형 그레이디언트입니다. 직선으로 여러 단계의 색을 표현할 수 있습니다.

- **Radial Gradient** | 방사형 그레이디언트입니다. 원형 모양으로 색의 단계를 표현할 수 있습니다. 반짝이는 빛 효과나 진주 등 동그란 모양을 표현할 때 효과적으로 사용할 수 있습니다.

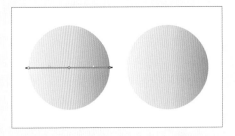

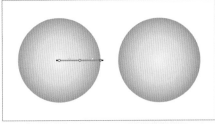

- **Freeform Gradient-Points** | 자유형 그레이디언트 중 포인트 모드입니다. 색을 원하는 위치에 지정해 무작위로 자연스럽게 적용할 수 있습니다.

- **Freeform Gradient-Lines** | 자유형 그레이디언트 중 선 모드입니다. 원하는 위치에 원하는 흐름으로 자연스럽게 적용할 수 있습니다.

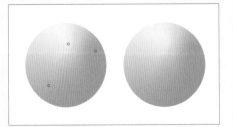

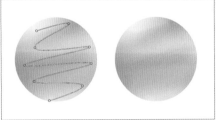

② 그레이디언트를 사용해 색을 조합하기 어려울 때

사전 정의된 그레이디언트를 사용할 수 있습니다. [Swatches] 패널에서 [Swatch Libraries Menu🔳]를 클릭한 후
[Gradients]를 클릭하면 사전 설정된 다양한 그레이디언트를 선택할 수 있습니다.

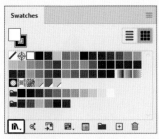 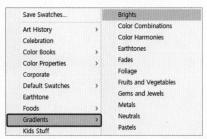

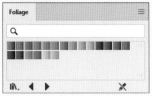 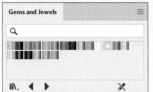 

③ 선에 적용하는 그레이디언트 | 선에도 그레이디언트를 적용할 수 있습니다. 상황에 맞게 활용해봅니다.

· Gradient within stroke | 선 안에 그레이디언트가 적용됩니다.

· Gradient along stroke | 선을 따라 그레이디언트가 적용됩니다.

· Gradient across stroke | 선에 걸쳐 그레이디언트가 적용됩니다.

05 ①그레이디언트의 색을 수정하기 위해 단축키 Ctrl + F9 를 눌러 [Gradient] 패널을 불러옵니다. ②슬라이더 오른쪽의 검은색 [Gradient Stop]을 더블클릭합니다. ③색을 지정할 수 있는 패널이 나타나면 [Swatches ▦]를 클릭한 후 ④앞서 등록한 진한 파란색을 클릭합니다.

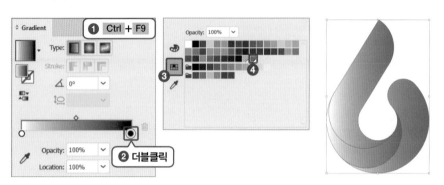

일러스트레이터 실무 강의

06 ①슬라이더 왼쪽의 흰색 [Gradient Stop]을 더블클릭합니다. ②패널이 나타나면 앞서 등록한 밝은 하늘색을 클릭해 그레이디언트의 색을 수정합니다. ③빈 바탕을 클릭해 선택 해제합니다.

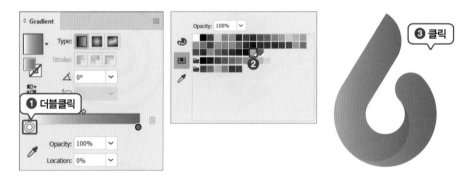

07 ①직접 선택 도구 A ▷를 선택한 후 ②오브젝트의 안쪽 면을 클릭합니다. ③그레이디언트 도구 G ▥를 선택합니다. ④도구바 하단의 면 색이 그레이디언트로 지정된 상태에서 ⑤위에서 아래로 드래그해 그레이디언트의 방향을 수정합니다.

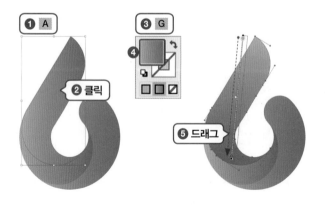

08 ① Ctrl 을 누른 채 오브젝트의 가운데 면을 클릭한 후 ②오른쪽 위로 드래그해 그레이디
언트의 방향을 수정합니다. ③나머지 바깥쪽 면도 같은 방법으로 그레이디언트의 방향을
수정합니다. ④ Ctrl 을 누른 채 빈 아트보드를 클릭해 선택 해제합니다.

09 적용된 그레이디언트의 색을 일괄 수정해보겠습니다. ①[Swatches] 패널에서 그레이디
언트에 사용된 진한 파란색을 더블클릭합니다. ②[Swatch Options] 대화상자가 나타
나면 실시간으로 확인하며 색을 수정할 수 있도록 [Preview]에 체크합니다. ③[C]는 **90**,
[M]은 **70**, [Y]는 **0**, [K]는 **0**으로 색을 수정한 후④[OK]를 클릭합니다.

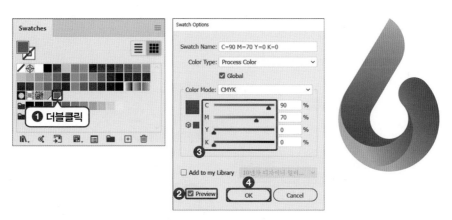

10 ①사각형 도구 M ▣를 선택한 후 ②오브젝트보다
큰 크기의 배경을 생성합니다. ③생성한 배경의 색
을 변경한 후 Ctrl + Shift + [를 눌러 맨 아래에
배치되도록 합니다. ④글자 도구 T T 를 선택한
후⑤아래쪽에 **ardium**을 입력해 로고 디자인을 마
무리합니다.

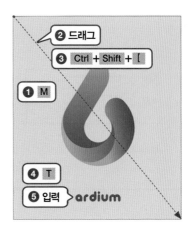

보통은 그레이디언트 슬라이더를 이용하거나 [Swatches]
패널을 이용해 전체 색상을 수정하지만, [Color Guide] 패
널의 [Recolor Artwork]를 활용해 그레이디언트의 색을
수정할 수도 있습니다.

□ **[Recolor Artwork] 활용하기**

❶ 수정할 그레이디언트를 선택한 후 [Color Guide] 패널 하단의 [Edit Colors◉]를 클릭합니다.

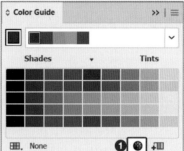

❷ [Recolor Artwork] 대화상자가 나타나면 그레이디언트에 사용된 색을 [Current Colors]에서 확인할 수 있습니다. ❸ [New]의 색을 클릭한 후 ❹ 하단의 슬라이더를 이용해 원하는 색으로 수정합니다.

빨간색 점선을 참고해 다양한 스타일로 만들어보세요.

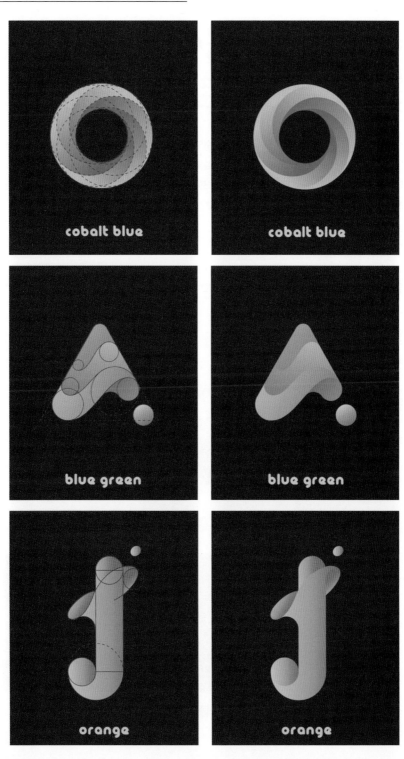

LESSON 05

입체 효과를 적용해
고급스러운 3D 로고 만들기

입체 로고는 도형 도구와 펜 도구를 이용해 직접 만들 수도 있지만, 3D 이펙트나 블렌드 기능을 활용하면 좀 더 자연스럽고 고급스러운 느낌을 줄 수 있습니다. 또한 작업 시간도 단축할 수 있습니다. 각도나 색 배치, 명암 표현 등에 따라 다양한 모습으로 표현되는 3D 로고를 만들어보면서 3D 이펙트의 특징을 이해하고, 블렌드 도구를 상황에 맞게 활용하는 방법을 배워보겠습니다.

PREVIEW

3D 이펙트로 3D 로고 만들기

3D Effect

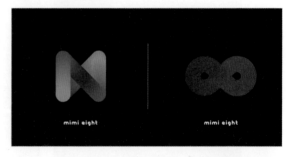

블렌드 도구로 비비드한 색의 입체 로고 만들기

Blend Tool

롤리팝 모양의 3D 로고 만들기

실습 파일 CHAPTER03\LESSON05\롤리팝입체로고.ai
완성 파일 CHAPTER03\LESSON05\롤리팝입체로고완성.ai

[Revolve] 이펙트는 3D 이펙트 중 하나이며, 세로축을 기준으로 회전해 입체 오브젝트를 표현합니다. 특히 모양을 심벌로 등록하여 오브젝트 표면에 적용하는 [Map Art]도 질감을 표현할 때 유용합니다. 잘만 사용하면 3D 이펙트로 풍부하고 다양한 느낌의 로고를 표현할 수 있습니다.

01 ①예제 파일을 불러옵니다. ②원형 도구 L ◉를 선택한 후 ③빈 아트보드를 클릭합니다. ④[Ellipse] 대화상자가 나타나면 [Width]와 [Height]에 **85mm**를 입력해 정원을 생성합니다. ⑤선택 도구 V ▶로 ⑥생성된 원과 그레이디언트가 적용된 원을 모두 선택한 후 ⑦그레이디언트가 적용된 원을 한 번 더 클릭해 정렬 기준인 Key Object로 지정합니다. ⑧[Align] 패널에서 [Horizontal Align Center ⬌]와 ⑨[Vertical Align Center ⬍]를 클릭해 정렬합니다.

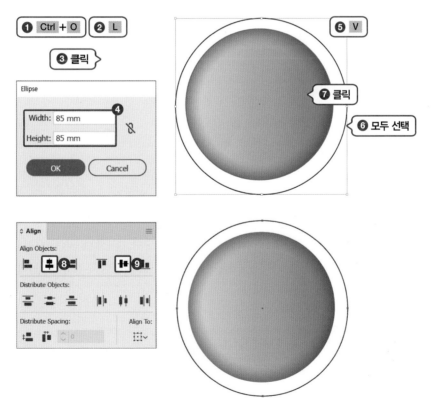

TIP 생성된 원의 면 색은 없음으로 지정합니다.

02 ①직접 선택 도구 A ▷를 선택한 후 ②원의 왼쪽 포인트를 클릭합니다. ③ Delete 를 눌러 포인트를 삭제하면 반원이 됩니다. ④반원의 면 색을 **임의의 밝은 회색**으로 지정하고, 선 색은 **없음**으로 지정합니다.

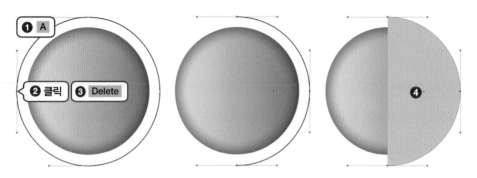

Design

실력 향상 | **세로축을 기준으로 회전시켜 만드는 3D 오브젝트**

만들려는 3D 오브젝트가 좌우 대칭되는 형태라면 축을 중심으로 회전하는 [Revolve] 이펙트를 활용합니다. 회전축이 세로로 고정되어 있어 오브젝트의 반쪽 모양이 세로축을 기준으로 회전해 3D 오브젝트가 됩니다.

03 ①메뉴바에서 [Effect]-[3D]-[Revolve] 메뉴를 클릭합니다. ②[3D Revolve Options] 대화상자가 나타나면 [Revolve]-[from]을 [Left Edge]로 지정한 후 ③[OK]를 클릭해 3D 원을 생성합니다.

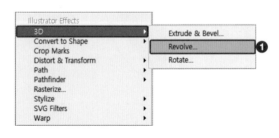

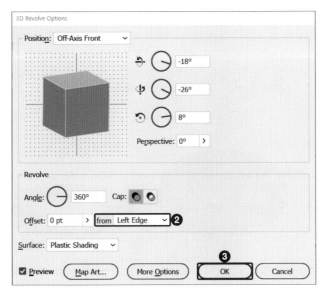

Design
실력 향상 [3D Revolve Options] 대화상자 더 알아보기

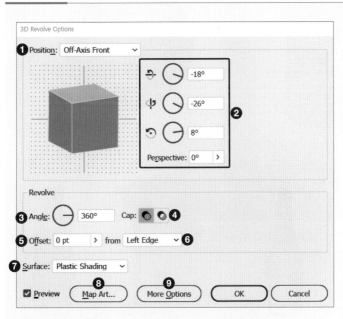

① **Position** ㅣ 오브젝트가 보이는 각도와 위치 등의 사전 설정된 옵션입니다.

② **입체 각도 입력** ㅣ X축, Y축, Z축, 원근감을 조절하는 옵션입니다.

③ **Angle** ㅣ 패스를 축 중심으로 회전할 각도를 설정합니다. 360° 미만으로는 옵션값만큼만 회전되어 회전이 덜 된 모습이 됩니다. 360°일 때 완벽히 회전된 모습입니다.

④ **Cap** ㅣ 오브젝트의 단면을 채울 것인지, 뚫린 오브젝트로 만들 것인지 선택합니다.

⑤ **Offset** ǀ 회전 중심축과 패스 간의 거리를 조절하는 옵션입니다. 옵션값이 커질수록 다양한 크기의 링 형태로 만들 수 있습니다.

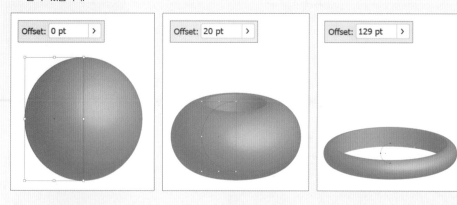

⑥ **from** ǀ 중심축을 기준으로 왼쪽으로 회전할지, 오른쪽으로 회전할지 선택하는 옵션입니다. 선택에 따라 다양한 모양으로 표현할 수 있습니다.

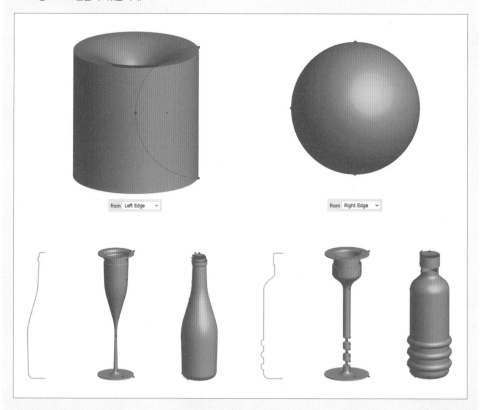

⑦ **Surface** ǀ 표면 광택을 외곽선, 단색, 무광, 유광으로 표현하는 옵션입니다.

⑧ **Map Art** ǀ 3D 오브젝트 표면에 적용할 질감 이미지를 설정합니다.

⑨ **More Options** ǀ 빛의 위치와 명암 처리 방식을 설정합니다.

일러스트레이터 실무 강의

04 ①사각형 도구 M □를 선택한 후 ②원보다 가로가 더 긴 직사각형을 생성합니다. ③선택 도구 V ▶를 선택한 후 ④ Alt 를 누른 채 아래로 드래그하면서 Shift 를 눌러 수직 이동 복사합니다. ⑤ Ctrl + D 를 여섯 번 눌러 8개의 직사각형을 동일한 간격으로 반복 복사합니다.

면 색 #CC3333

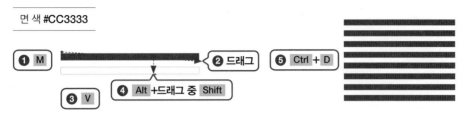

05 ①직접 선택 도구 A ▷를 선택한 후 ②오른쪽에 있는 포인트만 드래그해 직사각형을 모두 선택합니다. ③맨 위 직사각형의 오른쪽 상단 포인트를 두 번째 직사각형의 오른쪽 상단 포인트로 드래그합니다.

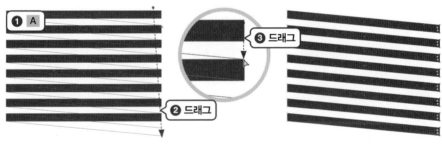

TIP Ctrl + U 를 눌러 스마트 가이드를 활성화한 후 정확한 위치로 드래그합니다.

06 ①사각형 도구 M □를 선택합니다. ②두 번째 직사각형의 왼쪽 상단 포인트에서 일곱 번째 직사각형의 오른쪽 상단 포인트까지 드래그해 사각형을 생성합니다. ③빨간색 직사각형들과 검은색 사각형을 모두 선택한 후 ④[Pathfinder] 패널에서 [Crop ▣]을 클릭합니다.

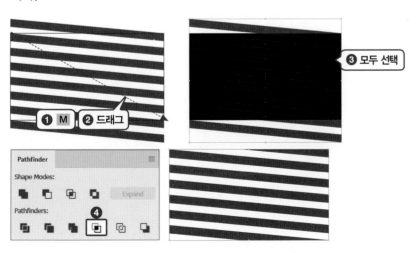

07 3D 원 표면에 적용할 빨간색 사선 오브젝트를 심벌로 등록해보겠습니다. ① 선택 도구 V ▶ 를 선택하고 ② 오브젝트를 클릭한 후 ③ [Symbols] 패널로 드래그합니다. ④ [Symbol Options] 대화상자가 나타나면 [Name]에 **롤리팝**을 입력한 후 ⑤ [OK]를 클릭해 심벌로 등록합니다.

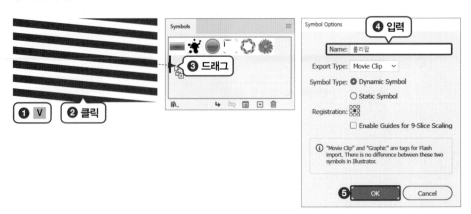

08 등록한 심벌을 3D 원 표면에 적용하려면 [Properties] 패널 또는 [Appearance] 패널에서 [3D Revolve]를 클릭합니다.

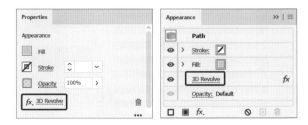

> **TIP** 3D 원이 선택된 상태여야만 각 패널의 [3D Revolve]가 활성화됩니다.

09 ① [3D Revolve Options] 대화상자가 나타나면 [Preview]에 체크하고 ② [Map Art]를 클릭합니다.

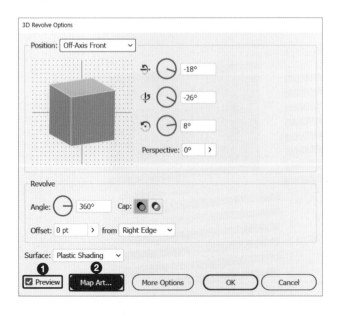

10 ①[Map Art] 대화상자가 나타나면 [Symbol]을 [롤리팝]으로 설정합니다. ② 심벌이 원 표면 전체에 적용되도록 [Scale to Fit]을 클릭합니다. ③ 투명한 원에 심벌만 보이도록 [Invisible Geometry]에 체크하고 ④ [OK]를 눌러 옵션을 적용합니다.

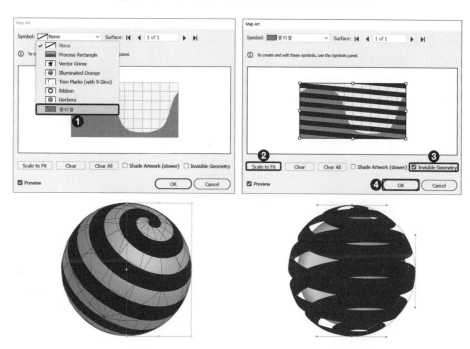

Design
실력 향상 **[Map Art] 대화상자 더 알아보기**

① **Symbol** ㅣ 표면에 매핑할 아트워크를 선택하는 옵션입니다. 매핑할 질감이나 디자인은 미리 작업하여 심벌로 등록합니다.

② **Surface** ㅣ 매핑할 오브젝트의 표면을 선택합니다.

③ **Scale to Fit** ㅣ 매핑할 아트워크를 표면 크기에 맞게 크기를 조절합니다.

④ **Clear** ㅣ 해당 매핑을 삭제합니다.

⑤ **Clear All** ㅣ 모든 표면에 적용된 매핑을 삭제합니다.

⑥ **Shade Artwork** ㅣ 체크 시 표면에 음영 표현을 추가합니다.

⑦ **Invisible Geometry** ㅣ 체크 시 매핑한 아트워크만 보이게 합니다.

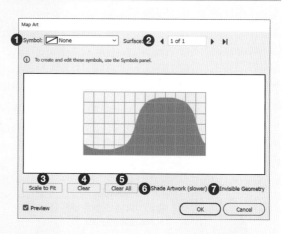

11 ①[3D Revolve Options] 대화상자에서 [X axis⬛]는 **-71°**, [Y axis⬛]는 **-50°**, [Z axis⬛]는 **40°**로 각도를 지정해 보이는 모양을 수정한 후 ②[OK]를 클릭합니다.

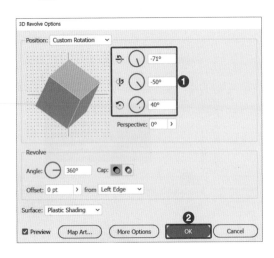

12 3D 오브젝트의 모양이 유지될 수 있도록 2D 오브젝트로 모양을 확장합니다. 메뉴바에서 [Object]–[Expand Appearance] 메뉴를 클릭합니다.

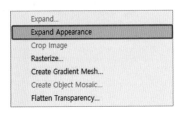

13 ①마우스 오른쪽 버튼을 클릭하고 ②[Ungroup]을 클릭해 그룹을 해제한 후 ③④같은 방법으로 한 번 더 그룹을 해제합니다. ⑤다시 마우스 오른쪽 버튼을 클릭하고 ⑥ [Release Clipping Mask]를 클릭해 오브젝트를 따로 선택할 수 있게 합니다.

TIP 단축키 Ctrl + Shift + G 를 눌러 그룹을 해제할 수 있습니다.

14 ①선택 도구 V ▶를 선택한 후 ②③앞뒤에 있는 빨간색 롤리팝 오브젝트 2개를 Shift 를 누른 채 각각 클릭해 선택을 해제합니다. ④불필요한 오브젝트는 Delete 를 눌러 삭제합니다.

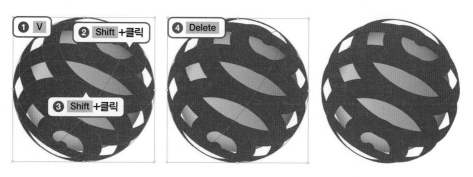

15 ①앞에 있는 롤리팝 오브젝트를 클릭한 후 ②[Pathfinder] 패널에서 [Unite ■]를 클릭해 오브젝트를 하나로 합칩니다.

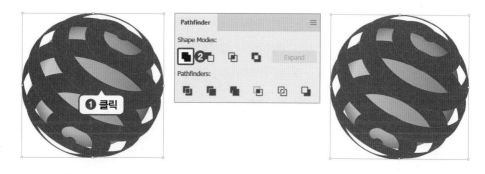

16 ①뒤에 있는 롤리팝 오브젝트를 클릭한 후 ②[Pathfinder] 패널에서 [Merge ■]를 클릭해 하나로 합칩니다.

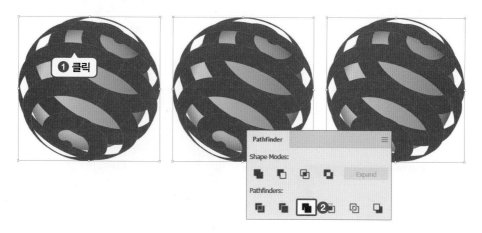

TIP 여러 개의 면이 하나로 합쳐지면서 중간에 틈이 생기는 부분이 있다면 [Pathfinder] 패널에서 [Merge]를 클릭한 후 [Unite]를 클릭해 정리합니다.

17 롤리팝 오브젝트에 그레이디언트를 적용해 입체 효과를 표현하겠습니다. ①앞에 있는 롤리팝 오브젝트를 클릭한 후 ②그레이디언트 도구 G ▨ 를 선택합니다. ③ Enter 를 눌러 [Gradient] 패널을 불러온 후 ④섬네일을 클릭해 기본 설정인 [White, Black] 그레이디언트를 적용합니다.

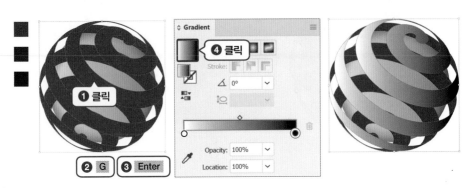

18 ①[Gradient] 패널에서 슬라이더 왼쪽의 흰색 [Gradient Stop]을 클릭한 후 ②[Color Picker ▨]를 클릭합니다. ③예제 파일 아트보드에 표시된 그레이디언트의 색 중에서 첫 번째 색을 클릭해 적용합니다. ④이어서 슬라이더 오른쪽의 검은색 [Gradient Stop]을 클릭한 후 ⑤[Color Picker ▨]를 클릭합니다. ⑥두 번째 색을 클릭해 적용합니다.

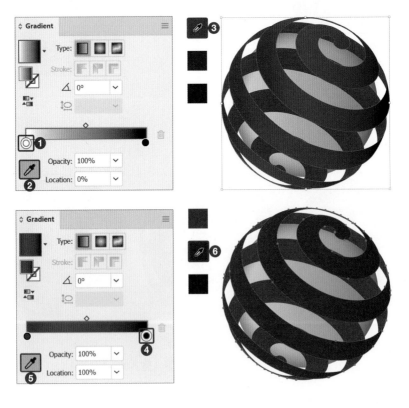

19 ①선택 도구 V ▶ 를 선택한 후 ②뒤에 있는 롤리팝 오브젝트를 클릭합니다. ③스포이트 도구 I ✐ 를 선택한 후 ④세 번째 색을 클릭해 지정합니다. ⑤ Ctrl + [를 여러 번 눌러 중앙에 있는 그레이디언트 오브젝트보다 아래에 배치되게 합니다.

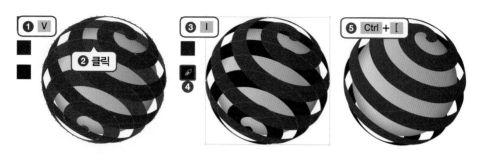

20 ①선택 도구 V ▶ 를 선택한 후 ②앞에 있는 롤리팝 오브젝트를 클릭합니다. ③ Alt 를 누른 채 조금 아래로 드래그하여 이동 복사합니다. ④밝은 회색 그레이디언트로 색을 지정한 후 ⑤중앙에 있는 3D 원 오브젝트를 클릭합니다. ⑥ Ctrl + C 를 눌러 복사하고 ⑦ Ctrl + Shift + V 를 눌러 제자리에 붙여 넣습니다.

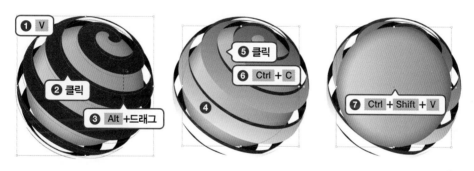

21 ①밝은 회색의 롤리팝 오브젝트와 앞서 복사한 3D 원 오브젝트를 모두 선택합니다. ② [Pathfinder] 패널에서 [Crop ▣]을 클릭해 가운데 영역 안쪽으로만 오브젝트가 남게 합니다. ③ Ctrl + [를 여러 번 눌러 앞에 있는 롤리팝 오브젝트 아래로 그림자처럼 배치되게 합니다.

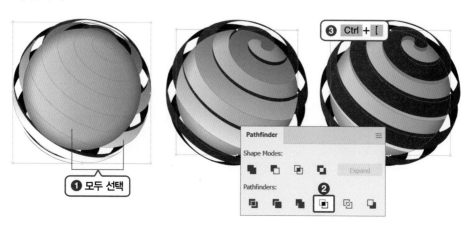

22 ①그림자 오브젝트가 선택된 상태에서 상단 컨트롤 패널의 [Opacity]를 클릭합니다. ②[Transparency] 패널이 나타나면 [Blend Mode]를 [Multiply]로 지정하고 ③ [Opacity]를 **53%**로 지정해 자연스러운 그림자를 표현합니다.

23 앞에 있는 롤리팝 오브젝트에 입체 효과를 추가하겠습니다. ①앞에 있는 롤리팝 오브젝트를 클릭한 후 ②메뉴바에서 [Effect]-[Stylize]-[Inner Glow] 메뉴를 클릭합니다. [Inner Glow] 대화상자가 나타나면 ③[Mode]는 [Multiply], [Color]는 **#4F0000**, [Opacity]는 **20%**, [Blur]는 **1.5mm**로 지정한 후 ④[OK]를 클릭합니다.

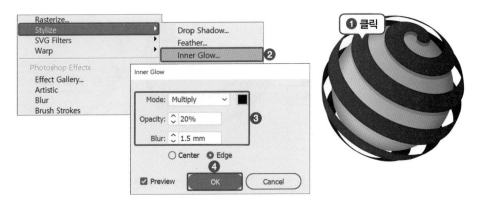

24 ①[Layers] 패널에서 배경 레이어의 눈👁을 클릭해 표시합니다. ② Ctrl + 0 을 눌러 완성된 모습을 확인합니다.

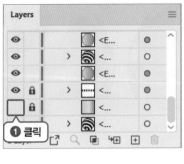

토네이도 모양의 3D 로고 만들기

실습 파일　CHAPTER03\LESSON05\토네이도로고.ai
완성 파일　CHAPTER03\LESSON05\토네이도로고완성.ai

토네이도 모양의 3D 로고를 만들면서 [Map Art]의 활용법을 좀 더 익혀보겠습니다. 오브젝트의 모양을 다르게 하여 [Revolve] 이펙트를 적용하고 여러 표현 방법을 익혀봅니다. 또한 [Map Art]를 사용할 때 심벌로 등록할 이미지를 어떻게 만들어야 효과적인 입체 표현을 할 수 있을지에 대해서도 알아보겠습니다.

01 ①예제 파일을 불러옵니다. ②사각형 도구 M ▣를 선택한 후 ③아트보드를 클릭합니다. ④[Width]에 **63mm**, [Height]에 **11mm**를 입력한 후 ⑤[OK]를 클릭합니다. ⑥선택 도구 V ▶를 선택한 후 ⑦ Alt 를 누른 채 드래그하면서 Shift 를 눌러 수직 이동 복사합니다. ⑧ Ctrl + D 를 눌러 반복 복사를 적용합니다.

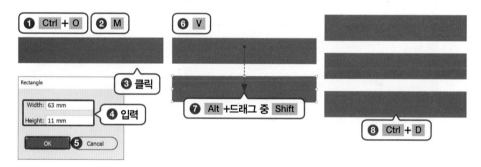

02 ①3개의 직사각형을 모두 선택한 후 ②기울기 도구 ◪를 선택합니다. ③ Enter 를 눌러 [Shear] 대화상자가 나타나면 ④[Axis]−[Vertical]을 선택한 후 ⑤[Shear Angle]에 **15°**를 입력합니다. ⑥[OK]를 클릭합니다.

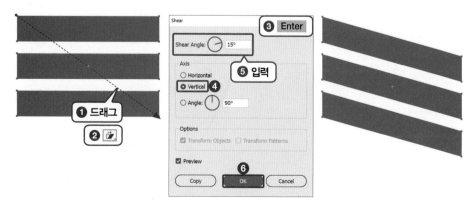

03 ①직접 선택 도구 A ▷를 선택한 후 ②빈 영역을 클릭해 선택 해제합니다. ③왼쪽 상단 포인트를 Shift 를 누른 채 드래그하여 위로 조금 올라간 모양이 되도록 수정합니다.

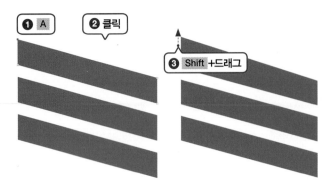

04 ①맨 아래의 직사각형을 클릭한 후 ②기준점 삭제 도구 ─ ✎를 선택합니다. ③오른쪽 하단 포인트를 클릭해 모양을 삼각형으로 수정합니다. ④직접 선택 도구 A ▷를 선택한 후 ⑤패스 선에 맞춰 포인트를 중앙 쪽으로 드래그합니다. ⑥맨 위 직사각형의 왼쪽 포인트를 클릭한 후 ⑦[Live Corners Widget]을 드래그해 모양을 둥글게 수정합니다.

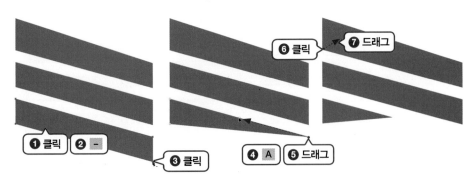

TIP Ctrl + U 를 눌러 스마트 가이드를 활성화하면 포인트를 정확한 위치로 이동할 수 있습니다.

05 ①앞서 만들어둔 3개의 오브젝트를 모두 선택한 후 [Symbol] 패널에 드래그하여 심벌로 등록합니다. ②펜 도구 P ✎를 선택한 후 ③사선 방향의 완만한 곡선을 그립니다. ④면 색은 **#CCCCCC**, 선 색은 **없음**으로 지정합니다.

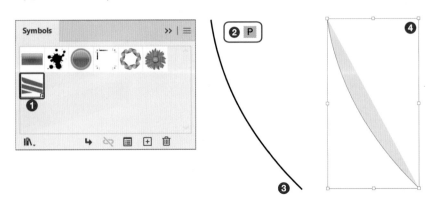

06 ①메뉴바에서 [Effect]-[3D]-[Revolve] 메뉴를 클릭해 [3D Revolve Options] 대화상자를 불러옵니다. ②[Revole]-[from]을 [Right Edge]로 지정한 후 ③[X axis🔄]는 **4°**, [Y axis🔃]는 **-17°**, [Z axis🔁]는 **0°**로 각도를 지정합니다. ④형태를 따라 회오리 모양이 적용되도록 [Map Art]를 클릭합니다.

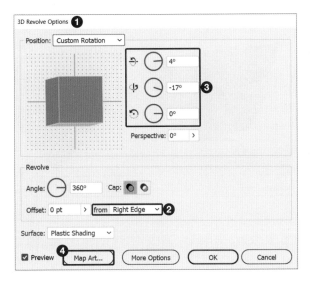
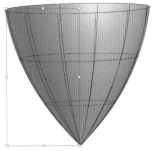

07 ①[Map Art] 대화상자가 나타나면 [Symbol]을 앞서 등록한 [회오리]로 설정합니다. ②[Scale to Fit]을 클릭해 심벌을 3D 오브젝트 표면에 가득 차게 설정합니다. ③3D 오브젝트에 회오리 모양만 남도록 [Invisible Geometry]에 체크한 후 ④[OK]를 클릭합니다.

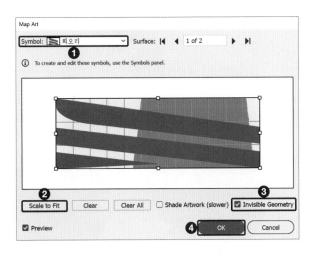

08 ①선택 도구 V ▶를 선택한 후 ②3D 오브젝트를 클릭합니다. ③메뉴바에서 [Object]−
[Expand Appearance] 메뉴를 클릭해 2D 오브젝트로 모양을 확장합니다. ④ Ctrl
+ Shift + G 를 두 번 눌러 그룹을 해제하고 ⑤ Ctrl + Alt + 7 을 눌러 클리핑 마스크를
해제합니다.

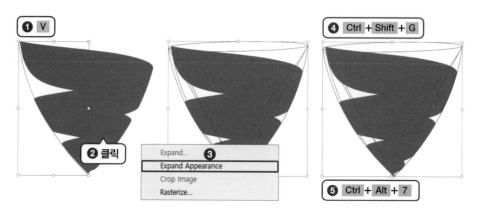

09 ①마술봉 도구 Y ✎를 선택한 후 ②색이 없는 패스 선을 클릭합니다. ③ Delete 를 눌러
불필요한 오브젝트를 삭제합니다.

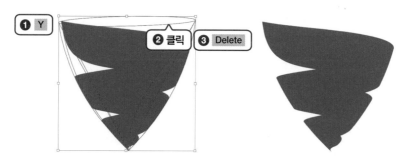

10 ①선택 도구 V ▶를 선택한 후 ②앞에 있는 회오리 오브젝트를 모두 선택합니다. ③
[Pathfinder] 패널에서 [Unite ▣]를 클릭해 면을 하나로 합칩니다.

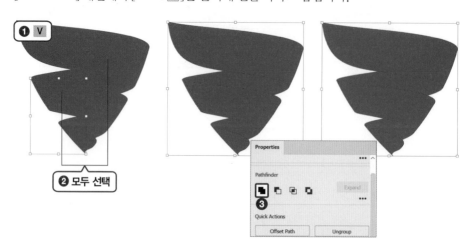

일러스트레이터 실무 강의

11 ① 그레이디언트를 적용하기 위해 앞에 있는 회오리 오브젝트를 클릭합니다. ② 스포이트 도구 Ⅰ ☑ 를 선택한 후 ③ 예제 파일 아트보드 바깥쪽 영역에 준비된 '앞부분 그레이디언트'의 색을 클릭합니다. ④ 그레이디언트 도구 G ▣ 를 선택한 후 ⑤ ⑥ 오브젝트 위를 드래그하면서 그레이디언트 방향과 영역을 조절합니다.

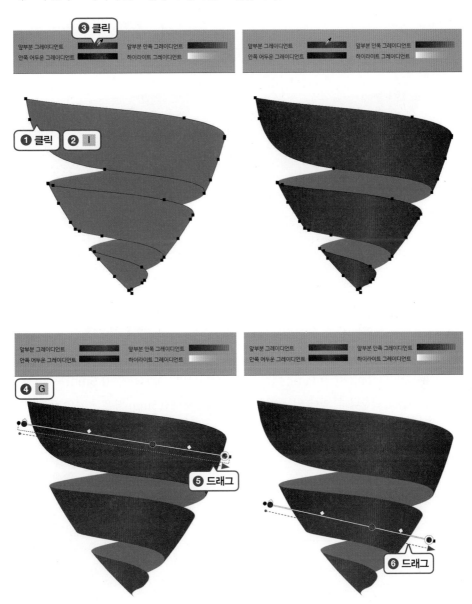

TIP 이때 직접 선택 도구로 오브젝트의 길이에 맞게 그레이디언트가 적용된 모습을 각각 조절할 수 있습니다.

12 ①선택 도구 V ▶를 선택한 후 ②뒤에 있는 회오리 오브젝트를 클릭합니다. ③스포이트 도구 I ✐를 선택한 후 ④'안쪽 어두운 그레이디언트'의 색을 클릭합니다. ⑤그레이디언트 도구 G ▣를 선택한 후 ⑥오브젝트 위를 드래그하면서 그레이디언트 방향과 영역을 조절합니다.

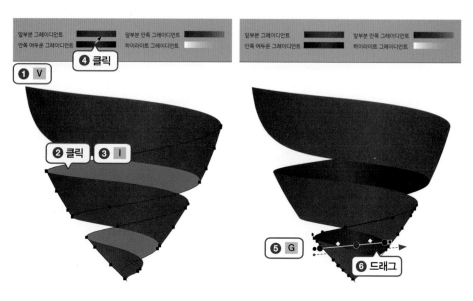

일러스트레이터 실무 강의

13 입체적인 느낌을 좀 더 표현해보겠습니다. ①선택 도구 V ▶를 선택한 후 ②앞에 있는 회오리 오브젝트를 클릭합니다. ③메뉴바에서 [Object]-[Path]-[Offset Path] 메뉴를 클릭합니다. ④[Offset Path] 대화상자가 나타나면 [Offset]에 **-0.5mm**를 입력하고 ⑤ [OK]를 클릭합니다. 앞에 있는 회오리 오브젝트보다 0.5mm 작은 크기의 오브젝트가 생성된 것을 확인할 수 있습니다.

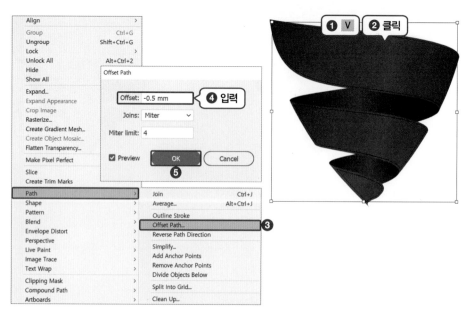

14 ①0.5mm 작은 크기의 오브젝트가 선택된 상태에서 스포이트 도구 I ☑를 선택합니다. ②'앞부분 안쪽 그레이디언트'의 색을 클릭합니다. ③그레이디언트 도구 G ▣를 선택한 후④⑤⑥각 오브젝트에 맞춰 그레이디언트를 수정합니다.

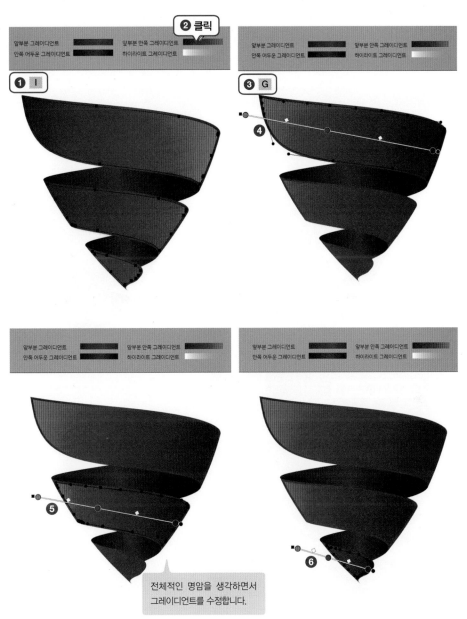

전체적인 명암을 생각하면서 그레이디언트를 수정합니다.

15 ①펜 도구 P [✎]를 선택한 후 ②하이라이트를 표현하기 위해 다음과 같은 오브젝트 3개를 그립니다. ③3개의 오브젝트를 모두 선택한 후 ④스포이트 도구 I [✎]를 선택하고 ⑤ '하이라이트 그레이디언트'의 색을 클릭합니다. ⑥그레이디언트 도구 G [■]로 하이라이트가 보여지는 모습을 수정합니다. ⑦오브젝트를 모두 선택한 후 ⑧ Ctrl + G 를 눌러 그룹화합니다. ⑨ Ctrl + Alt + 3 을 눌러 숨겨져 있던 배경과 로고 텍스트를 표시한 후 전체적인 균형을 생각하며 회오리 심벌의 크기와 위치를 수정해 디자인을 마무리합니다.

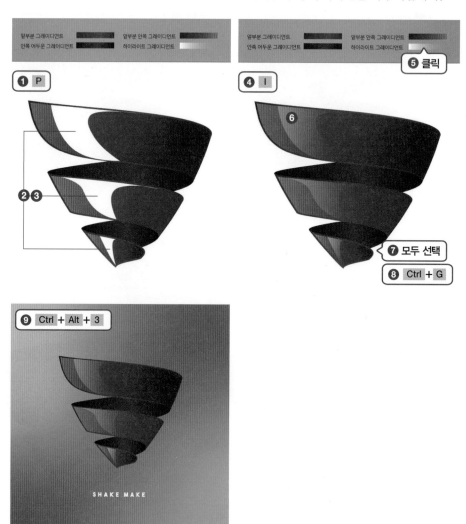

일러스트레이터 실무 강의

블렌드 도구로 비비드한 색의 입체 로고 만들기

실습 파일   CHAPTER03\LESSON05\비비드입체로고.ai
완성 파일   CHAPTER03\LESSON05\비비드입체로고완성.ai

블렌드 기능은 2개의 오브젝트 사이에 오브젝트를 자연스럽게 만들어주는 단순한 기능입니다. 선 두께, 투명도, 색 등을 변화시켜 다양한 방법으로 응용할 수 있으며, Replace Spine 기능을 활용하면 더 고급스럽게 표현할 수 있습니다. Replace Spine 기능은 패스 선을 따라 블렌드 오브젝트를 정렬하는 기능입니다. 기본 블렌드 오브젝트는 직선으로 생성되지만, Replace Spine 기능을 이용하면 원하는 패스 선을 따라 정렬할 수 있습니다. 로고 제작이나 일러스트레이션 등에 활용할 수 있어 유용합니다.

01 ①예제 파일을 불러옵니다. ②사각형 도구 M 🔲를 선택한 후 ③빈 아트보드를 클릭합니다. ④[Rectangle] 대화상자에 [Width]와 [Height]에 **31mm**를 입력한 후 ⑤[OK]를 클릭합니다.

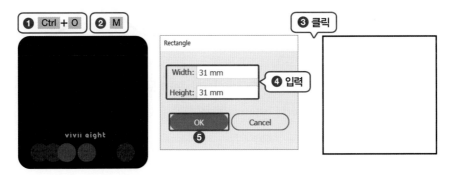

02 ①직접 선택 도구 A ▷를 선택한 후 ②③오른쪽 위아래 포인트를 모두 선택합니다. ④스케일 도구 S 🔲를 선택한 후 ④오브젝트의 오른쪽 상단 포인트를 오른쪽 하단 포인트로 드래그해 나비 모양으로 수정합니다.

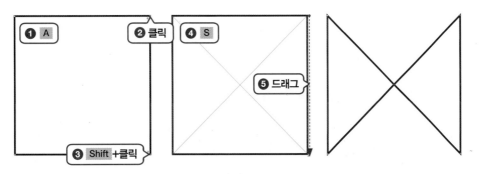

03 ①선택 도구 V ▶를 선택한 후 ②나비 모양으로 수정된 오브젝트를 클릭합니다. ③ Ctrl 을 눌러 [Live Corners Widget]이 나타나면 드래그해 둥근 리본 모양으로 수정합니다. 이때 Ctrl 은 위젯을 드래그하면서 손을 떼도 됩니다.

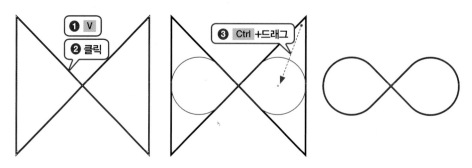

04 ①가위 도구 C ✂를 선택한 후 ②왼쪽 중앙 포인트를 클릭해 이어진 선을 끊습니다. ② Ctrl + Shift + A 를 눌러 오브젝트의 선택을 해제합니다.

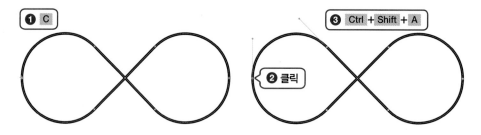

05 ①도구바에서 블렌드 도구 🖫 를 더블클릭합니다. ②[Blend Options] 대화상자가 나타나면 [Spacing]을 [Specified Distance]로 지정한 후 ③**0.05mm**를 입력합니다. ④ [OK]를 클릭합니다.

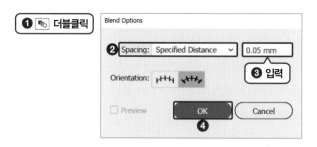

06 ①②③④오브젝트를 왼쪽부터 차례로 클릭해 블렌드를 적용합니다.

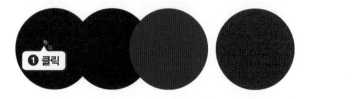

일러스트레이터 실무 강의

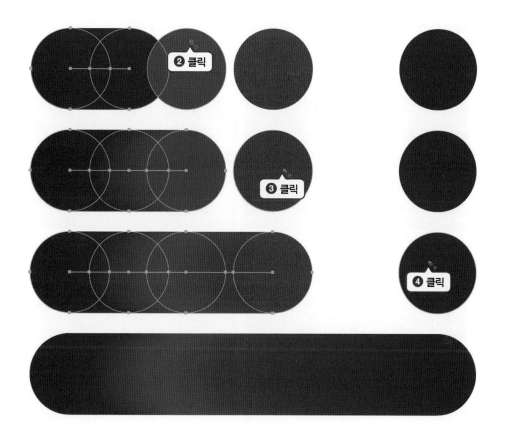

07 ① Ctrl 을 누른 채 리본 오브젝트와 완성된 블렌드 오브젝트를 모두 선택한 후 ②메뉴바
에서 [Object]–[Blend]–[Replace Spine] 메뉴를 클릭합니다. 오브젝트의 위치를 정리
한 후 마무리합니다.

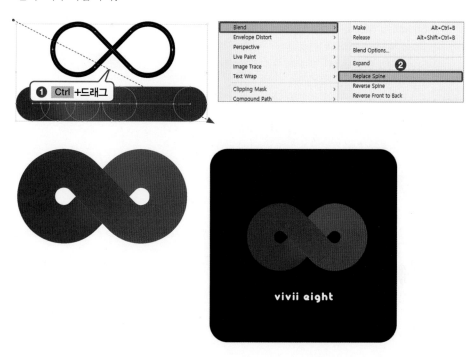

블렌드가 적용된 오브젝트는 직접 선택 도구 A ▷로 각 선의 모양을 손쉽게 수정할 수 있습니다.

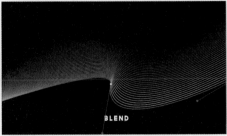

블렌드가 적용된 오브젝트를 더블클릭하면 격리 모드로 전환되며, 직접 선택 도구를 제외한 변형 도구를 이용해 위치와 모양 등을 수정할 수 있습니다.

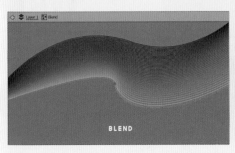

블렌드 도구를 더블클릭하면 나타나는 [Blend Options] 대화상자에서 블렌드 설정을 변경하여 다양하게 표현할 수 있습니다.

① **Spacing** | 블렌드 간격과 형식을 설정할 수 있습니다.

　· **Smooth Color** | 그레이디언트 효과처럼 색상이 매끄럽게 변화될 수 있도록 자동으로 계산됩니다.

　· **Specified Steps** | 오브젝트 사이에 생성될 오브젝트의 개수를 조절합니다.

　· **Specified Distance** | 오브젝트 사이에 생성될 오브젝트 사이의 거리를 지정합니다.

② 오브젝트의 개수 또는 오브젝트 사이의 거리를 입력합니다.

③ **Orientation** | 혼합된 오브젝트의 방향을 선택합니다.

　· **Align to page**

　· **Align to path**

심벌의 모양을 다르게 적용해 다양한 스타일의 3D 로고를 만들어보세요.

블렌드 오브젝트의 두께와 모양을 활용해 다양한 스타일의 로고를 만들어보세요.

자유자재로 지면을 활용하는 편집 디자인

CHAPTER

편집 디자인의 대표적인 요소를 작업하면서
실무에서 쓰이는 효과나 도구를
다양한 방법으로 활용해보세요.

LESSON 01

아이소메트릭 일러스트로
캐주얼한 명함 만들기

명함은 가장 흔하게 접할 수 있는 편집 디자인 작업이자 초보자가 처음 인쇄 작업을 경험하기에 좋습니다. 명함 인쇄는 과거와 달리 마음만 먹으면 누구나 할 수 있을 정도로 쉬워지고 편해졌습니다. 따라서 기본 작업 원리만 알고 나면 두 번째, 세 번째 명함 작업도 쉽게 할 수 있을 것입니다. 명함 작업 시 반드시 체크해야 할 사항과 주의할 점을 확인하면서 명함을 만들어보겠습니다.

PREVIEW

아이소메트릭 명함을 만들고 인쇄용 파일로 정리하기

(Rectangular Grid Tool) (Snap to Point) (Free Transform Tool)

아이소메트릭 작업을 위한 그리드 만들기

완성 파일　CHAPTER04\LESSON01\그리드완성.ai

길이와 폭, 높이가 모두 120°의 각도로 표현되는 일러스트를 아이소메트릭(Isometric) 일러스트라고 합니다. 이 일러스트는 오래전부터 꾸준히 사랑받는 일러스트 제작 기법 중 하나입니다. 평면인 2차원에서 3차원 형태의 입체 오브젝트를 동일한 각도로 표현하는 스타일로, 2D와 3D의 중간인 2.5D로 불리기도 합니다. 아이소메트릭 이미지를 표현하려면 보통 그리드나 3D 이펙트를 사용합니다. 명함 디자인에 포인트를 줄 수 있는 아이소메트릭 일러스트를 작업하면서 아이소메트릭의 기본 원리를 알아보겠습니다.

01 ①새 아트보드를 생성합니다. ②아이소메트릭 그리드를 만들기 위해 표 도구▦를 선택한 후③아트보드를 클릭합니다. ④[Rectangular Grid Tool Options] 대화상자가 나타나면 [Default Size]의 [Width]와 [Height]를 **70mm**로 입력합니다. ⑤[Horizontal Dividers]의 [Number]는 **50**, ⑥[Vertical Dividers]의 [Number]는 **50**으로 입력하고 ⑦[OK]를 클릭합니다. 일정한 간격의 그리드가 생성됩니다.

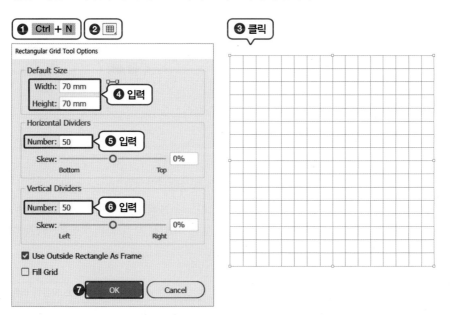

TIP 아이소메트릭 그리드는 아이소메트릭 일러스트를 작업할 때 선을 표시해 가이드 역할을 합니다. 칸 수에 따라 오브젝트의 길이나 각도를 파악하며 작업할 수 있습니다.

[Rectangular Grid Tool Options] 대화상자 더 알아보기

① **Default Size** | 표 크기 옵션으로 [Width]와 [Height]에 가로, 세로 크기를 입력합니다.

② **Horizontal Dividers** | 가로줄(행) 옵션으로 [Number]에 원하는 칸 수에서 1을 뺀 값을 입력합니다. [Skew]를 조절하면 선이 한쪽으로 치우치게 만들 수 있고, 기본값인 0%일 경우 선의 간격이 고르게 분포됩니다.

③ **Vertical Dividers** | 세로줄(열) 옵션으로 [Number]에 원하는 칸 수에서 1을 뺀 값을 입력합니다.

④ **Use Outside Rectangle As Frame** | 표의 전체 테두리 사각형을 상하좌우 따로 선으로 떼어 생성할지, 사각형으로 생성할지 선택하는 옵션입니다. 체크하면 사각형으로 생성됩니다.

⑤ **Fill Grid** | 체크 시 표 안에 면 색이 적용되어 생성됩니다.

02 ①선택 도구 V ▶를 선택한 후 ②생성된 그리드를 클릭합니다. ③[Properties] 패널의 [Rotate ⊿]에 **45°**를 입력하고 Enter 를 눌러 그리드를 45°만큼 회전합니다.

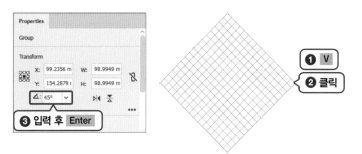

03 그리드의 세로 길이를 이용해 시점을 조절해보겠습니다. ①[Properties] 패널의 [H]에 **60%**를 입력한 후 Enter 를 누릅니다. ②그리드 오브젝트를 가이드로 설정하기 위해 단축키 Ctrl + 5 를 누릅니다. ③빈 아트보드를 마우스 오른쪽 버튼으로 클릭한 후 ④ [Lock Guides]를 클릭해 가이드를 잠급니다.

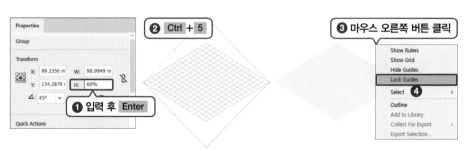

Design
실력 향상

아이소메트릭 그리드를 쉽게 만드는 방법

아이소메트릭 그리드는 정해진 각도와 모양이 있는 것으로 알려져 있지만, 시점에 따라 또는 디자이너의 표현 의도에 따라 그리드를 제작하는 방법이 다르기도 합니다. 다음을 참고하여 작업 상황에 맞게 활용해보세요.

▫ 내가 원하는 시점으로 그리드 만들기

280쪽 예제를 참고해 45° 회전된 그리드를 생성하고 메뉴바에서 [Object]-[Transform]-[Reset Bounding Box] 메뉴를 클릭합니다.

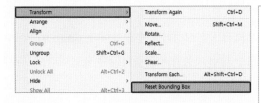

바운딩 박스가 오브 젝트 테두리에서 각 꼭지점으로 이동하 며 초기화됩니다.

바운딩 박스의 상단 중앙 포인트를 드래그하여 원하는 시점으로 그리드를 수정합니다.

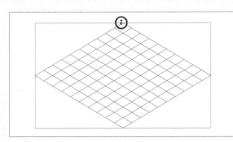
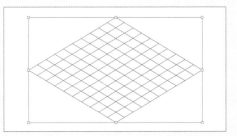

▫ 아이소메트릭 FM 그리드 만들기

선 도구로 Shift 를 누른 채 드래그하여 세로로 긴 직선을 그리고 Shift + Alt + → 를 여러 번 눌러 동일한 간격의 선을 생성합니다.

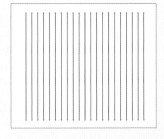

생성한 선을 모두 선택한 후 회전 도구로 60° 회전 복사합니다. 이어서 반전 도구로 [Vertical] 방향에 대칭 복사합니다. 모두 선택한 후 Ctrl + 5 를 눌러 오브젝트를 가이드로 설정합니다.

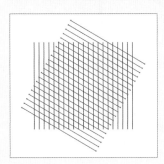
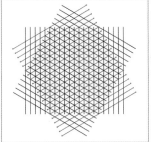
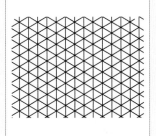

디자인 실무 실습

그리드를 활용해 아이소메트릭 일러스트 만들기

실습 파일 CHAPTER04\LESSON01\아이소메트릭.ai
완성 파일 CHAPTER04\LESSON01\아이소메트릭완성.ai

그리드를 만든 후 Snap to Point 기능을 이용하면 정확하고 쉽게 작업할 수 있습니다. 그리드 선이 교차되는 부분을 이용해 아이소메트릭 오브젝트를 생성하고 수정합니다. Snap to Point 기능이 불필요할 때는 단축키 Ctrl + Alt + ' 를 눌러 기능을 비활성화할 수 있습니다. 단축키 로 작업 효율을 높일 수 있으니 꼭 기억해두길 바랍니다.

01 ①예제 파일을 불러옵니다. ② Ctrl + Spacebar 를 누른 채 드래그하여 화면을 확대합니다. ③그리드에 포인트가 스냅되도록 단축키 Ctrl + Alt + ' 를 눌러 Snap to Point 기능을 활성화합니다. 우유갑 모양의 건물 오브젝트를 만들기 위해 ④펜 도구 P ✏를 선택한 후 ⑤세로 10칸, 가로 10칸의 사각형을 그립니다.

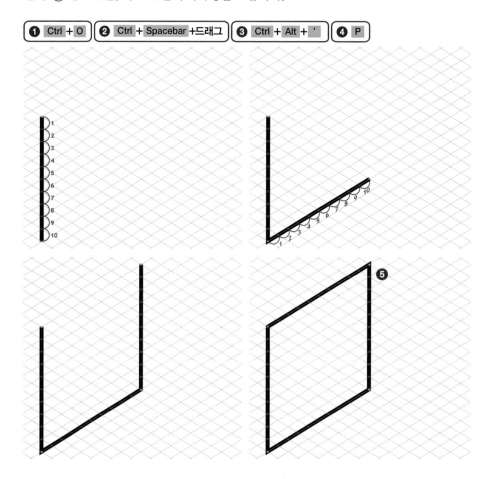

02 ①선택 도구 V ▶를 선택한 후 ②사각형 오브젝트를 클릭합니다. ③반전 도구 O ▷◁를 선택한 후 ④왼쪽 하단 포인트를 Alt 를 누른 채 클릭합니다. ⑤[Reflect] 대화상자가 나타나면 [Vertical]을 선택한 후 ⑥[Copy]를 클릭해 대칭 복사합니다. ⑦왼쪽 오브젝트는 면 색을 **#FEF6F5**로 지정하고 ⑧오른쪽 오브젝트는 면 색을 **#FDE8E7**로 지정합니다.

왼쪽 오브젝트 : 면 색 **#FEF6F5** | 오른쪽 오브젝트 : 면 색 **#FDE8E7**

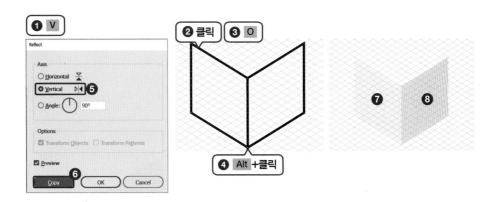

03 ①우유갑 모양의 지붕을 만들기 위해 펜 도구 P ✎를 선택한 후 ②③세로 3칸, 가로 5칸의 사선을 그립니다. ④오른쪽 상단 끝의 포인트를 클릭해 ⑤지붕 오른쪽 옆면의 삼각형 모양을 만듭니다. ⑥면 색은 오른쪽 몸체와 동일한 **#FDE8E7**로 지정합니다.

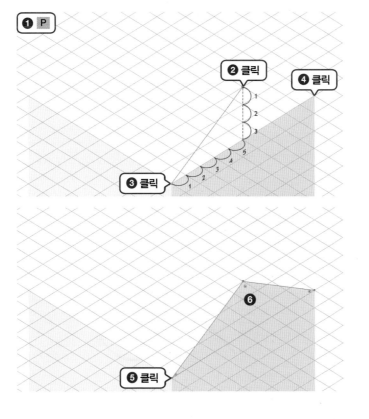

04 ①다음과 같이 지붕의 앞면 모양을 만듭니다. ②면 색은 **#ED1C24**로 지정합니다.

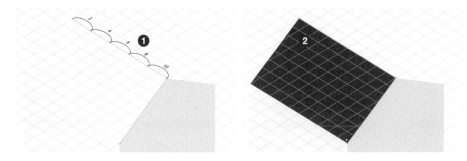

05 ①다음과 같이 세로 2칸, 가로 10칸으로 지붕의 윗면 부분을 그립니다. ②면 색은 지붕의 앞면과 동일한 **#ED1C24**로 지정합니다.

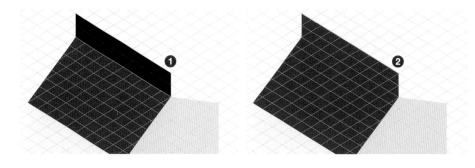

일러스트레이터 실무 강의

06 지붕의 앞면에 스트라이프 패턴을 표현하기 위해 ①사각형 도구 M □를 선택한 후 ②그리드 선에 맞춰 세로로 긴 직사각형을 그립니다. ③선택 도구 V ▶를 선택한 후 ④직사각형의 왼쪽 패스 선부터 Alt 를 누른 채 드래그하여 서로 여백 없이 딱 붙도록 이동 복사합니다.

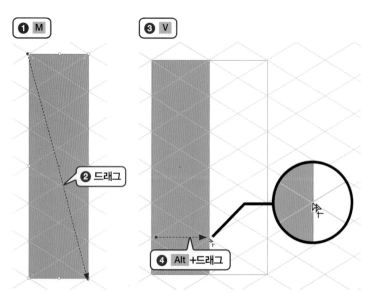

07 Ctrl + D 를 눌러 총 7개의 직사각형을 생성합니다.

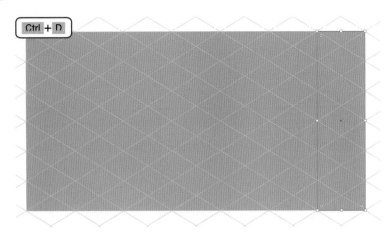

08 ① 직사각형 7개의 면 색을 **#ED1C24**와 ② **#FFFFFF**로 번갈아가며 지정해 스트라이프 패턴으로 만듭니다. ③ 직사각형을 모두 선택한 후 ④ Ctrl + G 를 눌러 그룹화합니다.

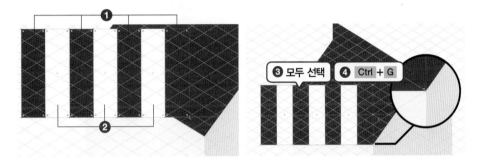

09 ① 스트라이프 패턴 오브젝트를 클릭한 후 ② 자유 변형 도구 E 🔄 를 선택합니다. ③ 변형 도구 패널이 나타나면 자유 조작 도구 🔲 를 선택합니다. ④ 스트라이프 패턴의 오른쪽 상단 포인트를 우유갑 모양 지붕 앞면의 오른쪽 상단 포인트로 드래그합니다.

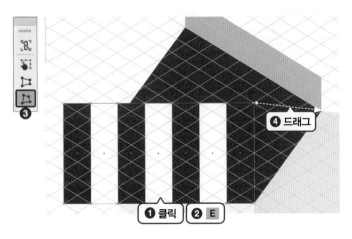

10 순서대로 스트라이프 패턴을 우유갑 모양 지붕의 앞면에 맞춰 형태를 변형합니다.

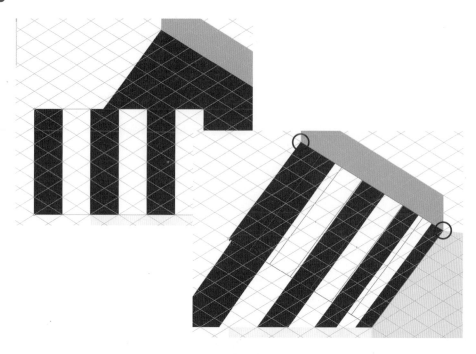

> **TIP** 변형 도구 패널에서 자유 조작 도구를 선택하지 않아도 단축키 `Ctrl` 을 이용하면 자유 조작 도구를 사용할 수 있습니다. 이때 `Ctrl` 을 먼저 누르지 않고 오브젝트를 드래그하는 중에 `Ctrl` 을 누릅니다.

11 ①펜 도구 `P` 🖊를 선택합니다. ②입체감을 표현하기 위해 다음과 같은 모양의 오브젝트를 그린 후 면 색을 **#EF412D**로 지정합니다. ③이어서 다음 오브젝트를 그린 후 면 색을 **#BA282E**로 지정합니다.

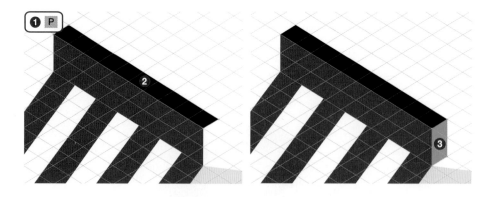

12 ①직접 선택 도구 A ▷ 를 선택한 후 ②③④표시된 각 포인트를 선택합니다. 이때 겹쳐 있는 포인트도 빠짐없이 선택하기 위해 Shift 를 누른 채 드래그하여 선택합니다. ⑤선택한 포인트를 드래그하여 두께를 그리드의 절반 정도로 얇게 수정합니다.

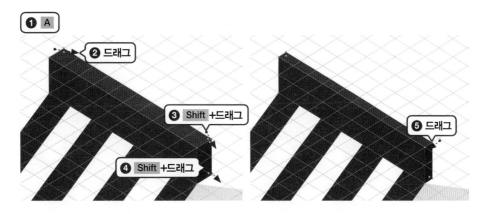

13 ①펜 도구 P ✎ 를 선택한 후 ②다음과 같이 오브젝트를 그립니다. ③선택 도구 V ▶ 를 선택한 후 ④스트라이프 패턴의 지붕을 클릭합니다. ⑤자유 변형 도구 E ⬚ 를 선택한 후 ⑥하단 중앙 포인트를 드래그해 길이를 길게 수정합니다.

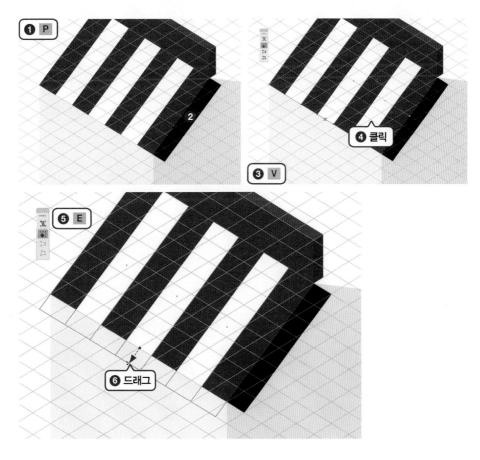

14 ①직접 선택 도구 A ▷를 선택하고 ②검은색 사각형의 하단 포인트 2개를 선택한 후 스트라이프 패턴의 길이와 동일하게 선 끝을 맞춰 수정합니다. 이때 왼쪽 포인트를 그리드 선에 맞춰 드래그하면 정확하게 이동할 수 있습니다. 스트라이프 패턴인 지붕 앞면의 입체감을 표현해보겠습니다. ③하단 포인트를 그리드 선에 맞춰 드래그하여 스트라이프 패턴의 빨간색 부분과 겹치게 합니다. ④검은색 사각형의 하단 오른쪽 포인트를 클릭합니다. ⑤[Live Corners Widget]이 표시되면 드래그해 모서리를 둥글게 수정합니다. ⑥ Ctrl + [를 눌러 오브젝트를 스트라이프 패턴 오브젝트의 아래로 배치합니다.

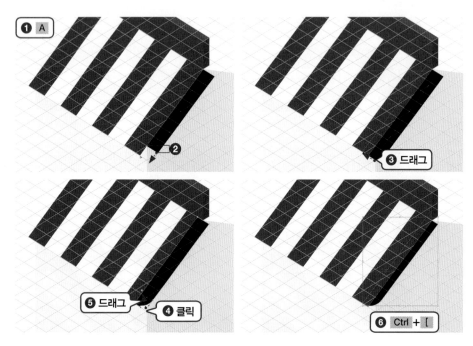

15 ①선택 도구 V ▶를 선택한 후 ②스트라이프 패턴인 지붕 앞면을 더블클릭해 격리 모드로 전환합니다. ③직접 선택 도구 A ▷를 선택한 후 ④지붕 앞면의 하단 포인트를 모두 선택합니다. ⑤[Live Corners Widget]이 표시되면 드래그하여 지붕의 하단 모양을 둥글게 수정합니다. ⑥빈 곳을 더블클릭해 격리 모드를 해제합니다. ⑦입체감을 표현한 부분에서 떨어진 부분의 포인트를 드래그해 중간에 빈틈이 없도록 수정합니다. ⑧면 색은 **#BA282F**로 지정합니다.

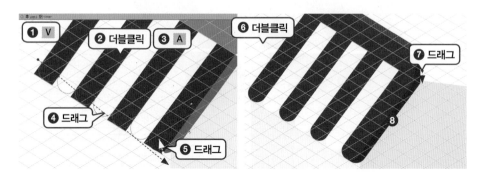

일러스트레이터 실무 강의

16 ①우유갑 모양의 지붕 뒷면을 만들기 위해 다음과 같이 오브젝트를 생성합니다. ②직접 선택 도구 A ▷를 선택한 후 ③상단 오른쪽 포인트를 아래로 드래그하면서 Shift 를 눌러 수직으로 반전해 위치를 조정합니다.

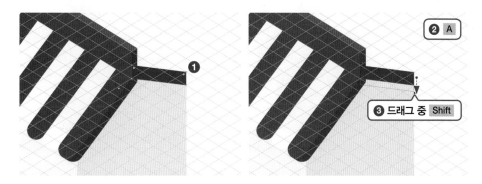

17 ①오브젝트를 오른쪽으로 드래그해 길고 얇은 모양으로 수정합니다. ②펜 도구 P ✎를 선택한 후 ③살짝 보이는 지붕의 뒷면을 그리고 면 색을 **#EC2027**로 지정합니다.

18 이어서 간판을 만들어보겠습니다. ①지붕 아래쪽에 가로 7칸, 세로 3칸의 직사각형 오브젝트를 만든 후 입체감을 표현하는 직사각형 오브젝트까지 생성합니다. ②올가미 도구 Q ☞를 선택한 후 ③④⑤입체감을 표현한 오브젝트의 바깥 포인트를 각각 드래그해 선택합니다.

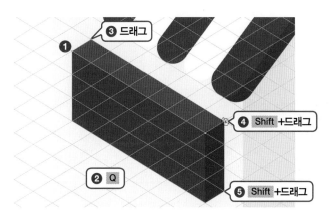

19 ① 직접 선택 도구 A ▷ 를 선택한 후 ② 그리드 선에 맞춰 드래그하여 두께를 얇게 수정합니다. ③ 간판에 해당하는 모든 오브젝트를 선택한 후 ④ Ctrl + G 를 눌러 그룹화합니다.

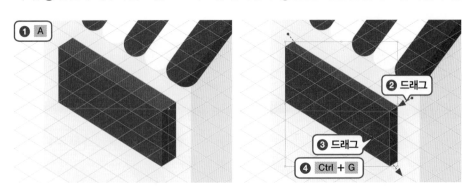

20 ① 단축키 Ctrl + Alt + 3 을 눌러 숨겨져 있던 오브젝트를 표시합니다. ② 그리드가 교차된 부분에 맞춰 창문의 위치를 조절합니다.

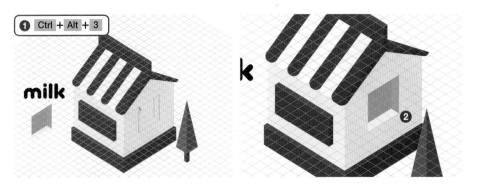

Design
실력 향상 ┃ 그리드가 교차된 부분에 스냅하기

Snap to Point 기능이 활성화되면 오브젝트의 포인트를 드래그해 그리드가 교차된 부분이나 그리드 선 위로 정확히 이동할 수 있습니다. 이때 마우스 포인터가 그리드 선 바깥 영역에 있으면 검은색으로 표시되고, 그리드 선 위에 있으면 흰색으로 표시됩니다.

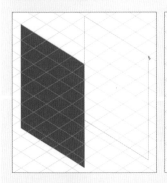
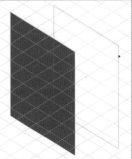
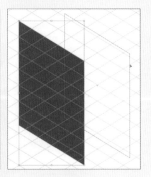

21 ①나무 일러스트를 몇 그루 복사해 우유갑 모양의 건물 주변을 꾸며줍니다. ② Ctrl + ; 를 눌러 그리드를 켜고 끄면서 중간 과정을 확인합니다.

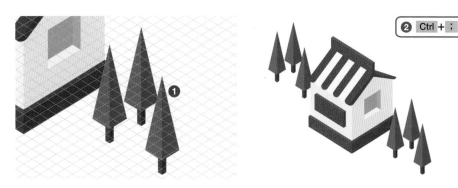

22 ①텍스트 오브젝트를 간판 오브젝트 위에 배치합니다. ②면 색을 **#FFFFFF**로 지정한 후 ③자유 변형 도구 E 를 선택합니다. ④텍스트 오브젝트의 오른쪽 끝부분을 아래로 드래그해 기울기를 조절합니다. ⑤모든 오브젝트를 선택하고 ⑤ Ctrl + G 를 눌러 그룹 화하여 완성합니다.

23 아이소메트릭 기본 원리를 생각하며 조금 더 디테 일한 형태의 우유갑 모양 건물 일러스트를 꾸며봅 니다.

아이소메트릭 일러스트로 꾸민 명함 만들기

완성 파일   CHAPTER04\LESSON01\아이소메트릭명함완성.eps

명함 작업에 필요한 아트보드의 설정은 [New Document] 대화상자에서 손쉽게 할 수 있습니다. 예제를 통해 명함 작업에 적합한 아트보드 설정을 이해하고, 실무 명함 작업에 필요한 기본 사항을 알아보겠습니다.

01 ①단축키 Ctrl + N 을 눌러 [New Document] 대화상자를 불러옵니다. ②[Print] 탭을 클릭한 후 ③[BLANK DOCUMENT PRESETS]에 표시된 다양한 크기의 아트보드 중 [A4]를 클릭합니다. ④[Create]를 클릭해 새로운 아트보드를 생성합니다.

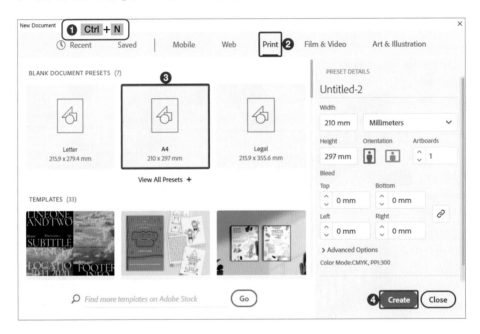

> **TIP** [Print] 탭에서 아트보드를 선택하면 인쇄에 적합한 작업 환경으로 자동 설정됩니다. [Advanced Options]를 클릭하면 아트보드 정보를 확인할 수 있습니다. 명함 작업을 마치고 나서 먼저 샘플을 인쇄한 후에 인쇄 업체로 보낼 예정이라면 [BLANK DOCUMENT PRESETS] 옵션 중 [A4]를 선택하여 작업을 시작합니다.

02 ①사각형 도구 M □ 를 선택한 후 ②아트보드를 클릭합니다. ③[Rectangle] 대화상자가 나타나면 명함 규격 크기로 [Width]에 **90mm**, [Height]에 **50mm**를 입력합니다. ④ [OK]를 클릭해 오브젝트를 생성한 후 ⑤면 색을 **#FBD0D1**로 지정합니다.

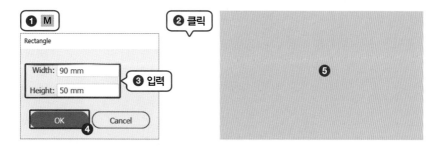

TIP 명함의 바탕 디자인에 따라 명함의 크기를 편집용 크기(92×52mm)로 지정하고 시작할지, 명함의 실제 크기인 재단용 크기 (90×50mm)로 시작할지 선택할 수 있습니다. 바탕에 단색 또는 단순한 패턴이 적용되어 있는 경우는 큰 문제가 없습니다. 그러나 바탕에 불규칙적인 패턴이나 일러스트가 들어가는 경우에는 편집용 크기로 시작해야 인쇄 파일로 마무리할 때 영역을 넓히는 등의 불필요한 작업을 줄일 수 있습니다.

03 ①앞서 완성한 아이소메트릭 일러스트를 복사해서 붙여 넣습니다. ②글자 도구 T T 를 선택한 후 ③아트보드를 클릭해 상호명을 입력합니다. ④ Esc 를 눌러 문자 입력을 마친 후 ⑤[Character] 패널에서 글자 크기와 글꼴, 자간 등을 조정합니다.

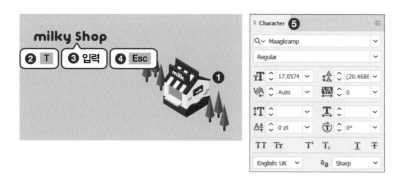

TIP 글꼴과 크기, 자간 등을 수정하려면 Ctrl + T 를 눌러서 [Character] 패널을 불러오거나, 상단 컨트롤 패널과 [Properties] 의 [Character] 패널을 사용합니다.

04 ①같은 방법으로 SNS 계정 주소, 기타 홍보 문구 등을 입력한 후 ②[Character] 패널에 서 텍스트 서식을 조정해 명함의 앞면을 완성합니다.

TIP 텍스트 서식은 자유롭게 지정해도 됩니다.

05 ① 02~04 과정과 같은 방법으로 명함의 뒷면을 작업한 후 다음과 같이 앞면과 뒷면을 나란히 배치합니다. ② Ctrl + S 를 눌러 명함의 원본 파일을 저장합니다.

완성된 명함을 인쇄용 파일로 정리하기

완성 파일 CHAPTER04\LESSON01\아이소메트릭명함완성.ai

명함을 완성한 후 인쇄용 파일로 변환할 줄 모르면 업체에 비싼 값을 지불하며 의뢰할 수밖에 없습니다. 이런 부담을 덜기 위해서는 인쇄용 파일로 정리하는 과정 중 몇 가지 사항에 익숙해질 필요가 있습니다. 예제를 통해 디자인 작업물을 인쇄용 파일로 정리하는 방법을 알아보고, 다른 인쇄물에도 쉽게 적용할 수 있도록 해보겠습니다.

01 ① 선택 도구 V ▶ 를 선택한 후 ② 명함 앞면의 바탕 오브젝트를 클릭합니다. ③ Ctrl + C 를 눌러 복사한 후 ④ Ctrl + B 를 눌러 복사한 오브젝트와 같은 위치에서 뒤에 배치되도록 붙여 넣습니다.

02 붙여 넣은 오브젝트가 선택된 상태에서 상단 컨트롤 패널이나 [Properties] 패널의 [Transform]을 이용해 상하좌우를 1mm씩 늘인 편집용 크기로 수정하겠습니다. ①먼저 고정섬을 중앙으로 지정한 후 ②비례 유지를 해제합니다. ③[W]에 **92mm**를 입력하고 [H]에 **52mm**를 입력합니다. ④안쪽의 기존 재단 영역을 클릭한 후 ⑤구분을 위해 면 색은 **없음**, 선 색은 **#000000**으로 지정합니다.

면 색 **없음** | 선 색 **#000000**

03 ①같은 방법으로 뒷면도 편집용 크기로 수정합니다. ②재단 시 디자인 요소가 잘리지 않도록 편집용 크기에 맞춰 요소의 모양을 늘여줍니다. ③안쪽의 기존 재단 영역을 클릭한 후 ④면 색은 **없음**, 선 색은 **#000000**으로 지정합니다. ⑤편집용 크기(92×52mm)의 면 색은 **#FFFFFF**, 선 색은 **없음**으로 지정합니다.

재단 영역 : 면 색 **없음** | 선 색 **#000000** / 편집 크기 : 면 색 **#FFFFFF** | 선 색 **없음**

04 ①모든 오브젝트를 선택한 후 ②③재단 영역만 [Shift]를 누른 채 클릭하여 제외합니다. ④메뉴바에서 [Type]-[Create Outlines] 메뉴를 클릭해 글자 오브젝트를 면 오브젝트로 모양 확장합니다. ⑤메뉴바에서 [Object]-[Expand Appearance] 메뉴와 ⑥[Object]-[Expand] 메뉴를 순서대로 클릭해 모양 확장합니다.

05 ①재단 영역만 제외하고 앞면을 모두 선택한 상태에서 ② [Ctrl] + [G] 를 눌러 그룹화합니다. ③앞면의 요소가 그룹화되면서 재단 영역 위에 배치된 상태이므로 단축키 [Ctrl] + [Shift] + [[ ] 를 눌러 재단 영역 아래에 배치되게 합니다.

06 ①뒷면도 **01~05** 과정과 같은 방법으로 재단 영역을 제외하고 선택해 ②그룹화한 후 ③ `Ctrl` + `Shift` + `[` 를 눌러 재단 영역 아래에 배치되게 합니다.

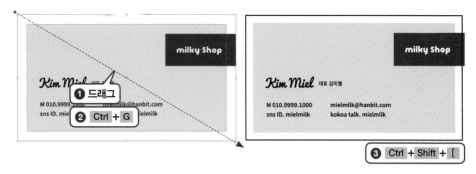

07 ①②앞면과 뒷면의 재단선을 모두 선택한 후③면 색과 선 색을 모두 **없음**으로 지정합니다.

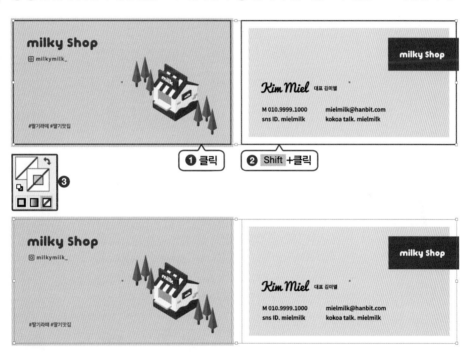

> **TIP** 별색을 사용했다면 색에 관련된 인쇄 사고가 없도록 컬러 모드를 인쇄용인 CMYK 모드로 변환해야 합니다. [Swatches] 패널에서 사용한 별색을 모두 삭제하거나, 오브젝트를 모두 선택한 후 메뉴바에서 [Edit]-[Edit Colors]-[Convert to CMYK] 메뉴를 클릭하면 변환됩니다.

인쇄하기 전 오브젝트 속성 확인하기

[Document Info] 패널은 인쇄하기 전에 오브젝트 속성을 전체적으로 확인할 수 있어 유용합니다. [Document Info] 패널에서 다음과 같이 오브젝트 속성을 확인할 수 있습니다.

오브젝트를 모두 선택한 후 메뉴바에서 [Window]−[Document Info] 메뉴를 클릭합니다. 파일 정보를 확인할 수 있는 [Document Info] 패널이 나타나면 드롭다운 메뉴▤를 클릭해 [Objects]에 체크한 후 선택한 오브젝트의 정보를 확인할 수 있습니다.

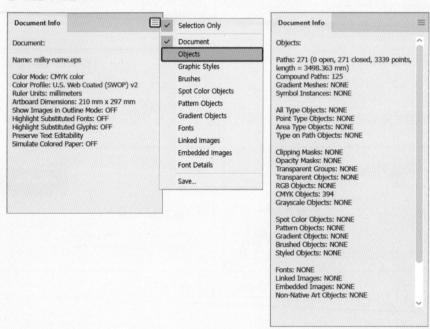

일러스트레이터 실무 강의

인쇄용 파일을 인쇄 업체나 클라이언트에게 넘길 경우 대부분의 요소는 [NONE]으로 표시되어야 합니다. 이때 문서 포함 이미지를 나타내는 [Embedded Images], 오브젝트나 패스가 인쇄용임을 나타내는 [CMYK Objects], 열린 패스를 확인할 수 있는 [Paths]는 제외합니다. [Compound Paths]는 인쇄 업체에서 파일 구성을 [NONE]으로 지정했을 시 메뉴바에서 [Object]−[Compound Path]−[Release]를 클릭해 만듭니다. [Release]가 적용된 오브젝트 중 변화가 보이는 오브젝트는 수정해야 하므로 오브젝트의 변화를 꼭 확인합니다.

▲ [Release] 적용 전   ▲ 안쪽에 빈 공간이 있는 오브젝트는 색으로 채워짐

▲ 스포이트 도구로 적용할 색을 클릭 후 빈 공간에 채워진 색을 Alt 를 누른 채 클릭해 색을 다시 적용함

08 ① Ctrl + Shift + S 를 눌러 다른 이름으로 저장합니다. ②[Save as] 대화상자에서 [파일 형식]을 [Illustrator EPS (*.EPS)]로 지정한 후 ③[저장]을 클릭합니다. ④[EPS Options] 대화상자가 나타나면 [Version]을 목적에 맞는 프로그램 버전으로 지정한 후 ⑤[OK]를 클릭해 저장합니다.

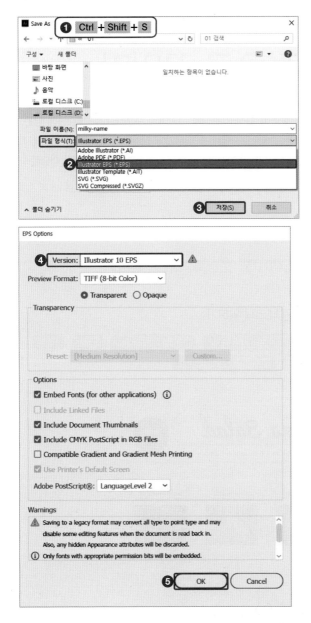

> **TIP** 인쇄 업체에 전달할 EPS 파일은 인쇄 업체에서 사용하는 일러스트레이터의 버전 정보를 확인한 후 해당 버전으로 저장합니다. 확인이 불가능하거나 일반적인 경우라면 [Illustrator 10 EPS]에서 [Illustrator CS2]까지의 버전 중 선택하여 저장합니다.

LESSON 02

편집 디자인 실무 테크닉으로
지면을 효과적으로 꾸미기

지면을 활용한 홍보 인쇄물은 첫인상이 좋아야 고객의 관심을 이끌어낼 수 있습니다. 한 면에 담는 내용을 효과적으로 전달하기 위해서는 자연스러운 흐름으로 구성하고 디자인에 강약을 주어 쉽게 읽히도록 작업해야 합니다. 전단지와 같은 홍보용 지면에 자주 사용되는 효과적인 기능들을 알아보고 지면을 꾸미는 다양한 테크닉을 배워보겠습니다.

PREVIEW

전단지 지면을 꾸미는 다양한 디자인 테크닉 익히기

Arrowheads   Pucker & Bloat   Clipping Mask   Drop Shadow   Flag   Rise
Area Type Options   Justification   Find and Replace

전단지 타이틀 장식하기

실습 파일 CHAPTER04\LESSON02\전단지.ai
완성 파일 CHAPTER04\LESSON02\전단지완성1.ai

선에 관한 옵션을 조절하는 [Stroke] 패널에서 [Arrowheads]를 확인할 수 있습니다. 이 옵션은 보통 화살표를 표현할 때 많이 사용하며, 그 외에도 손가락 모양, 가위 모양, 원형 모양 등선의 시작점과 끝점을 다양한 모양으로 표현할 수 있습니다. 예제를 통해 실무에서 활용되는 [Arrowheads]를 사용해보겠습니다.

01 ①예제 파일을 불러옵니다. ②선택 도구 ▼▶를 선택한 후 ③타이틀에 그려진 가로선 중 첫 번째와 세 번째에 있는 긴 가로선을 모두 선택합니다. ④상단 컨트롤 패널에서 [Stroke]를 클릭합니다.

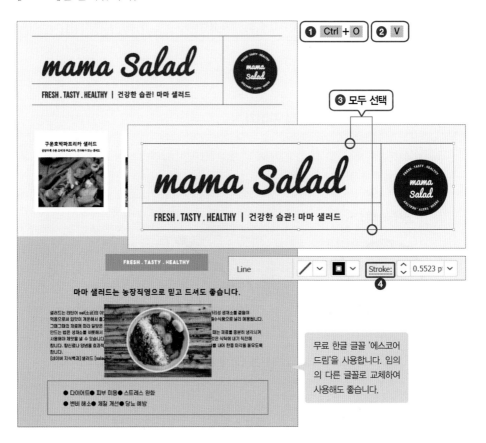

무료 한글 글꼴 '에스코어 드림'을 사용합니다. 임의의 다른 글꼴로 교체하여 사용해도 좋습니다.

02 ① [Stroke] 패널이 나타나면 [Arrowheads]−[Start Point]의 ☑를 클릭한 후 ② 목록에서 [Arrow 22]를 클릭합니다. ③ 같은 방법으로 [End Point]도 [Arrow 22]로 지정합니다.

Design
실력 향상 ## 선의 시작점과 끝점 꾸미기

[Arrowheads]는 모든 패스 선의 시작점과 끝점에 적용할 수 있는 옵션입니다. 다양한 모양을 선택할 수 있어 각종 디자인 분야에 유용하게 사용됩니다.

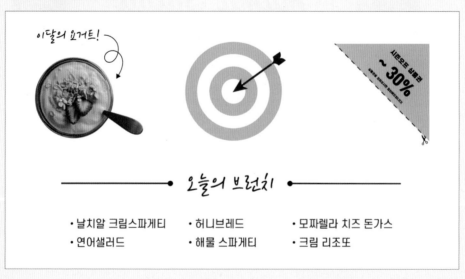

03 ① 검은색 원 오브젝트를 클릭합니다. ② 상하좌우 4개로 구성된 원의 포인트 사이에 포인트를 추가하기 위해 메뉴바에서 [Object]–[Path]–[Add Anchor Points] 메뉴를 클릭합니다. ③ 선택한 원의 포인트가 2배로 늘어나 8개가 되었습니다.

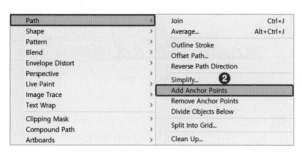

04 ① 같은 방법으로 두 번 더 반복해 포인트를 추가합니다. ② 메뉴바에서 [Effect]–[Distort & Transform]–[Pucker & Bloat] 메뉴를 클릭합니다.

05 ① [Pucker & Bloat] 대화상자가 나타나면 **2.5%**를 입력한 후 ② [OK]를 클릭합니다.

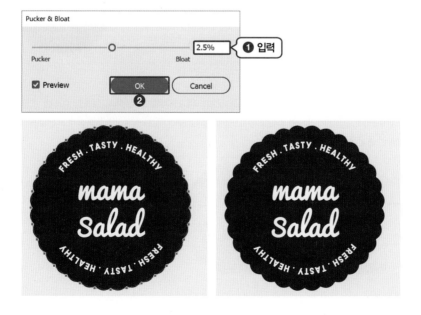

06 ①이펙트가 적용된 오브젝트와 텍스트를 모두 선택한 후 ② `Ctrl` + `G` 를 눌러 그룹화합니다. ③상단 타이틀 오브젝트를 모두 선택한 후 ④ `Ctrl` + `G` 를 눌러 그룹화합니다. ⑤ `Ctrl` + `Shift` + `A` 를 눌러 모든 선택을 해제하여 타이틀을 완성합니다.

> **TIP** 바탕에 오브젝트가 있다면 선택을 해제하는 단축키 `Ctrl` + `Shift` + `A` 를 눌러 아트보드를 클릭하지 않고도 선택을 해제할 수 있습니다. 유용한 단축키이니 외워두면 편리합니다.

Design
포인트 개수에 따라 오브젝트 표현하기

[Pucker & Bloat] 이펙트는 오브젝트의 형태와 포인트의 개수에 따라 오브젝트의 테두리 모양을 다양하게 표현할 수 있습니다.

다른 방법으로도 포인트 개수에 따른 다양한 모양을 만들 수 있습니다.

□ 별 도구(Star Tool) 이용하기
별 도구(Star Tool)를 선택한 후 빈 아트보드를 클릭하면 나타나는 [Star] 대화상자에서 [Points]에 원하는 값을 입력해 포인트의 개수를 조절할 수 있습니다. 오브젝트를 드래그하면서 그릴 때는 `Ctrl` 을 누른 채 드래그하여 뾰족한 정도를 조절하고, `↑`, `↓` 를 눌러 포인트 개수를 조절할 수 있습니다.

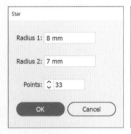

□ [Zig Zag] 이펙트 이용하기
메뉴바에서 [Effect]-[Zig Zag] 메뉴를 클릭합니다. [Zig Zag] 대화상자의 [Size]에서 뾰족한 정도를 조절하고 [Ridges per segment]에서 포인트 개수를 조절합니다. [Points]의 [Smooth]를 선택하면 뾰족하게 표현할 수 있고, [Corner]를 선택하면 둥글게 표현할 수 있습니다.

메뉴 이미지 영역 장식하기

완성 파일   CHAPTER04\LESSON02\전단지완성2.ai

편집 디자인 작업을 하다 보면 아이콘이나 일러스트레이션 외에 사진을 다룰 때도 많습니다. 실습을 통해 클리핑 마스크가 적용된 사진 오브젝트를 다뤄보겠습니다. 클리핑 마스크를 면밀히 이해하면 사진 오브젝트도 더욱 효과적으로 다룰 수 있게 되어 작업의 효율성을 높일 수 있습니다.

01 클리핑 마스크가 적용된 음식 이미지의 보이는 영역과 크기를 조절해보겠습니다. ①직접 선택 도구 A ▷ 를 선택한 후②왼쪽 첫 번째 음식 이미지 안쪽을 클릭합니다.

02 ①선택 도구 V ▶ 를 선택합니다. ②앞서 직접 선택 도구로 선택했던 이미지에 바운딩 박스가 표시되면 Shift 를 누른 채 드래그하여 이미지의 크기를 수정합니다.

TIP 선택 도구를 선택하지 않아도 직접 선택 도구 상태에서 단축키 Ctrl 을 눌러 일시적으로 선택 도구를 사용할 수 있습니다.

03 ①이미지를 드래그하여 보이는 영역을 보기 좋게 수정합니다. ②수정을 완료한 후 `Ctrl` + `Shift` + `A` 를 눌러 선택을 해제합니다.

04 같은 방법으로 나머지 음식 이미지의 크기와 위치도 조절합니다.

Design
실력 향상 | **클리핑 마스크를 제대로 다루는 방법**

클리핑 마스크가 적용된 이미지의 보이는 영역이나 크기를 수정해야 할 경우 직접 선택 도구로 이미지만 선택한 후 선택 도구를 이용해 크기와 보이는 영역을 수정할 수 있습니다. 처음부터 선택 도구로 이미지를 클릭하면 이미지 원본이 선택되지 않고 클리핑 마스크가 적용된 이미지만 선택됩니다.

클리핑 마스크가 적용된 이미지를 반복되는 형태로 배치할 때는 1개만 먼저 작업한 후 이동 복사해 이미지만 변경하는 것이 통일감을 줄 수 있고 편리합니다.

이미지를 변경하려면 상단 컨트롤 패널에서 [Embedded]로 표시되거나 파일명으로 표시되는 텍스트를 클릭한 후 [Relink]를 클릭합니다. 변경하고 싶은 이미지를 선택해 변경할 수 있습니다.

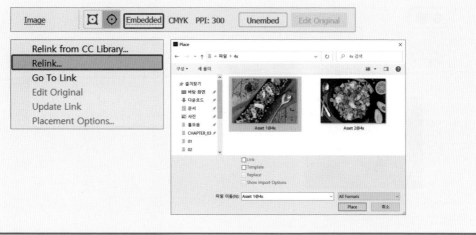

05 ① 선택 도구 V ▶를 선택한 후 ② 이미지 뒤에 배치되어 있는 3개의 프레임을 모두 선택합니다. ③ 그림자를 적용하기 위해 메뉴바에서 [Effect]-[Stylize]-[Drop Shadow] 메뉴를 클릭합니다. ④[Drop Shadow] 대화상자가 나타나면 [X Offset]과 [Y Offset]에 모두 **0mm**을 입력해 그림자의 위치를 조절한 후 ⑤[Blur]에 **0.5mm**를 입력해 그림자가 퍼지는 정도를 조절합니다. ⑥[Opacity]에 **13%**를 입력해 그림자가 자연스럽게 자리잡을 수 있도록 투명도를 조절한 후 ⑦[OK]를 클릭합니다.

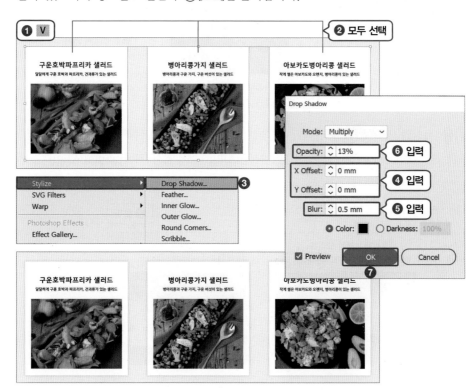

06 ①선 도구 ₩ ☑를 선택한 후 ② Shift 를 누른 채 메뉴 이름 위로 드래그해 가로로 긴 직선을 생성합니다. ③선 색을 **#000000**으로 지정한 후 ④두께를 **0.5pt**로 조절합니다.

07 ①직선을 점선으로 만들기 위해 [Stroke] 패널에서 [Dashed Line]에 체크합니다. ② [dash]와 [gap]이 활성화되면 [dash]에 **2.5pt**를 입력해 점선의 길이를 지정하고, [gap]에 **2pt**를 입력해 여백의 길이를 지정합니다.

TIP 첫 번째 [dash]와 [gap]에 입력한 값이 반복되면서 점선이 생성됩니다. 두 번째, 세 번째에 다른 값을 입력할 수도 있습니다.

08 ①선택 도구 Ⅴ ▶를 선택한 후 ②점선과 프레임을 모두 선택합니다. ③한 번 더 프레임을 클릭해 Key Object로 지정한 후 ④[Align] 패널에서 [Horizontal Align Center ▦] 를 클릭해 정렬합니다.

09 오른쪽 2개의 메뉴 위에도 점선을 이동 복사한 후 정렬해 오브젝트를 정리합니다.

10 ①별 도구 ⭐를 선택합니다. ②다음과 같이 별 모양 오브젝트를 생성합니다. ③별 모양 오브젝트의 선 색은 **없음**, 면 색은 **#ED1C24**로 지정합니다.

> **TIP** 포인트 개수는 ↑, ↓ 를 눌러 조절하고, 뾰족한 정도는 Ctrl 을 누른 채 안쪽으로 드래그하여 조절합니다.

11 ①글자 도구 T T 를 선택한 후 ②**BEST**를 입력합니다. ③오브젝트와 글자를 모두 선택해 그룹화한 후 ④크기와 위치를 조절합니다. ⑤메뉴 텍스트와 이미지, 프레임을 모두 선택한 후 ⑥ Ctrl + G 를 눌러 그룹화합니다.

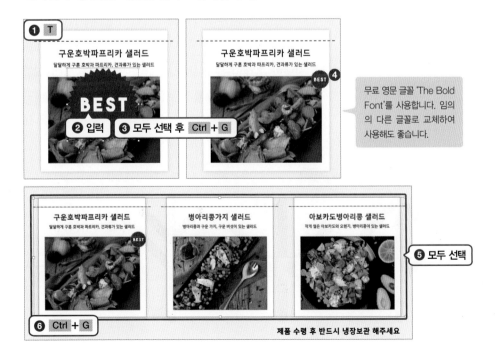

무료 영문 글꼴 'The Bold Font'를 사용합니다. 임의의 다른 글꼴로 교체하여 사용해도 좋습니다.

12 하단의 장식용 아이콘을 만들어보겠습니다. ①선 도구 ₩ ⧄ 를 선택한 후 ②빈 공간에서 Shift 를 누른 채 드래그하여 세로 방향의 짧은 직선을 생성합니다. ③[Stroke] 패널에서 [Weight]를 **2pt**로 조절한 후 ④[Cap]은 [Round Cap ⬤]을 클릭해 선의 양끝 단면이 둥근 모양이 되도록 합니다.

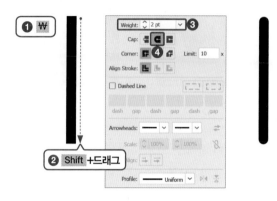

13 ①사각형 도구 M ▢ 를 선택한 후 ②패스 선 위에서 Shift + Alt 를 누른 채 중앙에서부터 드래그하여 작은 사각형을 그립니다. ③바운딩 박스 모서리에서 꺾인 양방향 화살표가 표시되면 드래그하면서 Shift 를 눌러 **45° 회전**합니다.

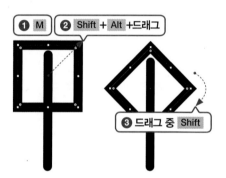

> **TIP** 다음 과정을 위해 Ctrl + K 를 눌러 [Preferences] 대화상자가 나타나면 [Scale Strokes & Effects]의 체크가 해제되어 있는지 확인하고 체크되어 있으면 해제합니다.

14 ①직접 선택 도구 A ▷ 를 선택한 후 ②마름모 상단 포인트를 클릭하고 ③ Delete 를 눌러 삭제합니다. ④삭제하고 남은 오브젝트를 Alt 를 누른 채 드래그하면서 Shift 를 눌러 수직 이동 복사합니다. ⑤원본 오브젝트와 복사한 오브젝트의 크기를 수정합니다. ⑥모든 오브젝트를 선택한 후 ⑦ Ctrl + G 를 눌러 그룹화합니다.

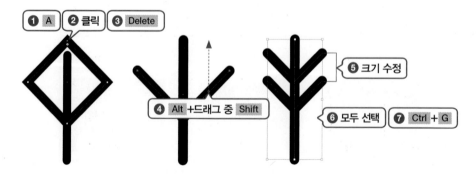

15 ① 회전 도구 R ↻를 선택한 후 ② 오브젝트의 하단 패스 선 끝부분을 Alt 를 누른 채 클릭합니다. ③ [Rotate] 대화상자가 나타나면 [Angle]에 **60°**를 입력하고 ④ [Copy]를 클릭해 회전 복사합니다. ⑤ Ctrl + D 를 네 번 눌러 반복 복사하여 눈꽃 모양을 완성합니다.

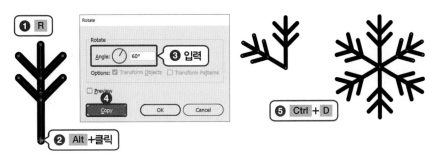

16 ① Ctrl + Shift + A 를 눌러 선택을 해제합니다. ② 다각형 도구 ⬡를 선택한 후 ③ Shift + Alt 를 누른 채 중앙에서부터 드래그하여 육각형을 생성합니다.

> **TIP** 드래그를 시작한 지점을 도형의 중심점으로 지정하려면 Alt 를 누른 채 드래그합니다.

17 ① 회전 도구 R ↻를 선택한 후 ② 육각형을 패스 선에 맞춰 회전합니다. ③ 눈꽃 오브젝트를 모두 선택한 후 ④ Ctrl + G 를 눌러 그룹화합니다. ⑤ 크기를 조절하여 사진 하단 문구 옆에 위치하게 합니다.

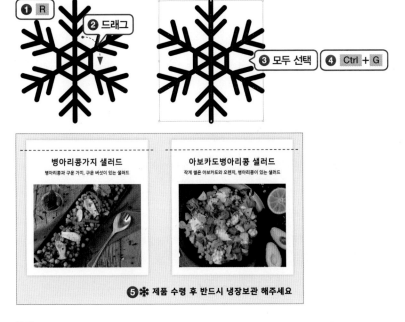

> **TIP** 크기를 조절하기 전에 다시 Ctrl + K 를 눌러 [Preferences] 대화상자가 나타나면 [Scale Strokes & Effects]에 체크해 기본 상태로 되돌립니다.

리본을 만들고 입체적으로 표현하기

완성 파일   CHAPTER04\LESSON02\전단지완성3.ai

다양한 편집 디자인 작업을 하다 보면 리본 오브젝트로 내용을 강조하거나 포인트를 주는 경우가 많습니다. 리본 오브젝트를 직접 만들어보며 스케일 도구를 다양하게 활용해보고, Warp 기능 활용 방법도 익혀보겠습니다. 리본 오브젝트를 활용하면 밋밋한 디자인에 생동감을 줄 수 있으니 적극 활용해보길 바랍니다.

01 ①선택 도구 **V** ▶를 선택한 후 ②전단지 중앙의 직사각형을 클릭합니다. ③ **Alt** 를 누른 채 드래그하여 이동 복사합니다.

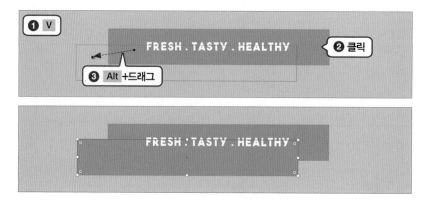

02 ①바운딩 박스를 드래그해 가로 길이를 줄입니다. ②수정된 사각형을 **Alt** 를 누른 채 오른쪽으로 드래그하여 이동 복사합니다.

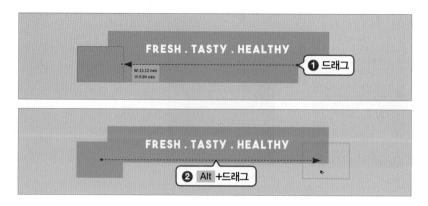

03 ①짧은 직사각형 오브젝트를 모두 선택한 후 ②메뉴바에서 [Object]-[Path]-[Add Anchor Points] 메뉴를 클릭해 포인트를 추가합니다.

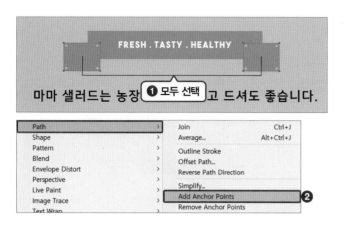

04 ①직접 선택 도구 A ▷를 선택한 후 ②③좌우 양끝의 중앙 포인트를 모두 선택합니다. ④스케일 도구 S ▣를 선택한 후 ⑤ Shift 를 누른 채 안쪽으로 드래그하여 리본 모양으로 만듭니다. ⑥면 색을 살짝 어두운 색인 **#14948B**로 지정합니다. ⑦ Ctrl + [를 여러 번 눌러 긴 직사각형 아래로 배치합니다. ⑧ Ctrl + G 를 눌러 리본의 양끝 오브젝트 2개를 그룹화합니다.

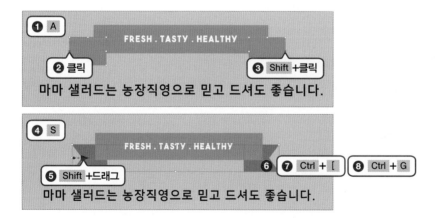

05 ①선택 도구 V ▶를 선택한 후 ②리본과 직사각형 오브젝트를 모두 선택합니다. ③직사각형 오브젝트를 클릭해 Key Object로 지정합니다. ④[Align] 패널에서 [Horizontal Align Center ▣]를 클릭해 정렬하고 ⑤ Ctrl + G 를 눌러 그룹화합니다.

06 ①메뉴바에서 [Effect]-[Warp]-[Flag] 메뉴를 클릭합니다. ②[Warp Options] 대화상자가 나타나면 [Bend] 슬라이더를 오른쪽으로 드래그해 모양을 수정한 후 ③[OK]를 클릭합니다.

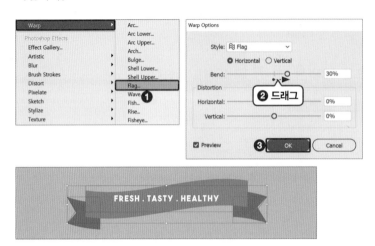

07 ①리본 안쪽에 위치한 글자 오브젝트를 클릭합니다. ②메뉴바에서 [Effect]-[Warp]-[Rise] 메뉴를 클릭한 후 ③[Warp Options] 대화상자가 나타나면 [Bend] 슬라이더를 오른쪽으로 드래그해 리본과 비슷한 모양으로 수정합니다. ④[OK]를 클릭하여 [Warp] 이펙트를 적용합니다.

TIP 적용된 효과는 [Appearance] 패널 또는 [Properties] 패널에서 해당 글자의 효과를 클릭해서 수정할 수 있습니다.

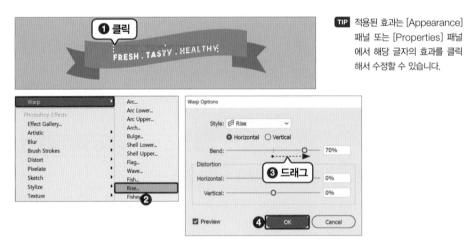

08 ①리본 모양에 맞춰 글자의 위치를 수정합니다. ②리본과 글자 오브젝트를 모두 선택한 후 ③ Ctrl + G 를 눌러 그룹화합니다.

글자 옵션을 활용해 효과적으로 편집 작업하기

완성 파일   CHAPTER04\LESSON02\전단지완성4.ai

편집 디자인에서 텍스트와 관련된 다양한 옵션은 특정 상황에 매우 요긴하게 사용됩니다. 특히 문단 설정을 변경할 수 있는 Area Type 기능과 오타를 찾거나 특정 텍스트를 원하는 텍스트로 찾아 바꾸는 Find and Replace 기능은 무척 유용합니다. 이 기능들은 필요할 때가 종종 있으니 반드시 활용 방법을 익혀두도록 합니다.

01 하단의 텍스트 영역을 꾸며보겠습니다. ①먼저 선택 도구 V ▶ 를 선택한 후 ②지금은 실습에 방해가 되는 이미지를 클릭합니다. ③ Ctrl + 3 을 눌러 잠시 숨겨둡니다.

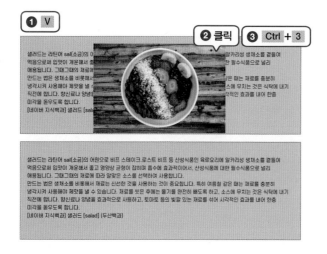

02 ①긴 글이 담겨 있는 텍스트 박스를 클릭한 후 ② Ctrl + Alt + T 를 눌러 [Paragraph] 패널을 불러옵니다. ③[Last Line Aligned Left ▤]를 클릭해 글자를 텍스트 박스 양끝에 맞춰 정렬합니다.

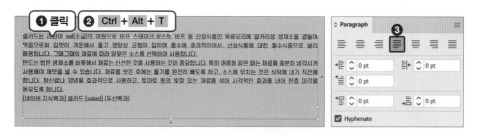

03 ① 메뉴바에서 [Type]-[Area Type Options] 메뉴를 클릭합니다. ② [Area Type Options] 대화상자가 나타나면 [Columns]-[Number]에 **2**를 입력해 세로 단을 2개로 지정하고 ③ [Gutter]에 **7.5mm**를 입력해 단과 단 사이의 여백을 지정합니다. ④ [OK]를 클릭해 적용합니다.

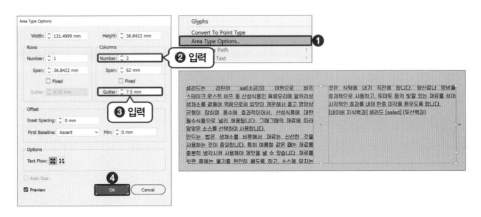

Design
실력 향상 **[Area Type Options] 대화상자 더 알아보기**

① **Width** ┃ 텍스트 상자의 전체 너비를 설정합니다.

② **Height** ┃ 텍스트 상자의 전체 높이를 설정합니다.

③ **Rows** ┃ 가로로 단을 나누는 개수(Number)와 간격 (Gutter)을 조절합니다.

④ **Columns** ┃ 세로로 단을 나누는 개수(Number)와 간격 (Gutter)을 조절합니다.

⑤ **Offset** ┃ 텍스트 상자로부터 안쪽 또는 바깥쪽으로 텍스트 영역을 확대하거나 축소할 수 있습니다.

⑥ **Options** ┃ 단의 배열 순서를 설정합니다.

04 ① `Ctrl` + `Alt` + `3` 을 눌러 앞서 숨겨둔 이미지를 다시 표시합니다. ② 원형 도구 `L` ◯ 를 선택한 후 ③ `Shift` 를 누른 채 드래그하여 접시 크기에 맞춰 원을 생성합니다.

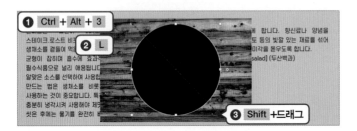

05 ①원과 이미지를 모두 선택한 후 ② Ctrl + 7 을 눌러 클리핑 마스크를 적용한 후 클리핑 마스크가 적용된 이미지의 보이는 영역과 크기를 수정합니다. ③클리핑 마스크가 적용된 이미지와 텍스트를 모두 선택한 후 ④텍스트를 한 번 더 클릭해 Key Object로 지정합니다. ⑤[Align] 패널에서 [Horizontal Align Center ⬚]와 ⑥[Vertical Align Center ⬚]를 클릭해 정렬합니다.

> **TIP** 클리핑 마스크를 적용할 오브젝트를 아래에 배치하고 마스크 모양을 오브젝트 위로 배치합니다. 클리핑 마스크는 단축키 Ctrl + 7 을 눌러 적용할 수 있고, Ctrl + Alt + 7 을 눌러 클리핑 마스크를 해제할 수 있습니다.

> **TIP** 클리핑 마스크가 적용된 이미지의 보이는 영역과 크기를 수정하는 방법이 잘 기억나지 않는다면 305쪽을 참고합니다.

06 ①텍스트 박스와 클리핑 마스크가 적용된 이미지를 모두 선택한 후 ②메뉴바에서 [Object]-[Text Wrap]-[Make] 메뉴를 클릭합니다. 텍스트와 이미지가 겹치지 않도록 클리핑 마스크가 적용된 이미지 주변으로 흐르게 합니다.

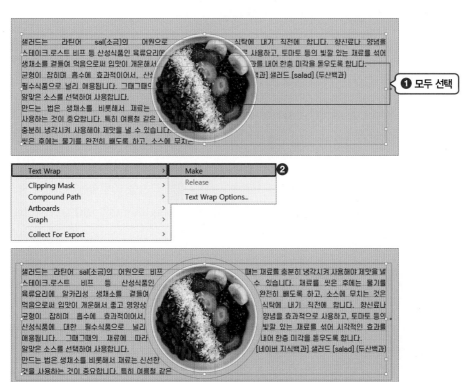

07 ①여백을 수정하기 위해 Text Wrap 기능이 적용된 이미지와 텍스트 박스를 모두 선택합니다. ②메뉴바에서 [Object]-[Text Wrap]-[Text Wrap Options] 메뉴를 클릭합니다. ③[Text Wrap Options] 대화상자가 나타나면 [Offset]에 **11pt**를 입력해 여백을 조절한 후 ④[OK]를 클릭합니다. ⑤클리핑 마스크가 적용된 이미지를 클릭한 후 위치와 크기를 조절합니다.

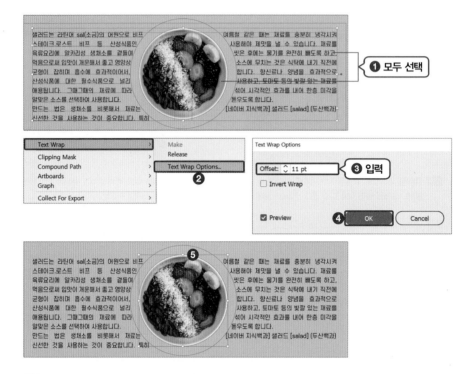

> **TIP** Text Wrap 기능을 적용하기 전 [Text Wrap Options] 대화상자에서 미리 여백을 조절할 수 있지만, 기능을 먼저 적용한 후 [Text Wrap Options] 대화상자에서 [Preview]에 체크해 변경 사항을 바로 확인하며 수정하는 것도 좋습니다.

08 ①텍스트 박스를 선택한 후 ②글자의 흐름을 수정하기 위해 [Paragraph] 패널의 드롭다운 메뉴█에서 [Justification]을 클릭합니다. ③[Justification] 대화상자가 나타나면 단어 간 간격을 조절하는 [Word Spacing]의 [Minimum]을 **90%**로, [Desired]를 **93%**로, [Maximum]을 **100%**로 지정합니다. ④글리프 크기를 조절하는 [Glyph Scaling]의 [Minimum]을 **92%**로, [Desired]를 **97%**로, [Maximum]을 **100%**로 지정한 후 ⑤[OK]를 클릭합니다.

> **TIP** 꼭 동일한 값으로 지정하지 않아도 됩니다. 변경 사항을 바로 확인하며 적절히 값을 설정합니다.

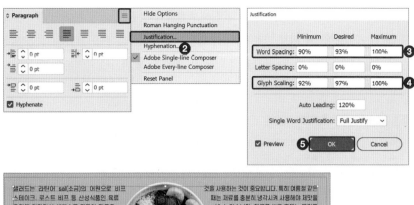

Design
실력 향상   **[Justification] 대화상자 더 알아보기**

① **Minimum** | 양쪽 정렬된 단락에만 적용되며 최소 간격을 설정합니다.

② **Desired** | 모든 단락에 대한 권장 간격이 정해집니다.

③ **Maximum** | 양쪽 정렬된 단락에만 적용되며 최대 간격을 설정합니다.

④ **Word Spacing** | 단어 간 간격을 조절합니다.

⑤ **Letter Spacing** | 문자 간 간격을 조절합니다.

⑥ **Glyph Scaling** | 글리프 크기를 조절합니다.

⑦ **Auto Leading** | 자동으로 행간을 조절합니다.

⑧ **Single Word Justification** | 한 단어를 양쪽으로 정렬합니다.

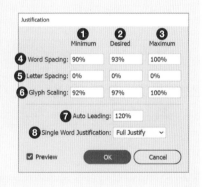

09 ① 텍스트 박스와 클리핑 마스크 이미지를 모두 선택한 후 ② `Ctrl` + `G` 를 눌러 그룹화합니다. ③ `Ctrl` + `Shift` + `A` 를 눌러 전체 선택을 해제하고 해당 영역의 디자인을 마무리합니다.

10 가장 아래쪽에 있는 홍보 문구 부분을 편집해보겠습니다. ① 먼저 글자 도구 T T 를 선택한 후 ② '다이어트'와 '● 피부 미용' 사이를 클릭한 후 Tab 을 누릅니다. ③ 같은 방법으로 모든 문구와 특수문자 사이의 간격을 조절한 후 Esc 를 눌러 수정을 마무리합니다.

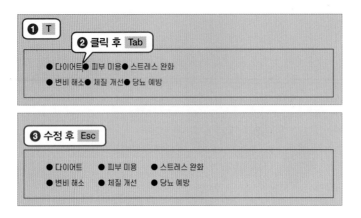

11 ① 선택 도구 V ▶ 를 선택한 후 ② 글자를 클릭합니다. ③ Ctrl + Shift + T 를 눌러 [Tabs] 패널을 불러옵니다. ④ [X]에 **42~44mm** 정도를 입력해 첫 번째로 조절한 여백의 간격을 수정합니다.

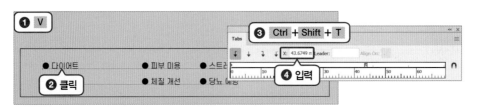

12 ① [Tabs] 패널의 드롭다운 메뉴 ≡ 에서 [Repeat Tab]을 클릭합니다. ② 지정된 여백의 간격이 반복되며 다음 여백의 간격도 동일한 너비로 적용됩니다.

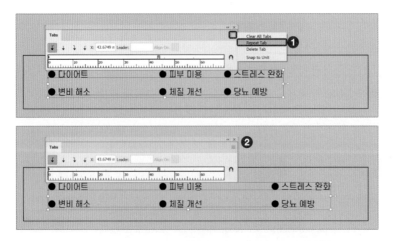

TIP [Repeat Tab]은 반복되는 여백의 간격을 지정할 때 유용하게 사용됩니다.

13 ①다시 글자를 클릭한 후 박스의 중앙에 배치하도록 정렬합니다. ②메뉴바에서 [Edit]–[Find and Replace] 메뉴를 클릭합니다. ③[Find and Replace] 대화상자가 나타나면 [Find]에 특수문자 ●을 입력하고 ④[Replace with]에 #을 입력합니다.

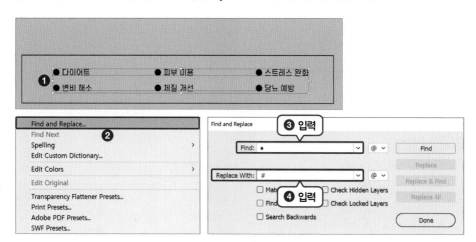

Design
실력 향상 **[Find and Replace] 대화상자 더 알아보기**

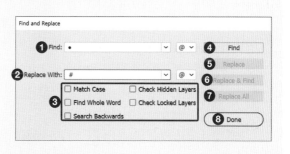

① **Find** │ 찾을 단어를 입력합니다.

② **Replace With** │ 교체할 단어를 입력합니다.

③ 글자를 찾을 때의 세부 옵션입니다.

- **Match Case** │ 단어를 찾을 때 대소문자를 구분합니다.
- **Find Whole Word** │ 유사 단어는 검색하지 않고 정확한 단어만 검색합니다.
- **Search Backwards** │ 현재 검색된 단어의 이전 글자를 검색합니다.
- **Check Hidden Layers** │ 감춰진 레이어에 있는 단어도 검색합니다.
- **Check Locked Layers** │ 잠긴 레이어에 있는 단어도 검색합니다.

④ **Find** │ [Find]에 입력된 단어를 찾습니다.

⑤ **Replace** │ 찾은 단어를 교체할 단어로 바꿉니다.

⑥ **Replace & Find** │ 단어를 교체한 후 계속해서 단어를 검색합니다.

⑦ **Replace All** │ 단어를 한번에 찾아 모두 교체합니다.

⑧ **Done** │ 창을 닫습니다.

14 ①먼저 [Find]를 클릭합니다. 첫 번째 특수문자가 검색되면 ②[Replace]를 클릭해 #으로 변경합니다.

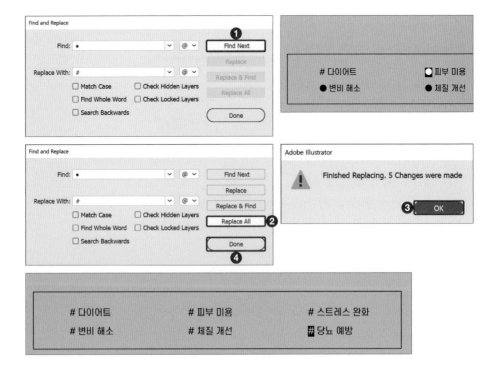

일러스트레이터 실무 강의

15 ①[Find Next]를 클릭하면 두 번째 특수문자가 검색됩니다. ②모든 특수문자를 한번에 #으로 변경하기 위해 [Replace All]을 클릭합니다. ③5개의 글자가 모두 변경되면 [OK]를 클릭한 후 ④[Done]을 클릭합니다.

16 ① Esc 를 눌러 수정을 완료합니다. ② 글자 바깥의 사각형을 클릭합니다. ③ 모서리에 [Live Corners Widget]이 표시되면 드래그해 모서리를 둥글게 수정합니다.

17 Alt 를 누른 채 [Live Corners Widget]을 클릭해 테두리 모양을 변경하고 모양을 정리합니다.

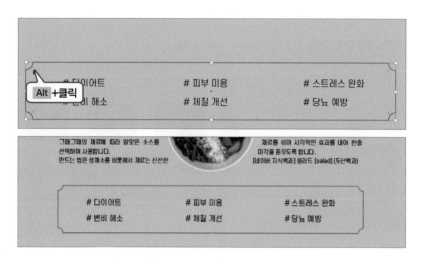

> **TIP** [Live Corners Widget]을 더블클릭해 [Transform] 패널이 나타나면 세부 옵션을 수정할 수 있습니다. 상단 컨트롤 패널 또는 [Properties] 패널에서도 수정할 수 있습니다.

디자인 실무 실습　　　　　　**핵심 기능** | Line Segment Tool, Zig Zag, Divide

영역을 나누고 포인트 주기

완성 파일 CHAPTER04\LESSON02\전단지완성5.ai

그래픽 디자인에서 영역을 나눌 때 다양한 이펙트로 포인트를 주거나 꾸밀 수 있습니다. 이펙트가 적용된 오브젝트를 다른 기능들과 어떻게 함께 활용할 수 있는지 이해하고, 다양한 실무 작업에 능숙하게 활용할 수 있도록 배워보겠습니다.

01 ①선 도구 ✑ ▱를 선택한 후 ②배경의 색이 바뀌는 지점을 Shift 를 누른 채 드래그하여 가로로 긴 직선을 그립니다. ③메뉴바에서 [Effect]-[Distort & Transform]-[Zig Zag] 메뉴를 클릭합니다.

02 ①[Zig Zag] 대화상자가 나타나면 [Size]에 **0.8mm**를 입력한 후 ②[Ridges per segment]에 **69**를 입력합니다. ③[OK]를 클릭합니다.

TIP [Ridges per segment]의 값은 홀수로 지정해야 양끝의 모양이 동일합니다.

03 ①선택 도구 V ▶를 선택한 후 ②선을 클릭합니다. ③메뉴바에서 [Object]-[Expand Appearance] 메뉴를 클릭하여 모양을 확장합니다.

TIP [Pathfinder] 패널에서 오브젝트를 수정할 때는 모양을 확장하기 전까지 효과가 적용된 상태로, 본래 고유한 형태를 유지하고 있습니다. 따라서 모양을 먼저 확장해야 원하는 대로 수정할 수 있습니다.

04 ①회색 바탕과 선을 모두 선택합니다. ②한 번 더 회색 바탕을 클릭해 Key Object로 지정한 후 ③[Align] 패널에서 [Horizontal Align Center▣]를 클릭해 정렬합니다. ④2개의 오브젝트가 선택된 상태에서 [Pathfinder] 패널의 [Divide▣]를 클릭해 모양을 나눕니다. ⑤ Ctrl + Shift + A 를 눌러 선택 해제합니다.

05 ①직접 선택 도구 A ▷를 선택합니다. ②나뉘어진 윗면을 클릭한 후 Delete 를 두 번 눌러 남는 패스 선이 없도록 삭제합니다. ③아랫면을 클릭한 후 Ctrl + [를 여러 번 눌러 배치를 수정합니다. ④ Ctrl + 0 을 눌러 완성된 디자인을 확인합니다.

LESSON 03

시선을 사로잡는
입체 글자 배너 만들기

배너는 단시간에 시선을 사로잡아야 하고 정보를 한눈에 보기 쉽게 전달해야 합니다. 또한 시선을 더 머무르게 하려면 타이틀 문구나 일러스트가 강렬해야 합니다. 이번에는 타이틀 문구에 입체 효과를 적용하여 디자인에 무게감을 표현하는 방법을 알아보겠습니다. 오브젝트의 모양과 색에 따라 다양하게 표현할 수 있는 블렌드 도구와 3D 이펙트를 활용해 다양한 그래픽 배너를 만들어보겠습니다.

PREVIEW

블렌드 도구로 3D 입체 글자 만들기

`Blend Tool`

3D 이펙트를 활용해 3D 입체 글자 만들기

`3D` `Extrude & Bevel`

블렌드 기능으로 3D 입체 글자 만들기

실습 파일   CHAPTER04\LESSON03\치즈케이크.ai
완성 파일   CHAPTER04\LESSON03\치즈케이크완성.ai

앞서 271쪽에서 학습한 블렌드의 Replace Spine 기능을 이용해 3D 입체 글자를 만들어보겠습니다.

01 ① 예제 파일을 불러옵니다. ② 원형 도구 **L** ◉를 선택한 후 ③ 지름이 **1.8474px**인 작은 원을 생성합니다. ④ **Ctrl** + **F9** 를 눌러 [Gradient] 패널을 불러온 후 ⑤ [Linear Gradient ▇]를 클릭해 직선 그레이디언트를 적용합니다. ⑥ [Angle]에 **52~53°** 사이의 값을 입력하고 ⑦ 왼쪽의 [Gradient Stop]을 더블클릭해 **#FFFFFF**로 지정하고 ⑧ 오른쪽의 [Gradient Stop]을 더블클릭해 **#FFE6AA**로 지정합니다.

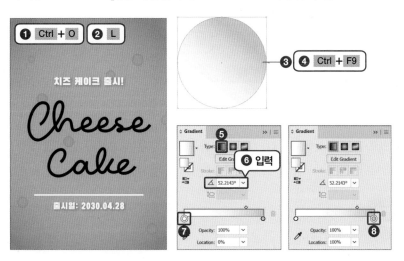

02 ① 선택 도구 **V** ▶를 선택한 후 ② **Alt** 를 누른 채 오브젝트를 드래그하면서 **Shift** 를 눌러 수평 이동 복사합니다. ③ 복사된 오브젝트를 클릭한 후 ④ [Angle]에 **-58~-59°** 사이의 값을 입력해 그레이디언트가 적용된 모양을 수정합니다.

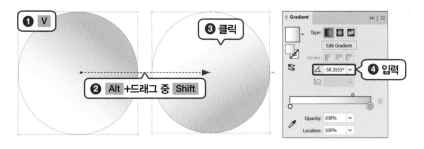

03 ①그레이디언트가 적용된 오브젝트를 모두 선택한 후 ②한 번 더 왼쪽의 그레이디언트가 적용된 오브젝트를 클릭해 Key Object로 지정합니다. ③[Align] 패널에서 [Distribute Spacing]에 **6mm**를 입력한 후 ④[Horizontal Distribute Space 🖪]를 클릭합니다.

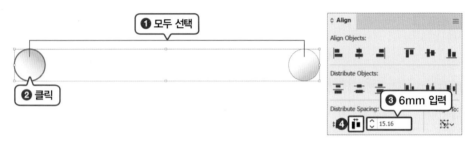

04 ①도구바에서 블렌드 도구 🔩를 더블클릭합니다. ②[Blend Options] 대화상자가 나타나면 [Spacing]을 [Specified Distance]로 지정합니다. ③**0.1px**을 입력하고 ④[OK]를 클릭합니다.

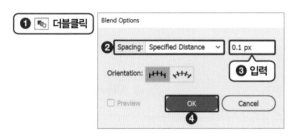

05 ①블렌드 도구 🔩가 선택된 상태에서 왼쪽 원을 클릭한 후 ②오른쪽 원을 클릭해 블렌드를 적용합니다.

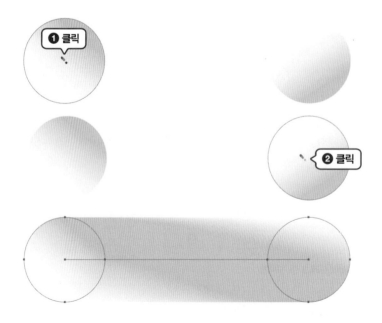

06 ①선택 도구 V ▶를 선택한 후 ②블렌드가 적용된 오브젝트를 클릭합니다. ③ Alt 를 누른 채 드래그하면서 Shift 를 눌러 수직 이동 복사합니다. ④ Ctrl + D 를 다섯 번 눌러 반복 복사합니다.

07 ①패스 선으로 그려진 글자를 클릭한 후 ② Shift 를 누른 채 블렌드가 적용된 오브젝트를 클릭합니다. ③메뉴바에서 [Object]–[Blend]–[Replace Spine] 메뉴를 클릭합니다.

08 알파벳 h의 교차되는 곡선이 뒤에 배치되어 있어 어색해 보이므로 블렌드 순서를 반전해 앞에 배치되도록 수정해보겠습니다. 메뉴바에서 [Object]-[Blend]-[Reverse Spine] 메뉴를 클릭합니다. 알파벳의 이어지는 부분이 자연스럽게 수정되었습니다.

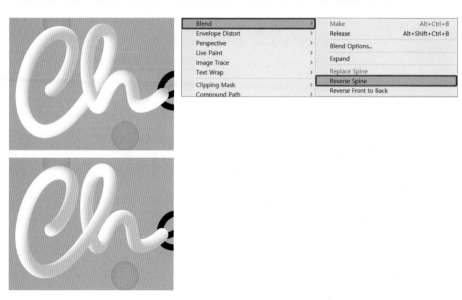

09 ① 알파벳 e와 블렌드가 적용된 오브젝트를 함께 선택한 후 ② 메뉴바에서 [Object]-[Blend]-[Replace Spine] 메뉴를 클릭합니다. ③ 왼쪽 패스 선의 끝이 앞에 배치되어 있다면 메뉴바에서 [Object]-[Blend]-[Reverse Spine] 메뉴를 클릭해 뒤에 배치되도록 수정합니다.

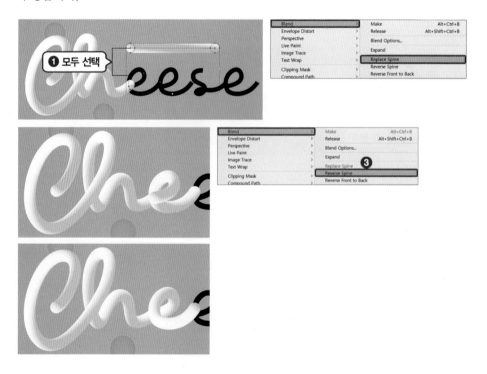

10 나머지 모든 패스 선도 동일한 방법으로 위치를 조절하면서 블렌드를 적용합니다.

11 ①블렌드가 적용된 3D 글자를 모두 선택한 후 ②메뉴바에서 [Effect]-[Stylize]-[Drop Shadow] 메뉴를 클릭합니다.

12 ①[Drop Shadow] 대화상자가 나타나면 [Mode]를 [Multiply]로 지정합니다. ② [Opacity]에 **70%**, [X Offset], [Y Offset], [Blur]에 **0.6293px**을 입력합니다. ③ [Color]는 **#E19701**로 지정한 후 ④[OK]를 클릭해 그림자를 적용합니다.

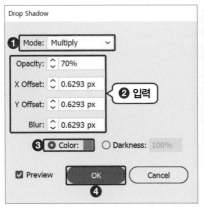

13 ①단축키 `Ctrl` + `Shift` + `Alt` + `S` 를 눌러 [Save for Web] 대화상자가 나타나면 ②
[Clip to Artboard]에 체크한 후 ③[Width]에 **600**, [Height]에 **900**을 입력해 10배 크
기로 지정합니다. ④[Save]를 클릭해 저장합니다.

일러스트레이터 실무 강의

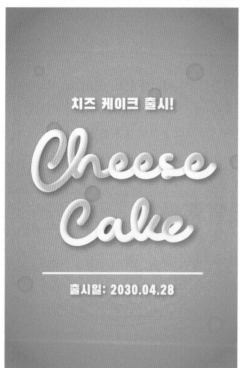

> **TIP** 블렌드 기능을 활용하면 파일 용량이 커져 프로그램이 느려지거나, 오류가 발생해 프로그램이 종료될 수도 있습니다. 따라서
> 블렌드 기능이나 3D 이펙트, 메시 등의 복잡한 작업을 할 때는 비율에 맞춰 10% 축소된 크기로 작업한 후 저장 시 10배 크기
> 로 저장하면 작업하기 수월합니다.

생크림 질감의 3D 입체 글자 만들기

실습 파일   CHAPTER04\LESSON03\생크림입체글자.ai
완성 파일   CHAPTER04\LESSON03\생크림입체글자완성.ai

블렌드의 Replace Spine 기능을 활용하면 블렌드가 적용된 오브젝트를 패스 선에 적용해 패스 선의 모양대로 표현할 수 있습니다. 이 기능은 그래픽 작업 시 다양한 표현을 하기에 아주 좋습니다. 또한 Replace Spine 기능에 이펙트까지 더하면 표현 효과를 극대화할 수 있습니다. 블렌드가 적용된 오브젝트에 이펙트를 적용해보며 다양한 표현 방법을 익혀보겠습니다.

01 ①예제 파일을 불러옵니다. ②패스 선으로 그려진 글자를 하나 클릭한 후 ③ Shift 를 누른 채 블렌드가 적용된 오브젝트를 하나 클릭합니다. ④메뉴바에서 [Object]-[Blend]-[Replace Spine] 메뉴를 클릭합니다. ⑤교차되는 부분의 앞뒤 배치를 변경하기 위해 메뉴바에서 [Object]-[Blend]-[Reverse Spine] 메뉴를 클릭합니다. ⑥같은 방법으로 모두 적용합니다.

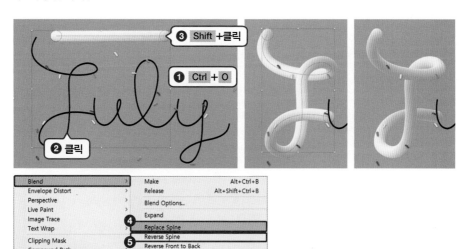

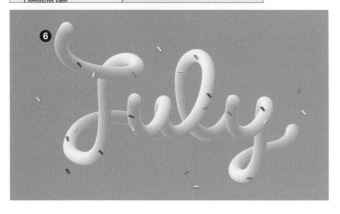

02 ①블렌드가 적용된 글자를 모두 선택한 후 ②메뉴바에서 [Effect]–[Distort & Trans form]–[Zig Zag] 메뉴를 클릭해 [Zig Zag] 대화상자를 불러옵니다. ③[Size]에 **0.67px**, [Ridges per segment]에 **4**를 입력하고 ④[Points]의 [Smooth]를 선택합니다. ⑤[OK] 를 클릭해 생크림 질감의 글자로 표현합니다.

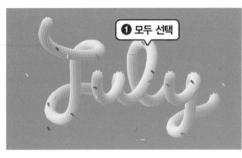
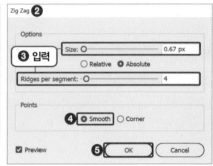

03 ①생크림 질감의 글자를 모두 선택한 후 ②메뉴바에서 [Effect]–[Stylize]–[Drop Shadow] 메뉴를 클릭해 [Drop Shadow] 대화상자를 불러옵니다. ③[Opacity]에 **60%**, [X Offset], [Y Offset]에 **0.44px**, [Blur]에 **0.6293px**을 입력합니다. ④[Color] 는 **#946573**으로 지정한 후 ⑤[OK]를 클릭해 그림자를 적용합니다.

일러스트레이터 실무 가이드

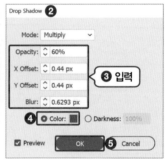

04 이미지를 완성합니다.

3D 이펙트를 활용해 3D 입체 글자 만들기

실습 파일 CHAPTER04\LESSON03\3D입체글자.ai
완성 파일 CHAPTER04\LESSON03\3D입체글자완성.ai

3D 입체 글자는 이펙트를 적용해 간단하게 만들 수 있습니다. 예제를 통해 3D 입체 글자 만드는 방법을 익혀보겠습니다. 3D 이펙트가 잘 기억나지 않는다면 251쪽을 참고합니다.

01 ①예제 파일을 불러옵니다. ②선택 도구 **V** ▶를 선택한 후 ③글자를 클릭합니다. ④메뉴바에서 [Effect]-[3D]-[Extrude & Bevel] 메뉴를 클릭합니다.

02 ①[3D Extrude & Bevel Optons] 대화상자가 나타나면 [Position]을 [Off-Axis Front]로 지정합니다. ②[Extrude Depth]에 **25pt**를 입력해 깊이를 조절한 후 ③[OK]를 클릭해 글자에 3D 이펙트를 적용합니다.

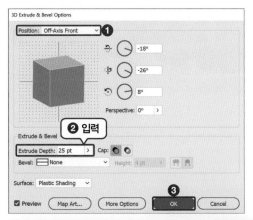

① **Position** ㅣ 사전 설정된 오브젝트의 회전 방법과 오브젝트의 원근감을 선택합니다.

- **X axis, Y axis, Z axis** ㅣ X축, Y축과 회전축을 개별 조절하는 옵션입니다.
- **Perspecive** ㅣ 원근감 설정 옵션입니다.

② **Extrude & Bevel**

- **Extrude Depth** ㅣ 돌출 깊이를 설정합니다.
- **Cap** ㅣ 3D 오브젝트를 단색으로 표현할지, 비어 있는 모양으로 표현할지 지정합니다.
- **Bevel** ㅣ 경사 모양 옵션으로 다양한 모양을 표현할 수 있습니다.

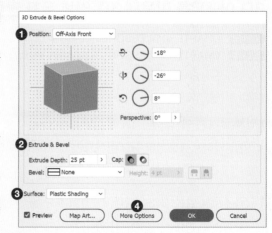

③ **Surface** ㅣ 무광의 매트 표면 또는 광택이 있는 플라스틱 표면 등 표면 음영을 설정합니다.

④ **More Options** ㅣ 버튼 클릭 시 조명을 설정하는 세부 옵션이 나타납니다. 라이트의 강도와 오브젝트의 음영 색을 변경하는 등 다양하게 설정할 수 있습니다.

03 3D 입체 글자가 선택된 상태로 ① 메뉴바에서 [Object]-[Expand Appearance] 메뉴를 클릭해 모양을 확장합니다. ② Ctrl + Shift + A 를 눌러 선택을 해제합니다.

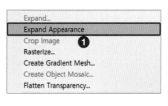

04 ① 직접 선택 도구 A ▷를 선택한 후 ② 글자의 앞면을 클릭하고 면 색을 **#00ADC6**으로 지정해 3D 입체 글자를 완성합니다.

아이소메트릭 3D 홀 글자 표현하기

실습 파일　CHAPTER04\LESSON03\3D홀글자.ai
완성 파일　CHAPTER04\LESSON03\3D홀글자완성.ai

아이소메트릭 3D 홀 글자는 3D 이펙트와 Transparency의 Mask 기능만 이해하면 손쉽게 작업할 수 있습니다. 예제 실습을 함께 해보며 타이포그래픽 장르 중 하나를 이해해보도록 하겠습니다.

01 ①예제 파일을 불러옵니다. ②선택 도구 V ▶를 선택한 후 ③글자를 클릭합니다. ④메뉴바에서 [Effect]-[3D]-[Extrude & Bevel] 메뉴를 클릭해 [3D Extrude & Bevel Options] 대화상자가 나타나면 ⑤[Position]을 [Isometric Top]으로 지정하고 ⑥[Extrude Depth]에 **33pt**를 입력합니다. ⑦[Cap]은 [Turn cap off for hollow appearance ◉]를 클릭하고 ⑧[OK]를 클릭합니다.

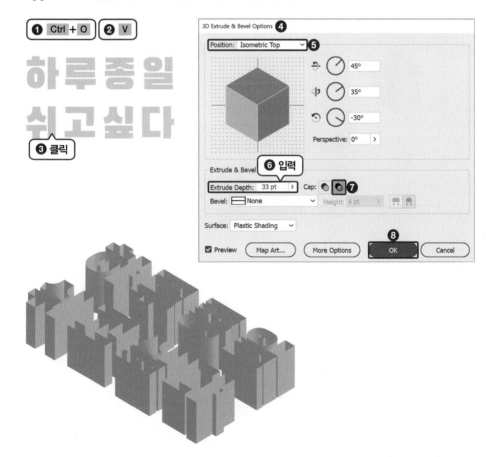

02 ① Ctrl + C 를 눌러 3D 오브젝트를 복사합니다. ② 메뉴바에서 [Object]-[Expand Appearance] 메뉴를 클릭해 모양을 확장합니다. ③ Ctrl + F 를 눌러 복사한 3D 오브젝트와 동일한 위치에서 앞에 배치되도록 붙여 넣은 후 ④[Appearance] 패널에서 [3D Extrude & Bevel]을 클릭합니다.

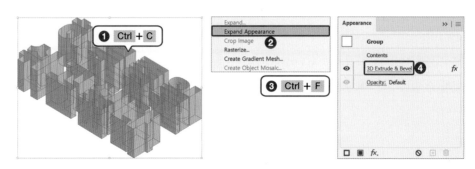

03 ①[3D Extrude & Bevel Options] 대화상자가 나타나면 [Cap]에서 [Turn cap on for solid appearance ◉]를 클릭한 후 ②[OK]를 클릭합니다. ③ 메뉴바에서 [Object]-[Expand Appearance] 메뉴를 클릭해 모양을 확장합니다.

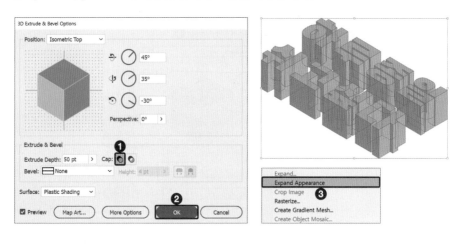

04 ① 모양을 확장한 오브젝트를 더블클릭해 격리 모드로 전환합니다. ② 직접 선택 도구 A ▷를 선택한 후 ③ 글자의 윗면만 모두 선택합니다. ④ 메뉴바에서 [Select]-[Inverse] 메뉴를 클릭해 선택한 오브젝트를 제외한 나머지 오브젝트가 모두 선택되도록 선택을 반전합니다. ⑤ Delete 를 눌러 불필요한 면을 모두 삭제합니다.

05 ①아트보드를 더블클릭해 일반 모드로 전환합니다. ②오브젝트를 모두 선택한 후 ③ 상단 컨트롤 패널에서 [Opacity]를 클릭합니다. ④[Transparency] 패널이 나타나면 [Make Mask]를 클릭합니다.

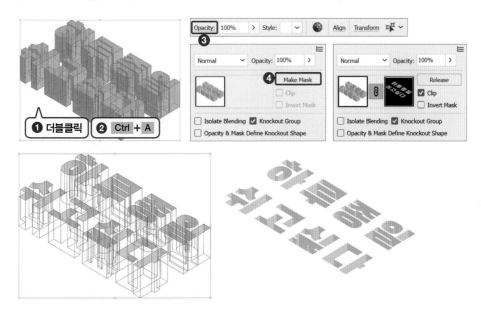

06 ①사각형 도구 M □ 를 선택한 후 ②3D 입체 글자를 드래그해 바탕 오브젝트를 생성합니다. ③상단 컨트롤 패널에서 [Opacity]를 클릭합니다. ④[Transparency] 패널이 나타나면 블렌드 모드를 [Multiply]로 지정한 후 ⑤사각형의 색을 원하는 색으로 수정해 완성합니다.

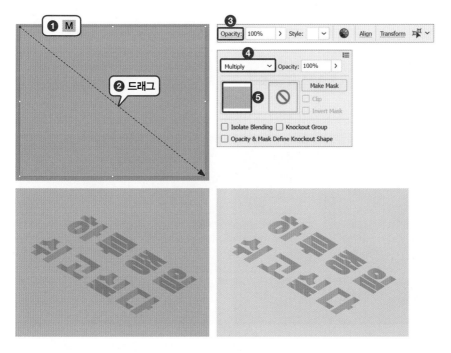

블렌드 오브젝트를 다양한 스타일로 활용해보세요.

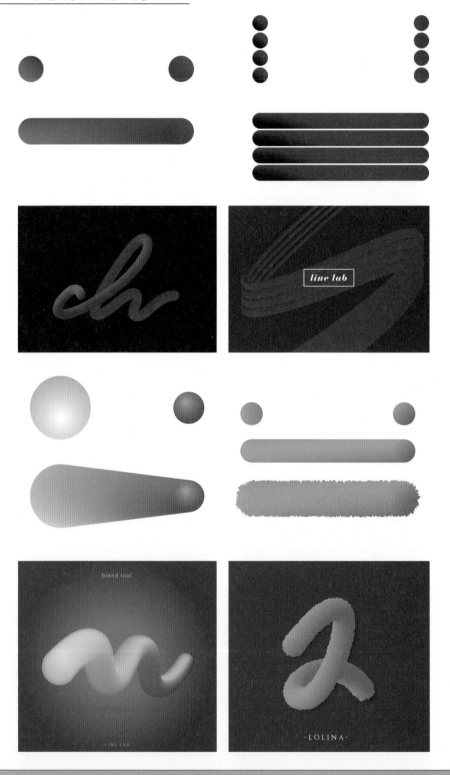

입체 텍스트를 다양한 스타일로 활용해보세요.

일러스트레이터 CC 2021에 새롭게 추가된 기능과 개선 사항 중
실무에서 활용할 수 있는 주요 사항을 알아봅니다.

신기능 01 색상 변경 기능 개선

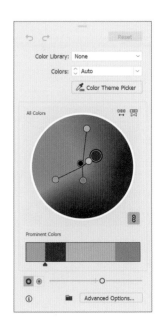

일러스트레이터 CC 2021에서는 [Recolor Artwork] 패널의 인터페이스가 변경되면서 색상 변경 기능이 개선되었습니다. 특히 새롭게 추가된 색상 테마 선택기(Color Theme Picker)를 활용해 아트워크나 이미지의 색상 배합을 추출할 수 있게 되었습니다. 이를 통해 여러 아트워크에서 색상을 새롭게 조합하고 변경하기 쉬워졌습니다.

신기능 따라잡기 실습 파일 | 신기능\색상테마선택.ai

색상 테마 선택기로 이미지에서 색상 테마 추출해 수정하기

01 ①예제 파일을 불러옵니다. ②선택 도구 V ▶로 ③장미꽃 패턴을 클릭합니다. ④메뉴
바에서 [Edit]-[Edit Colors]-[Recolor Artwork] 메뉴를 클릭합니다. ⑤[Recolor
Artwork] 패널이 나타나면 🖋 Color Theme Picker 를 클릭한 후 ⑥보라색 수국 사진을 클릭합니다.

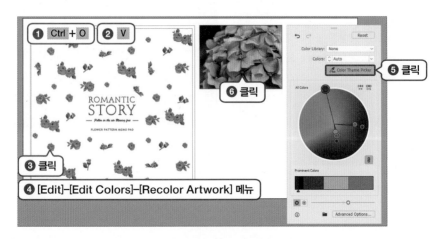

02 장미꽃 패턴의 색상이 변경되면 [Change color order randomly⬚]를 클릭해 꽃잎이
모두 보라색 계열이 되도록 합니다.

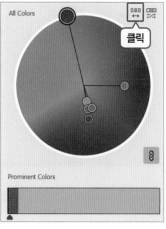

03 ①[Link Unlink Harmony Colors🔗]를 클릭해 [Color Stop] 연결을 해제합니다. ②
색상환에 표시된 [Color Stop] 중 잎사귀 색상의 [Color Stop]을 녹색 계열로 드래그합
니다.

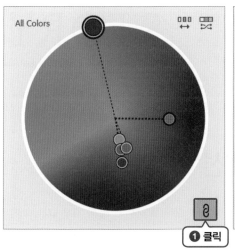

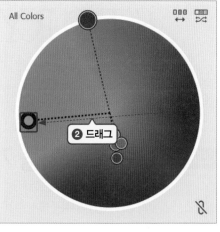

04 ①채도 슬라이더와 ②색조 슬라이더를 조절하여 원하는 색상으로 수정합니다.

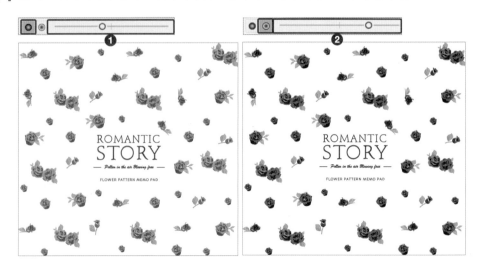

05 ①선택 도구 V ▶를 선택한 후 ②중앙의 텍스트를 클릭합니다. ③스포이트 도구 I ✐ 를 선택한 후 ④보라색 꽃잎을 클릭하여 같은 색상으로 수정합니다.

신기능 02 텍스트 기능 개선

일러스트레이터 CC 2021에서는 텍스트 기능이 개선되어 텍스트가 많이 사용되는 아트워크의 작업 효율이 좋아졌습니다. 텍스트 오브젝트의 글리프를 기준으로 정렬하거나, 텍스트 자체의 높이를 손쉽고 정확하게 변경하는 등 편집 디자인 분야에서 보다 효율적이고 실용적으로 작업할 수 있게 되었습니다.

텍스트 정렬하기

CC 2021 업데이트 전, 일러스트레이터에서는 텍스트를 행 방향으로만 정렬(왼쪽 정렬, 가운데 정렬, 오른쪽 정렬)할 수 있었습니다. 그러나 CC 2021 업데이트를 통해 텍스트를 선택하면 나타나는 상단 컨트롤 패널에 [Area Type] 메뉴가 추가되었고, 텍스트 박스에서 열 방향으로 정렬(위쪽 정렬, 아래쪽 정렬, 가운데 정렬, 양쪽 정렬)할 수 있게 되었습니다.

열 방향 정렬을 하기 위해서는 텍스트를 선택한 후 상단 컨트롤 패널의 ▤▾를 클릭해 원하는 옵션을 선택합니다. 이때 텍스트가 텍스트 박스가 아닌 상태라면 옵션이 나타나지 않습니다.

상단 컨트롤 패널에서 [Area Type]을 클릭해 [Area Type Options] 대화상자를 불러온 후 [Align]–[Vertical] 옵션을 이용하여 적용할 수도 있습니다.

동일한 크기의 텍스트 박스 내에서 서로 다른 문구나 문장을 사용할 때 텍스트 정렬 기능을 이용하면 손쉽게 전체적인 균형을 맞출 수 있습니다. PPT나 신문, 잡지 등 다양한 편집 디자인에 유용한 기능입니다.

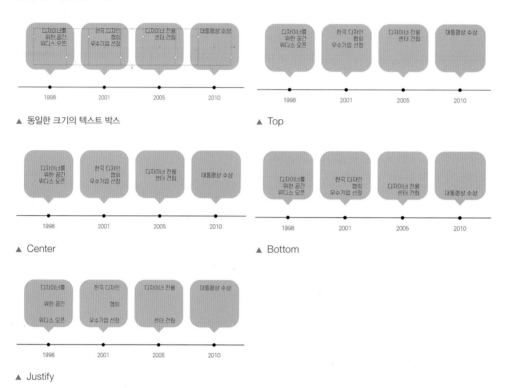

▲ 동일한 크기의 텍스트 박스   ▲ Top

▲ Center   ▲ Bottom

▲ Justify

일러스트레이터 CC 2021에서는 텍스트 박스의 여백 공간을 제외한 실제 텍스트 크기를 정확히 인식할 수 있습니다. [Align] 패널을 이용해 텍스트를 기준으로 오브젝트를 정렬할 때 텍스트 박스의 여백 때문에 오브젝트가 정확히 정렬되지 않던 문제도 해결되었습니다.

기존의 일러스트레이터에서는 텍스트와 오브젝트를 정렬했을 때 다음과 같은 여백이 생깁니다.

[Align] 패널의 드롭다운 메뉴📧에서 [Align to Glyph Bounds]−[Point Text]를 클릭하면 텍스트의 고유한 모양을 자동으로 인식하여 정렬할 수 있습니다.

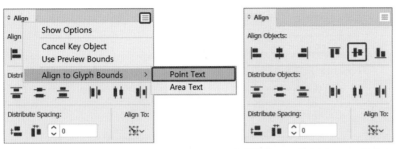

텍스트 크기를 인식해 여백
없이 정확히 정렬됩니다.

신기능 따라잡기   실습 파일 | 없음

텍스트를 정확한 높이로 조절하기

이전에는 텍스트의 높이를 조절하기 위해 먼저 아웃라인을 적용한 후 일반 오브젝트로 변환해야 했습니다. 이제는 텍스트의 정확한 크기를 인식할 수 있으므로 텍스트 오브젝트 상태에서도 텍스트의 높이를 원하는 크기로 정확히 조절할 수 있습니다. 먼저 [Character] 패널의 드롭다운 메뉴📧에서 [Show Font Height Options]에 체크합니다.

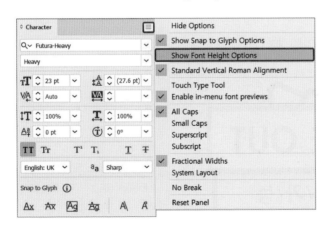

패널의 일부 옵션이 변경됩니다. [Set font height reference ⊓ᵀ]에서 텍스트의 높이 기준을 선택할 수 있고 [Set the font size Ⓜ]에서 높이를 조절할 수 있습니다.

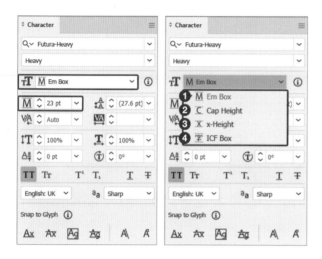

텍스트의 높이 기준 옵션은 다음과 같습니다.

① **Em Box** ｜ 바운딩 박스를 기준으로 합니다. 텍스트 오브젝트이므로 텍스트 박스를 높이 기준으로 설정합니다.

② **Cap Height** ｜ 대문자 높이를 높이 기준으로 설정합니다.

③ **x-Height** ｜ 알파벳 x와 같은 소문자 높이를 높이 기준으로 설정합니다.

④ **ICF Box** ｜ ICF 상자를 높이 기준으로 설정합니다. ICF란 텍스트 박스 크기와 관계없이 글자가 인쇄되는 실제 크기를 말합니다.

다음과 같이 대문자 높이인 [Cap Height]를 기준으로 설정하고 **15pt**를 입력하면 텍스트 박스 크기와는 관계없이 대문자 높이를 기준으로 해서 정확히 **15pt** 높이로 적용됩니다.

텍스트 가장자리에 스냅하기

일러스트레이터에서 텍스트의 정확한 크기를 인식하기 전에는 텍스트의 가장자리 등 특정한 위치에 다른 오브젝트를 맞물리게 하거나 겹쳐서 작업하기 어려웠습니다. 그래서 텍스트에 아웃라인을 적용해 일반 오브젝트로 변환해야만 정확한 위치에 맞물리고 겹칠 수 있었습니다. 그러나 일러스트레이터 CC 2021에서는 텍스트에 아웃라인을 적용하지 않아도 다양한 오브젝트를 텍스트의 가장자리에 맞춰 작업할 수 있습니다.

펜 도구로 텍스트의 가장자리에 스냅하여 작업할 수 있게 되었습니다.

오브젝트를 텍스트 가장자리에 스냅하여 정렬할 수 있습니다.

선배 디자이너의 조언

하나, 보고 또 봐야 발전할 수 있다!

저는 디자인을 시작하면서부터 지금까지 일부러 시간을 내어 다양한 디자인을 보는 데 시간을 쓰고 있습니다. 디자이너 경력이 1개월이건 10년이건 한 가지 디자인 스타일에 갇히면 무엇을 만들어도 그 스타일에서 빠져나오기 쉽지 않습니다. 꾸준히 본인만의 스타일을 고수하는 것도 좋지만 다양한 스타일을 표현할 줄 알아야 여러 분야의 클라이언트를 만족시킬 수 있습니다.

디자이너 스스로 만족하는 것도 중요하지만, 일을 하다 보면 결국 내 디자인을 사용하는 클라이언트의 만족이 더 중요하다는 것을 느끼게 됩니다. 더 많은 스타일의 디자인을 보며 안목을 넓힌다면 나도 만족하고, 클라이언트도 만족하는 작업을 할 수 있을 것입니다.

요즘에는 디자인 참고 자료를 웹사이트나 애플리케이션을 통해 쉽게 찾아볼 수 있습니다. 다양한 디자인 자료가 있는 애플리케이션을 설치하거나, PC의 웹 브라우저 시작 페이지를 디자인 참고 사이트로 지정해두면 자연스럽게 디자인 트렌드를 접할 수 있어 좋습니다. 디자인 작업에 막힘이 있을 때 여러 참고 사이트를 둘러보며 디자인 능력에 날개를 달아보세요!

둘, 계약서에 서명하기 전 최대한 꼼꼼하게 살펴라!

저는 취업을 하지 않고 바로 프리랜서의 길을 걸으며, 10년 넘게 네이버 블로그라는 저만의 회사에 출근하고 있습니다. 초기에는 별다른 수익이 없었습니다. 그러나 꾸준히 그림을 그려 작품을 올리다 보니 네이버 메인 페이지에 제가 작업한 일러스트가 노출되기 시작했고, 이런 노출이 반복되면서 저를 찾고 응원해주는 사람들이 늘어갔습니다.

처음에는 홈페이지 배너에 들어가는 작은 일러스트나 명함 작업 등에 대한 문의가 많았는데, 어느 순간부터 회사 상품의 일러스트 작업이나 디자인 문구 브랜드의 일러스트를 그리는 대형 프로젝트의 작가 활동을 제안받기 시작했습니다. 그 당시 저는 사회 경험이 많지 않았기에 얼마를 받는지, 어떻게 일하는지 등은 고려해보지도 않고 들뜬 마음으로 일을 맡으려고 했습니다.

그러나 제안을 담고 있는 계약서를 잘 살펴보니 계약금이 없거나 작품비, 저작권료가 없다는 것 등이 공통 사항으로 기재되어 있었습니다. 상품이 판매되었을 때 판매 금액의 1~2% 정도의 적은 인세만 받게 된다는 내용도 많았습니다.

이런 제안을 받는 일러스트레이터나 디자이너 중에는 이미 각자의 분야에서 쌓은 경험을 통해 제대로 된 작업 제안이나 프로젝트 등을 구분할 수 있는 분도 있겠지만, 이제 막 시작하는 분들은 경험이 부족해 제대로 된 판단을 하기가 어렵습니다. 이때 나쁜 목적으로 본인의 작업물이나 노동력을 이용하려는 사람들이 접근할 가능성이 높습니다. 저는 계약서에 서명하지 않아 무사히 빠져나올 수 있었지만, 정당한 대가를 받지 못한 채 노예 디자이너가 될 뻔한 아찔한 경험도 있었습니다.

디자이너를 이용하기 위해 접근하는 사람들에게 '왜 다른 디자이너도 많은데, 나를 택했느냐'고 물어보면 제 블로그를 보자마자 '물건이네' 싶었다고 말합니다. 정말로 좋은 물건이 되고 자신의 분야에서 성공한 디자이너가 되려면 함부로 계약서에 서명할 것이 아니라 득실을 잘 따져보고 판단할 수 있는 능력이 필요합니다. 어떤 제안이 오더라도 계약 내용을 꼼꼼하게 살펴보고, 제대로 된 작업인지 판단할 수 있는 안목도 키워야 합니다.

셋, 클라이언트가 없다면 스스로 클라이언트가 되자!

대학 졸업을 앞둔 학생이나 프리랜서를 시작한 지 얼마 되지 않은 디자이너에게 '일을 하고 싶어도 할 수 없는 것'이 가장 큰 고민이라는 이야기를 듣고 공감했던 적이 있습니다.

일을 많이 해봐야 실무 작업의 흐름을 알 수 있고, 나만의 워크플로를 만들 수 있습니다. 디자이너 지망생이나 경험이 부족한 디자이너들은 돈을 지불해서라도 경험을 쌓고 싶다고도 하는데 단순히 돈을 지불하는 것만으로 충분한 경험을 쌓을 수 있는 곳은 쉽게 찾을 수 없습니다. 다양한 공모전에 참가해서 경험을 쌓거나 스스로 클라이언트가 되어 늘 새로운 작업을 시도하는 것이 좋습니다.

클라이언트는 디자이너의 작업물이나 포트폴리오를 보고 디자이너의 능력을 판단합니다. 양질의 포트폴리오는 클라이언트에게 신뢰를 줄 수 있습니다. 저 또한 포트폴리오를 준비하는 데 2년의 시간을 썼습니다. 한 우물을 파는 데 2년 정도면 그 분야에서 승부를 낼 수 있다고 생각한 것입니다.

사실 '포트폴리오를 만들자'보다 나 자신이 클라이언트가 되어 다양한 내용의 과제를 내고, 그 과제에 맞게 실무처럼 일해보는 것을 목표로 삼았습니다. 나 홀로 진행하는 작업이었지만 2년 동안 하루에 2~3개씩 포트폴리오를 채울 작업물을 만들기 위해 최선을 다했습니다. 그러자 처음에는 정말 보잘것없었던 작업물들이 시간이 지나면서 달라지기 시작했습니다. 작업 노하우도 생기고 나만의 색깔도 보이면서 퀄리티 좋은 결과물을 만들 수 있게 되었습니다.

처음에는 '이게 혼자 뭐하는 걸까?'와 같은 생각도 수없이 했습니다. 그러나 꾸준히 자신과의 싸움을 하며 열심히 이겨내며 버텼고, '2년 후에는 놀랍게 성장한 나의 모습을 만날 수 있다'는 희망과 확신이 생겼습니다. 누구나 볼 수 있게 작업 결과물을 블로그에 올렸고 게시글이 쌓여갈수록 반응이 보이기 시작했습니다. 점점 나를 찾아주는 사람들이 늘어나면서 가끔은 늘어난 업무량에 힘든 날도 있었지만 오랜 기간 동안 꾸준히 성장할 수 있게 되었습니다.

꾸준함은 무엇이든 이룰 수 있습니다. 스스로를 믿고 순수한 열정으로 하루하루 꾸준히 달린다면 2년 후에는 원하는 모습이 될 수 있을 것입니다.

2020년 12월
장보경(앤하우스)

INDEX

일러스트레이터 실무 강의

INDEX

일러스트레이터 실무 강의